名师名校名校长

凝聚名师共识
回应名师关怀
打造名师品牌
培育名师群体

　　　　　张明远

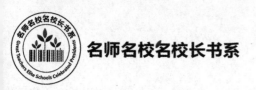

名师名校名校长书系

『三实』
教育理论及实践探索

高玉库 著

东北师范大学出版社

长 春

图书在版编目（CIP）数据

"三实"教育理论及实践探索 / 高玉库著. — 长春:
东北师范大学出版社，2019.4
ISBN 978-7-5681-5652-3

Ⅰ.①三… Ⅱ.①高… Ⅲ.①课堂教学—教学研究—
高中 Ⅳ.①G632.421

中国版本图书馆CIP数据核字（2019）第066307号

□策划创意：刘　鹏

□责任编辑：张芙蓉　刘贝贝　　□封面设计：姜　龙

□责任校对：刘彦妮　张小娅　　□责任印制：张允豪

东北师范大学出版社出版发行

长春净月经济开发区金宝街 118 号（邮政编码：130117）

电话：0431-84568033

网址：http://www.nenup.com

北京言之凿文化发展有限公司设计部制版

廊坊市金朗印刷有限公司印装

廊坊市广阳区廊万路 18 号（邮编：065000）

2022年6月第1版　2022年6月第1次印刷

幅面尺寸：170mm×240mm　印张：14.5　字数：264千

定价：45.00元

高玉库校长办学思想

真实、扎实、朴实地办学校，从容、淡定、精细地做教育。

1. 营造"三实"育人环境。
2. 培养"三实"干部队伍。
3. 打造"三实"教师团队。
4. 深化"三实"教研教改。
5. 实施"三实"课堂教学。
6. 构建"三实"校本课程。
7. 开展"三实"德育活动。
8. 强化"三实"后勤服务。

高玉库校长办学方略

绿色美校、科研兴校、文化雅校、名师强校。

高玉库校长办学理念

以尊重的教育培养受尊重的人。

高玉库校长办学风格

心态要静一点，教育要慢一点。

1. 静一点，慢一点，多给师生读书的时间和空间。
2. 静一点，慢一点，多给师生思考的时间和空间。
3. 静一点，慢一点，多给师生交流的时间和空间。
4. 静一点，慢一点，多给师生质疑的时间和空间。
5. 静一点，慢一点，多给师生实践的时间和空间。
6. 静一点，慢一点，多给师生创新的时间和空间。

高玉库校长管理理念

不折腾、不作秀、不追风、不攀比，安安静静、扎扎实实地为师生的成长
服务。

高玉库校长的学生观

做人有品格，做事有品相，学习有品质，生活有品位。

高玉库校长的教师观

教师要做学校里的"白、骨、精"。

白，清清白白做人，师德必须高尚。

骨，教学上的骨干，业务必须过硬。

精，职场里的精英，工作精益求精。

高玉库校长的办学追求

一个充满庄重而又文雅氛围的校园，一所安静而有责任的学校，一间宁静
而有思想的教室，一名心情平静而有价值追求的教师，一群能自由思想而又能
踏实前行的学生。

让学生"自己"学习

——高玉库《"三实"教育理论及实践探索》

他

好酷

惊讶他高

直觉他真实

感觉他很扎实

知道他为人朴实

发现他非常有思想

钦佩他执着追求慢教育

几年来，他给我的印象就是这样。他，就是深圳市第二高级中学校长高玉库先生。

30多年来，他致力于中学教学的改革与实践，不断开拓进取，以充满激情而又挥洒自如的姿态、独具一格且不同凡响的管理风格、井然有序而又妙趣横生的管理艺术，树起了一面中学教学改革的旗帜。在教育教学管理的实践中，他极力倡导并实践"真实、扎实、朴实地办学校，从容、淡定、精细地做教育"的办学思想，使教育教学迸发出巨大的教育能量，赢得了上级主管部门、老师和学生的一致好评。

作为优秀校长的高玉库，他就像一本厚重的书，每读一页，我们都会感到灵魂接受了一次洗礼。他的许多方面值得我们研究、学习。他全身心地投入，在他的精神世界里，教育至高无上，为了教好每个学生，他完全进入了一个忘我的境界；他有高尚的品行——一身正气，两袖清风，他用实实在在的行动，使自己成为学校的灵魂；他有责任感和同情心——教好每一个学生，让每一位家长放心；他有自己独立的管理理念——不折腾、不作秀、不追风、不攀比，安安静静、扎扎实实地为师生的成长服务；他是一个行动派校长——认准了的事就做，且不畏艰险，坚持做好；他有创新意识和创造能力——凡事都从学校的实际出发，创造性地解决管理和教学中的问题……但这些，本文均放在视野以外，而将研究重点锁定在他的"真实、扎实、朴实"的"三实"教育思想的形成与发展这一层面上。

翻开高玉库校长在不同时期、不同场合所写的文章、所做的报告，我们不难发现，他的文章和报告内容有一根贯穿始终的红线，那就是如何构建与实践他的"真实、扎实、朴实"的教育思想。几年来，他殚精竭虑，终于构建出了"三实"教育思想体系，这个体系，向8个方面延伸：

（1）营造"三实"育人环境。

（2）培养"三实"干部队伍。

（3）打造"三实"教师团队。

（4）深化"三实"教研教改。

（5）实施"三实"课堂教学。

（6）构建"三实"校本课程。

（7）开展"三实"德育活动。

（8）强化"三实"后勤服务。

8个方面，实现了对学校方方面面工作的全覆盖。作为一名老教师，34年来，我一直奋斗在教学的第一线，因此，我尤其关注高玉库校长的"三实"课堂教学。现就高校长的"三实"课堂教学多说几句。

高玉库校长认为，任何教育教学的改革，只有也必须在课堂上得到落实，才有可能走向成功。因此，高玉库校长十分关注课堂教学。他说，校长是一校之魂，但"魂"要附"体"，如果魂不附体，那就失去了价值。这个"体"是什么？就是课堂教学。校长必须回到教学指挥的位置上来，听课和分析课是校长最主要的工作。高玉库校长是这样说的，也是这样做的。他坚持深入课堂听课，听完课后，还会与教师推心置腹地交流，并乐此不疲地坚持下来，在听课中听出了方向。他的"真实、扎实、朴实"的教学理念就是在听课中琢磨出来的，在听课中追问三个"怎样"逐步形成的。

追问一：我们现在的课堂教学情况"怎样"？

2015年，高玉库校长调入深圳市第二高级中学，担任校长，不到半个月，他就收到了许多学生的来信，其中，有不少来信是反映课堂教学情况的。有一封学生来信，用了一连串的排比句发泄对课堂教学的不满：

课堂是老师讲话的地方。

课堂是老师表演的舞台。

课堂是等级森严的地方。

课堂是令人拘谨、令人窒息的地方。

课堂是配合老师说话的地方。

课堂是使我们昏昏欲睡，但又得强打精神的地方。

课堂是坐得端端正正，两眼垂直，抄写笔记的地方。

这封学生来信，引起了高校长的高度关注，高校长要教务处马上在学生中对课堂教学情况进行问卷调查，从问卷中看出，我们的课堂缺少民主氛围，缺少生命的灵动，缺少师生活力与个性，缺少师生平等融洽，缺少师生互动交流。面对学生的问卷，高校长陷入了沉思。于是，他深入课堂听课，发现我们的课堂的确如学生所言：教师讲，学生听，一言堂，满堂灌。课堂体现的是教师的思想，教室里回荡的是教师的话语，而学习活动的主角——学生，却"退居二线"，循规蹈矩地接纳教师拟定的一个又一个目标，机械消极地应付教师提出的一个又一个问题。高校长感到很有必要重新审视我们的课堂，他决定对课堂教学来一个哥白尼式的革命，"要像哥白尼把太阳绕着地球转颠倒过来一样，把教师与学生的位置颠倒过来"。他要大刀阔斧地对课堂教学进行改革。

追问二：我们要构建"怎样"的课堂教学模式？

课堂教学必须改革，改革是我们唯一的出路，改革首先是思维方式的改革和观念的改革。那么，我们要构建怎样的新的课堂教学模式呢？

高校长认为，为了能够更好地实施素质教育，培养具有创新精神和实践能力的学生，实现新世纪的教育理想，实现中华民族的伟大复兴，就必须构筑一种真正适应时代发展要求的新型课堂教学模式——"真实、扎实、朴实"的课堂教学模式。高校长把这种课堂教学模式简称为"三实"课堂，这种课堂模式

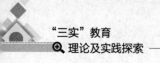

有利于培养创新型人才。

在一次教学研讨会上，高校长对这种"三实"课堂模式做了如下具体的阐释：

"真实"即课堂符合学生接受的能力，所教的内容是学生希望得到的东西；"扎实"即要求教学目标明确，内容不在多而在精，重在落实，重在掌握，重在理解；"朴实"就是以注重形式的互动为切实需要，不流于形式，不在于流光溢彩，而在于朴实。

围绕"三实"课堂，高玉库校长要求教师上课要实现"三个转变"：一是从教师的讲解精彩度转变为学生的参与度；二是从教学环节的完整性转变为教学结构的合理性；三是从课堂教学的活跃度转变为每个学生真正进入学习状态的参与度。

仔细研究高校长的"三实"课堂模式，具有如下几方面的特点：

1. "三实"课堂模式是一种民主的、平等的教学模式

高校长认为，民主平等是"三实"课堂教学模式的重要特点。"三实"课堂模式在教育教学的过程中，师生之间互相信任，彼此尊重。师生之间不是命令与服从的关系，而是平等友善的"你——我"关系，在这种师生关系下的课堂教学过程中，学生在尊重老师的基础上，与老师合作、探讨。

2. "三实"课堂模式是一种以学生为本的教学模式

高校长认为，"三实"课堂模式下的课堂授课过程是学生思考、质疑、批判、发现、求证的过程。"三实"课堂模式是一种以学生为本的课堂教学模式。"三实"课堂模式把"教"堂转变为"学"堂，以学生为本，即以学生为主体，教师的教是为学生的学服务的。在课堂教学的这个小小的舞台上，教师要始终把学生推上主角位置，让课堂教学成为学生的主场。教师要将课堂教学的大权交给学生，给学生一个空间，让他们往前走；给学生多点时间，让他们自己去安排；给学生一个题目，让他们自己去创造；给学生一个环境，让他们自己去探索，从教师的讲解精彩度转变为学生的参与度。

3. "三实"课堂模式是一种"以学定教"的教学模式

高校长认为，"三实"课堂模式，它是一种"以学定教"的课堂模式，"以学定教"要求教师要对学生的学习习惯、学习能力、学习经历、学习状态、兴趣爱好、个人学习方法等进行了解。教学设计因"学情"而定，在课堂教学中，教师不仅关注学生的认知，更关注学生的学习动机、学习兴趣、学习方法、学习体验、学习经历；不仅关注学生眼前的学习，更关注学生长期的可持续学习；不仅关注学生的学习结果，更关注学生的学习过程。从课堂教学的活跃度转变为每个学生真正进入学习状态的参与度。

4. "三实"课堂模式是一种少教多学的课堂教学模式

高校长认为，评价一堂课的根本标准不在于教师讲得是否精彩，而在于学生学得是否主动，内容不在多而在精，重在落实，重在掌握，重在理解。

追问三：我们"怎样"才能真正做到"真实、扎实、朴实"

"三实"课堂模式不能只停留在口头上，还要在课堂教学中得到渗透、落实。为此高校长提出了六条具体操作规则。高校长认为，只有做好以下六条规则，"三实"课堂模式才会真正落实到教师的教育行为中。

1. 了解学生学习特性

教师如果不研究学生，不了解学生，备课不考虑学生实际，不想一想自己所教的内容是否符合学生的接受能力、是否是学生希望得到的东西，上课时，只顾自己滔滔不绝地讲，师与生之间不能合作，课堂教学就容易陷入"三隔"境地：隔心，师生之间，各思其事，心不能"领"，神不能"会"；隔情，师生虽身在同处，但情感不通，教师悲之欲泣，学生无动于衷，教师慷慨激昂，学生漠然旁观；隔智，教师以为易如反掌，学生视之难于登天，教师滔滔不绝，学生如闻天书。

高校长认为，"三实"课堂教学是一种师生双边活动。因此，教师在实施"三实"课堂教学前，首要的一条，就是要深入了解学生的学习特性。我们要了解学生的年龄特征、心理特点是什么，学生在想什么、需要什么、喜欢什么，学生的学习习惯是什么、学习方法是什么，学生目前学习上最大的问题是什么，每个学生的优点是什么、缺点是什么，学生喜欢什么样的教师……就像一位军事家战前要查看地图一样，我们只有了解学生的过去和现在，才能有的放矢地培养学生，才能因材施教，上出精彩的导学课。只有了解了学生的学习特性，教师在备课时，才能做到既备教材，又备学生。高校长要求，教师在设计"导学案"时，要做到"目中有书，胸中有人"，头脑里要时时活现学生的形象，要站在学生的角度去设想教学环节和步骤安排，并且要不断地想象、估计、猜测学生在听课的过程中会有什么样的情感、精神、表情反应，要把课备到点子上，备到学生的心里。只有充分了解了学生的学习特性，教师在实施"三实"教学时，课堂才会达到一种人与人相遇、灵魂与灵魂相撞、输出信息与反馈信息相融的美妙境界。

2. 告知学生学习内容

要实施"三实"课堂模式，就必须编制"导学案"。"导学案"是根据学生的现有知识、自学能力水平，以及教学、考试的要求，编制出的指导学生每一课时的学习方案，是实施"三实"课堂模式的依据，教师要用"导学案"引领读书，用"导学案"引领学习，用"导学案"引领课堂。高校长认为，"导学案"与传统的"教学案"有明显的区别："教学案"是为教师上好课做准备，而"导学案"是为学生的自学提供指导；"教学案"是以教师为中心，课堂教学表现出单向性与封闭性的特征，而"导学案"是以学生为中心，课堂教学表现出互动性、开放性的特征。鉴于"'三实'导学案"这个特点，高校长要求，"'三实'导学案"必须提前印制完成，发放到学生手中，让学生知道教师的授课目标、意图，让学生学习有备而来，给学生以知情权、参与权。他具体规定了"'三实'导学案"的实施流程：教师编学案→课前发学案→学生做学案→教师批学案→教师发现问题→教师课堂指导→学生回答、分析、讨论→教师精讲→反馈训练。由于预先告知学生学习内容，学生有备而来，学生就能最大限度地参与到教学活动中来，就能真正实现"从教师的讲解精彩度转变为学生的参与度；从教学环节的完整性转变为教学结构的合理性；从课堂教学的活跃度转变为每个学生真正进入学习状态的参与度"这三个转变。

3. 保证学生学习时间

"三实"课堂模式认为，学生是学习的主体，是有待点燃的火把，他们有探求新知的好奇心、主动探究知识的愿望和积极的学习态度。因此，教师要留给学生自己去思考、质疑、探究的时间，留给学生发表个人见解、相互讨论交流的时间，留给学生自己动脑、动心、动情、动手的时间。这样，学生的主体能动性才会充分发挥出来，才会真正成为课堂的主人。一节课从头讲到尾，该学生做的事教师绝不插手，努力做到"书"让学生自己读，"问"让学生自己提，"果"让学生自己摘，"情"让学生自己抒，"话"让学生自己说，"文"让学生自己评，最大限度地让学生在活动中学习，在"主动"中发展，在"合作"中进步，在"探究"中创新。

4. 改变学生学习空间

课堂教学的主阵地在教室，高校长认为，要实现"真实、扎实、朴实"的课堂模式，就必须改变学生的学习空间，尤其是要还给学生自主活动和思维的空间。为了落实"三实"模式，给学生营造民主、愉悦、开放的学习空间，学校打破了教室传统的空间布局。教室前后及背光面三面都是大黑板，教室中间是纵向排成的三排课桌，学生分组排位，对面而坐。课堂形式更是多种多样，"台上"学生或表演、或辩论、或唱歌、或讲解、或绘画及小组展示等多种形式交相辉映；"台下"学生或蹲、或站、或坐、或跪，地上、课桌上、板凳上挤成一团。学生的发言几乎不用举手，站起来就说，说完自己坐下另一个接着说。教室前面的讲台没有了，师生同在一个方位，同处于一个平面。每个班级都有一幅由自己写的标语："我参与，我成长，我快乐""课堂大舞台，人人展风采""新课堂，我主张""我的课堂我主宰，我的人生我把握"等等，写出的是学生走向课堂教学主人地位之后的雄心壮志，以及一展才思的无限快乐。课堂空间的改变，促进了学生课堂学习的参与度。高校长说，"三实"课堂是学生思想生成的地方，而非教师奔忙表现的场所。作为一名新时代的教师，要落实"三实"课堂模式，还学生一个思想的空间。

5. 给予学生学习权利

高校长认为，要真正实现"三实"课堂模式，就必须还给学生学习的权利。他在教师大会上，要求教师给予学生八项课堂权利：

（1）学生答错了，"允许"重新回答。

（2）学生答得不完整，"允许"补充。

（3）学生不明白的问题，"允许"发问。

（4）学生没想好的，"允许"再想。

（5）老师说错了，"允许"学生提意见。

（6）师生有不同意见，"允许"争论；争论到炽热化时，"允许"自由发表意见。

（7）在老师讲课或同学回答问题时，"允许"边听边议，不随声附和。

（8）听到不同的看法或不理解之处时，"允许"学生坐在位子上发言，不必站起来，不必举手。

高校长说，教师只有给予学生学习的权利，才能保证"三实"课堂模式在

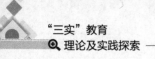
教学实践中的真正落实。

6. 激发学生学习兴趣

"三实"课堂模式的特征决定学生是学习和发展的主人。"三实"模式的核心任务就是建构开放的、充满活力的课堂运行体系。而课堂要想活起来，学生就必须动起来，要解决这个问题，高校长认为首先要解决的是学生对学习的兴趣问题。心理学研究认为，浓厚的学习兴趣可使大脑、各种感官处于最活跃的状态，能最佳地接受教学信息；能促使学生自觉地集中注意力，全神贯注于学习活动；能使学生在繁重刻苦的学习过程中，抑制疲劳并产生愉悦的体验。因此可以说，学习兴趣是学生学习动机中最活跃、最现实并带有强烈情感色彩的因素，是推动学生学习最实际的内部动力。列夫·托尔斯泰说过："成功的教学所需的不是强制，而是激发学生的兴趣。"实践证明，当学生学习的兴趣油然产生时，就会使之产生强烈的求知欲望，学生就愿学、爱学、乐学。学生愿学、爱学、乐学正是导学模式实施的前提。那么，课堂40分钟教师应该如何激发学生的学习兴趣，让全体学生都能积极融入课堂，在"兴趣"的引领下，积极、主动地参与学习，自主、合作、探究地进行有效学习，真正成为学习的主人呢？高校长经过反复调研、实践、反思、回顾，总结出了激发学生学习兴趣，提高课堂教学效率的几种有效方法：一是利用导语，激发学生学习兴趣，提高"三实"课堂效率。二是质疑问难，激发学生学习兴趣，提高"三实"课堂效率。三是创设情境，激发学生学习兴趣，提高"三实"课堂效率。四是表扬赏识，激发学生学习兴趣，提高"三实"课堂效率。五是电化教学，激发学生学习兴趣，提高"三实"课堂效率。高校长要求每位教师"以生为本"，要运用各种教学手段，激活课堂教学气氛，激发学生学习兴趣，使学生由"被动学习"变为"主动学习"，由"主动学习"变为"乐于探究"；使学生由"要我学"变为"我要学"，由"我要学"变为"我乐学"，由"我乐学"变为"我会学"，从而实现从教师的讲解精彩度转变为学生的参与度；从教学环节的完整性转变为教学结构的合理性；从课堂教学的活跃度转变为每个学生真正进入学习状态的参与度。

现在，深圳市第二高级中学在高玉库校长"三实"课堂模式的引领下，课堂教学焕发出生机与活力。高校长也还在不断完善与实践着他的"三实"课堂模式。

在这里，我重点谈了我对高玉库校长"三实"课堂教学的一些理解。"三实"课堂教学只是高玉库校长"三实"教育思想的一部分。只要阅读他的《"三实"教育理论及实践探索》全书，就会对他的"三实"教育思想有一个较全面的理解。以上为序。

何泗忠

2018年6月16日于深圳市桃源村可人书屋

　　（序言作者系语文特级教师、正高级教师，华南师范大学兼职教授，深圳市名师工作室主持人，广东省名教师工作室主持人，广东省教育学会评价专业委员会副理事长，出版《语文悬念教学法》等专著7部）

上 篇

"三实"教育的理论探索

"三实"教育带来学校新气象 ……………………………………………… 2

德育的智慧 ………………………………………………………………… 20

做有追求的教师，办有品位的学校 …………………………………… 28

教育培养什么人 …………………………………………………………… 41

为孩子的未来储能 ………………………………………………………… 45

下 篇

"三实"教育在学科教学中的实践

"三实"教育在语文学科中的课堂实践 ……………………………… 50

　《雷雨》"三实"课堂实践 ……………………………………… 50

　《将进酒》"三实"课堂实践 ………………………………… 64

　《项脊轩志》"三实"课堂实践 ……………………………… 76

　《方山子传》"三实"课堂实践 ……………………………… 96

"三实"教育在英语学科中的课堂实践 ……………………………… 121

　《英语作文讲评》"三实"课堂实践 ……………………… 121

　《非谓语动词在英语写作中的妙用》"三实"课堂实践 ……… 128

"三实"教育在健康学科中的课堂实践 ……………………………… 151

　《向左走，向右走》"三实"课堂实践 …………………… 151

"三实"教育在数学学科中的课堂实践 ……………………… 165

　　《等比数列》"三实"课堂实践 ……………………… 165

"三实"教育在生物学科中的课堂实践 ……………………… 169

　　《蛋白质合成过程中的有关计算》"三实"课堂实践 ……… 169

"三实"教育在化学学科中的课堂实践 ……………………… 174

　　《盐类的水解》（第一课时）"三实"课堂实践 ……………… 174

　　《影响化学反应速率的因素》"三实"课堂实践 …………… 181

"三实"教育在物理学科中的课堂实践 ……………………… 186

　　2018届二轮复习《原子物理》"三实"课堂实践 …………… 186

"三实"教育在政治学科中的课堂实践 ……………………… 195

　　《中美贸易战》"三实"课堂实践 …………………………… 195

"三实"教育在历史学科中的课堂实践 ……………………… 200

　　《历史"联联看"——全国卷历史论述题方法突破》"三实"课堂实践… 200

"三实"教育在地理学科中的课堂实践 ……………………… 205

　　《思维导图在高考综合题中的应用》"三实"课堂实践 ……… 205

"三实"教育在创客学科中的课堂实践 ……………………… 208

　　《创客项目式学习》"三实"课堂实践 ……………………… 208

『三实』教育的理论探索

上 篇

"三实"教育带来学校新气象

深圳市第二高级中学成立于2007年4月，是一所寄宿制公办高中。学校成立之初，提出了"以尊重的教育培养受尊重的人"的办学理念，确立了"阳光、进取、平实、包容"的校训。

最近，又根据《中国学生发展核心素养》提出的"核心素养要素"，结合二高实际，提出了"君子风范、家国情怀、身心和谐、健行美善"的育人目标。

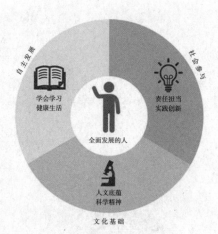

核心素养要素图

说了，不等于做了；做了，不等于做好了；做好了，不等于做细了；做细了，不等于做精了。为避免"以尊重的教育培养受尊重的人"的办学理念只停留在口头上，保证这个理念在学校的教育教学实践中能够被渗透、落实，2016年，我们提出了"三实"教育理念。"三实"即真实、扎实、朴实。所谓真实，就是指与客观事实相符，不假；所谓扎实，是指踏踏实实，一步一个脚印，不虚；所谓朴实，就是指质朴实在，不花言巧语，不装。如今，走进深圳市第二高级中学，穿行在校园的文化长廊中，流连于楼前楼后的宣传栏前，人们就会发现，有两句话出现的频率最高："以尊重的教育培养受尊重的人""践行'三实'教育理念"。前者是行动目标，后者是行动措施。"尊重"，谁都可以说，谁都会说，如何将其贯穿于教育教学和学校管理的全过程，才是办学的关键所在。一个学校的决策团队的高明之处不仅在于能提炼出先进的教育理念，更在于能将这个理念落实到行动中，融入师生的灵魂中。我们怎么做？我们就用"三实"教育理念去落实"尊重"教育，可以说，"三实"教育是"尊重"理念的具体化、课程化、行为化。如今，"三实"教育辐射整个校园，深深根植于校园的一花一木、一墙一瓦之中，潜移默化地影响着校园中的每一位教师和每一个孩子。我们将"三实"具体化为实施的"八个纬度"，从不同层面去推进"三实"教育，最终落实"尊重"理念，落实核心素养。

一、营造"三实"育人环境

"蓬生麻中，不扶而直；白沙在涅，与之俱黑。"校园是有生命的，我们深知，办学环境对学生的影响很大。这就像我们吃的泡菜，泡菜水的味道决定了泡出来的萝卜、白菜的味道。校园的自然环境和人文环境，对孩子的影响是潜移默化的。校园环境不同于其他文化性、商业性环境，它承载着人文历史的传承，是学生接受知识的场所，典雅、庄重、朴素、自然应该是其本质特征。因此，我们要求学校的校园环境布局也要做到真实、扎实、朴实。做到将学校的地理环境同人文环境相结合，即真实；将景观文化内涵同学校文化内涵相结合，即扎实；做到不到处张贴标语口号，不哗众取宠，而是随风潜入夜，润物细无声，即朴实。学校立足"三实"，突出"三实"，从环境建设入手，创设一个处处蕴含"三实"的校园氛围。深入大地、盘根错节、四季长青、树冠巨大、自然生长的榕树遍布校园，她平静、雍容、丰盛，像沉默的大山一样岿然而立，隐喻"真实、扎实、朴实"的学校文化。学校用心去思考设计静园、园中园等一草一木一景，赋予它们更多的生命意义，烘托学校的文化。静园茂林修竹、鲜花百草相互辉映，亭台连廊、水池喷泉相映成趣，两园景观自然朴素，天人合一，应天顺人，学生课余时在园内或漫步，或休憩，心情愉悦，怡然自得，这是"三实"教育在自然环境中的渗透。学校还把走廊分别命名为国学长廊、科技长廊、艺术长廊，扎扎实实地向学生展示着真、善、美的文化，让学生一抬头就可以接触文化，一转身就可以学到知识。学校本着"让每一面墙壁都会说话，每一片树叶都是书签"的"三实"教育追求，从环境科学的角度出发，对校园做出科学规划，形成了安静的学习区、洁净的生活区、标准的运动区、幽雅的休闲区，整个校园形成了一幅园林景观、生态景观、人文景观结合的立体绿色画卷。通过这些举措，学校希望在"真实、扎实、朴实"的文化精髓的感召下，学生能做一个真诚的人、一个脚踏实地的人、一个谦逊朴实的人。

漫步在二高的校园中，时时处处都被"三实"的氛围所感染，师生在这里循本心、顺自然、扬个性、砺品行，享有自尊，发展自信，积蓄着厚积薄发的力量。细雨湿衣看不见，闲花落地听无声，呼吸着文化的空气，在清新、朴素、自然的校园里徜徉，这都有利于学生成长为一个大写的人——做人有品格，做事有品相，学习有品质，生活有品位。

二、培养"三实"干部队伍

俗话说得好："火车跑得快，全靠车头带。"干部队伍是学校的骨干与中坚力量。每个干部都要做到"白、骨、精"。白，即要清清白白做人，干干净净做事，要守住底线，守住红线，把勤政、廉政放在首位；骨，就是要做学校的中坚，做教学的骨干；精，就是要做职场的精英，工作要精益求精，要实心、实干、实效，要有工匠精神。为此，二高十分注重培养真实、扎实、朴实的"三实"干部。所谓真实，就是干部待人要真实，不要虚情假意，而要肝胆相照；所谓扎实，就是干部做事要扎实，不要好高骛远，而要埋头苦干；所谓朴实，就是干部作风要朴实，不要骄奢淫逸，而要廉洁自律。

为保证干部队伍的真实、扎实、朴实，学校采取了多项措施，加以推进。

1. 重选拔

在干部选拔的过程中，要坚持德才兼备、群众公认、注重实绩和"公开、公平、公正"的原则，学校中层干部实行公开竞聘制度。首先成立学校干部竞争上岗工作领导小组、监督小组，接着制订竞聘方案。我们的干部都是按照下列程序选拔出来的：发布公告—组织报名—资格审查—竞聘演讲—问题答辩—现场测评—初定考察—聘前公示—批复聘用。这套选拔程序，构建了一种能上能下、竞争择优的用人制度，把握了使用干部的第一关。

2. 立规矩

无规矩，不成方圆。干部选拔出来后，要与他们约法三章，定出规矩。首先，我们要求干部要有五种意识：

（1）合作意识。有这样一个故事，有一个人很想知道天堂与地狱有什么不同，他决心去看看，于是先去了地狱。他看见地狱的人一个个骨瘦如柴，无精打采的。吃饭时，他们每人拿着两米多长的筷子，饭菜虽好，但由于筷子太长，夹到的饭菜送不到自己的嘴里，他们宁可饿着，也不愿想办法吃东西，所以日子过得很苦。接着，这个人来到天堂，他看见天堂的人一个个白白胖胖的，精神焕发。吃饭时，他们和地狱里的人一样，每人拿着一双两米多长的筷子，饭菜是同地狱一样的。不过天堂的人用筷子夹着饭，你喂给我吃，我喂给你吃，人人吃得津津有味，日子过得格外快活。这个人看后明白了，原来天堂与地狱的生活条件没有什么两样，只是人的行为不一样，前者不合作，后者重合作，才有了地狱与天堂的区别。

当今世界，团队的竞合精神已成为事业成功的重要因素。教育尤其要讲究合作精神。研究一个课题，需要小组合作；培养一名学生，需要各科教师的合作；办好一所学校，需要校领导之间、领导与教师之间的合作。所以学校的干部队伍、学校各处室间，要做到有分有合，既要各司其职，又要高度配合。正如打球一样，既要到位，也要补位。

（2）学习意识。《三字经》里说："玉不琢，不成器；人不学，不知义。"说明学习是处世的需要。孔子曰："吾十有五而至于学，三十而立，四十不惑，五十而知天命，六十而耳顺，七十而从心所欲，不逾矩。"说明学习是终身的事情。所以，我们的领导干部要多读书，勤思考，做到思想上有修为，文化上有内涵，理念上有创新，管理上有建树。

（3）管理意识。干部要敢管、善管，学校要建立严谨有序的管理机制，完善制度文化，把管理机制落到实处，做到没有实效的事坚决不做，违背原则的事坚决不做，可做可不做的事尽量不做，对学校教育发展有利的事一旦决策就一定要坚持做好。自己做不到的事，不要强迫教师去做。我们要努力强化干部的服务意识、奉献意识，大事讲原则，小事讲风格，用自己的品行、模范、行动树立良好的群众威信和人格魅力，并要求在"真实""扎实""朴实"上下功夫，将管理责任明细化、具体化，要求人人会管理，处处有管理，事事见管理。通过落实责任，变一人管理为大家管理，权力层层有，任务个个担，责任人人负，让每一名成员都成为管理的一部分，都能找到属于自己的管理坐标。在管理过程中，一是要严谨，要有踏实的态度、严谨的过程和专业的精神；二是要细致，既要考虑细致，更要做细致。再好的战略，不注重细节，那就是一堆废纸；三是要较真，执行过程中若遭到阻力要敢于较真，遇到矛盾要勇于化解。

（4）竞争意识。"物竞天择，适者生存"，我国著名思想家严复早就对英国博物学家、进化论的奠基人查理·达尔文提出的优胜劣汰的生物进化论学说进行了阐述。随着现代社会的进步和商品经济的发展，"竞争"这个概念也日益从自然界的范畴扩大到了整个社会生活领域的各个方面。实际上，竞争意识是人个性成熟的表现，它是一种想要获得成功和试图考验自己能力的需求。美国APA的心理学家普遍认为：参与到竞争中能使人增长才干，发挥力量。竞争意识的强弱关系到是否能将一个人的能力最大限度地发挥出来。

在校级干部的管理中，我们融入了竞争机制。有一个寓言故事：粮仓里有16只老鼠，不仅偷吃粮食，而且闹得家里不得安宁，于是主人买来三只猫，让它们抓老鼠。三天三夜过去了，猫一只老鼠也没抓，16只老鼠仍旧在粮仓里闹腾。主人问猫："你们为什么不捉老鼠？"一只黑猫说："怎么捉呀？粮仓里有16只老鼠，而我们只有三只猫，三五一十五，平均每只猫捉五只老鼠，还剩一只谁捉呀？"白猫、花猫也连声附和。这时，主人的狗跑过来，看见一只老鼠从旁边溜过，立即扑过去，把这只老鼠捉住了。三只猫见此欢声雀跃，连声对狗说："你帮我们解决了一个大难题。"这只狗见猫夸自己，趁势又去捉了一只老鼠。这下猫起哄了："你这不是成心添乱吗？"那只黑猫说："现在还有十四只老鼠，每只猫平均捉四只老鼠，三四一十二余二，先前只多一只老鼠，现在更麻烦了，多出两只老鼠，谁去捉？"三只猫把狗围了起来，非要狗再去捉两只老鼠。这时主人踢了狗一脚说："你捉什么老鼠啊，真是多管闲事。"据说，"狗拿耗子——多管闲事"的俗语就是出自这个寓言故事。

就这个故事本身而言，如果主人激励猫，谁捉的老鼠多就奖谁鱼吃，我想猫的积极性可能会大增。我们的管理中也有这种现象，有的管理者不肯主动做事，工作疲沓无起色，这与竞争意识不强有关系，所以我们要引进竞争机制。一是在活动中竞争，通过活动来激发管理潜能；二是在榜样中竞争，实行自我审视，定期总结，评先表模；三是在自我更新中竞争，横比看趋势，纵比看发展。这样，才能有效提高竞争能力。

（5）创新意识。创新是民族之魂，也是管理之魂。作为教育领导，有很多问题需要我们去解决，首先，我们应该从提高管理效能的原则出发，多想"路子"，多加"点子"，少走"弯子"，少出"漏子"，创造性地开展工作。

其次，我们要求干部要找准自己的位置，做到在认识上定位、在思想上换位、在实践中补位、在工作上到位、在荣誉前让位。

（1）在认识上定位。干部上要对校长负责，下要对教师、学生负责。在一些是非问题上，中层干部应该敢于真实地发表自己的意见。

（2）在思想上换位。给自己定好位后，还应该时常做换位思考。我是干部，我希望别人怎样配合我？我是教师，我希望我心目中的领导是什么形象？经过反复思考，我们应该给自己定下目标：严于律己，提高学识；尽职尽责，勇于创新；团结同志，淡化名利；以公立身，自尊自律。

（3）在实践中补位。一位名人说过："你要求别人怎样对你，你首先就要怎样对人。"这句话给人的启示是深刻的。作为干部，你希望别人配合你，那你首先应该做到配合别人，遇到别的干部外出，要能主动承担日常工作；遇到非自己主管的其他工作，也能为别的领导补位，不让事情拖延。"众人同心，其利断金"，干部队伍凝心聚力是学校持续发展的重要保证，科室之间、部门之间，有时不好分清你我，需要齐心协力，共同维护学校大局。

（4）在工作上到位。干部对自己分管的工作，应该有很强的主动意识。一是要积极干，增强工作的自觉性、主动性，积极肯干；二是要自己干，亲自抓，一抓到底，不当二传手，不当甩手掌柜；三是及早干，以只争朝夕、时不我待的精神，做一马当先的"急先锋"，不做坐而论道的"假名士"；四是科学干，遵从教育规律，遵循教育法规，摆正办学方向，规范学校管理，不盲干、不蛮干。

（5）在荣誉上让位。在责任面前，做到自己是学校干部，不推诿；在工作中，自己又是普通的一个兵，除了尽心做事外，还应要求自己淡化名利，屈己让人。

3. 抓培训

为了提高干部水平，我们围绕学校可持续发展，科学设置培训内容，每学期会对干部进行培训。一是加强干部的政治理论学习，以干部思想政治素质的提升强化学校可持续发展的政治保证；二是加强干部的业务技能培训，针对不同岗位需求，分类进行培训，增强干部推进学校可持续发展的工作能力；三是围绕办学模式、人才培养模式、教学模式、管理服务模式的改革，深入开展教育思想观念大讨论，提高干部办好学校的理论自觉和行动自觉，推动学校的不断发展。

目前，学校已培养出了一批"真实、扎实、朴实"的干部。他们想干事、敢干事、能干事。他们的整体素质高，勤奋廉洁，管理能力强，在师生员工中有较高的威信，教职工对干部队伍的履职情况非常满意，每年测评的称职率和优秀率均在98%以上。

三、打造"三实"教师团队

教师是学校的支柱，教师的"成色"决定了学校的"基色"。二高十分注重教师队伍的建设。我认为，无名师无以成名校，好的学校，应该让教师"牛"起来。"牛"教师，应该要真实不虚伪，有高尚品德，可谓立德；要扎实不漂浮，有真才实学，便于立功；要朴实无华，不做作，不矫饰，善于立言。"牛"教师要真实、扎实、朴实，具有工匠精神。

（1）为打造"三实"教师队伍，学校以名师工作室为平台，以课题研究为纽带，依托五个名师工作室，建起了教师分层发展的"金字塔"，形成梯级发展模式：

① 塔基部分——刚入职或入职时间较短的年轻教师，学校利用"青蓝工程"对其进行栽培。

② 塔身部分——校级或市级教坛新秀、优秀青年教师、优秀班主任、教学能手，学校组建"青年教师成长营"对其进行培训。

③ 塔颈部分——市学科带头人、市骨干教师、优秀教师，学校组建"中青年骨干教师发展促进会"对其进行培育。

④ 塔顶部分——省骨干教师、国家级优秀教师、特级教师等专家学者型教师，学校组建"教师发展论坛"促其进一步提升。

（2）为打造"三实"教师队伍，深圳二高制定了《促进教师专业发展三年规划》，根据这个规划出台了《教师成长培养方案》，从而确立了不同年龄结构、不同教学经验教师成长的培养目标。

① 学习型教师：以终身可持续发展为学习目标，以自我实现作为人生更大的需求。要具有扎实的学术根基、广阔的学术视野，不断更新自己的知识，有追逐学术前沿的意识，能把握教育教学的真谛，了解学生的发展规律，掌握现代化的教育理念。在学习中研究，在学习中发展，在学习中创造。

② 研究型教师：具有较强的研究意识和研究能力，善于在教育实践中不断地发现问题、提出问题、分析问题和解决问题，并能自觉地运用先进的教育思想和方法指导教学实践，提高教育教学效果。

③ 智慧型教师：能将丰厚的教育理论积淀、丰富的教学实践经验转化为教育智慧。在教育教学实践中，教师要专心学习，用心创造，静心育人，潜心研究，精心反思，以"润泽生命，启迪智慧"为己任，给予学生精神的引领、文化的底蕴、能力的提升、创新的发展、幸福的成长。

④ 专家型教师：站在教育改革的前沿和道德的高地上，对某一领域的教育教学问题有综合、全面、深刻的把握。教师要通晓所教学科的专业知识，具备丰富的教学实践经验。在教育教学上，要卓有成就，具有独立的科研能力、独特的教学风格、高超的教学艺术、自成体系的成熟的教学理论，能引领教学改革向纵深拓展，兼有学者、研究者、教育家的特质。

（3）为打造"三实"教师队伍，深圳二高千方百计为教师创设成长空间，让每一位教师朝着自己的梦想，凭智慧走到一条适合自己的道路上。

① 地理老师潘国华对天文感兴趣，于是学校专门为他买器材、购设备，从一个天文社团开始，精心设计并逐步完善，建立了国内一流的天文探究实验室。2016年开展了两次面向深圳市全体市民的天文科普讲座，得到了参加活动市民的一致好评。

② 政治老师古永忠对书法和绘画情有独钟，于是学校让他在高一、高二年级专门开设汉字书写必修课和硬笔书法选修课，古老师还建立了"清风书画"工作室，吸引了很多学生和老师。

③ 特级教师梁光明对组培实验感兴趣，于是学校创造条件，开设了生物组培实验室，不仅带动了校内学生研究生物组培的兴趣，而且与香港友好学校

进行合作交流，取得了很好的社会影响。

④ 物理教师霍然对机器人感兴趣，于是学校专门开辟了两间大教室，成立机器人工作室。机器人社团参加了2017FIRST科技挑战赛中国深圳赛区、广州赛区和重庆赛区三个赛区的选拔赛，在比赛中均获优异成绩。其中深圳赛区获得冠军联盟，广州赛区获二等奖，重庆赛区获三等奖。

⑤ 信息教师周茂华对创客教育感兴趣，于是学校成立了创客研究中心，让他负责。如今，创客教育在全国创客教育界取得了广泛影响，优秀学子吴子谦同学以其充满灵性的创意获得了李克强总理的接见，2017年4月参加CM3国际青少年创客挑战赛包揽了所有奖项（特等奖、一、二、三等奖）。

⑥ 历史老师周建定对微课教学感兴趣，于是，学校专门拨出经费，让其开发微课课程，创建历史教学风云网站。

学校通过梯级发展模式、目标引领和创设教师发展空间，促进了各层次教师集群的发展，如今，具有"三实"精神的教师队伍已初步形成，他们活跃在各自的岗位上，身体力行地成为"三实"文化有力的倡导者、践行者。他们以文化人、以德养人、以艺磨人、以情动人。

四、深化"三实"教研教改

教育需要科研，缺乏科研的教育只能是一种盲目低效的认知结果的堆积。为此，学校十分注重教研教改。为了将教研教改与学校实际结合起来，学校要求教研教改必须做到"真实、扎实、朴实"。教研要真实，不能搞假研究，不能虚构科研成果，要对教育教学有实际的指导作用；教研要扎实，既要注重成果，更要注重过程；教研要朴实，要基于学校问题、学校实际开展教研。

我校依据"以尊重的教育培养受尊重的人"的办学理念，确立了二高教育的行动策略：以"和蔼亲切每一个，博学精进每一个，智慧创新每一个，仁爱宽厚每一个，温文尔雅每一个，幸福体验每一个，和谐发展每一个，成就梦想每一个"的培养理念，培育学生的核心素养。

为体现教研教改的真实、扎实、朴实，教师要做到在研究中教学，在教学中研究，课堂教学做到"四环四思"。"四个环节"体现在：教师备课设计上要探究准备、探究实践、探究体验、探究发展。在"四个环节"的教学实践中，以反思性教学为突破口，提出教师的课堂教学要做到"四思"，即探究准备——课前反思，探究实践——课中反思，探究体验——师生反思，探究发展——课后反思、集体反思。

为体现教研教改的真实、扎实、朴实，学校以特级教师精品课为引领，以人人奉献精品课为载体，以教育论坛为平台，以小课题研究为依托，深入开展教育教学研究,使我们的教师能"静下心来育人,潜下心来研究",做到"教学研究常态化、常态教学研究化",全体教师都能做到"人人有课题,个个能研究,学科出特色,研究出成果"。

为体现教研教改的真实、扎实、朴实,学校要求教师每学期做到"六个一":每学期写一个创新教学设计,每学期写一份课堂教学实录,每学期写一份课堂教学反思,每学期读一本教育专著,每学期写一本读书笔记,每学期写写一篇经验论文。

为体现教研教改的真实、扎实、朴实,学校狠抓科组建设,各科组在"三实"教育理念的指导下,认真教研,不断探索,形成了自己的教学理念。

语文科组认为,"三实"教育理念下的语文课堂教学是学生思考、质疑、批判、发现、求证的过程。教师的教是为学生的学服务的。在课堂教学这个小小的舞台上,教师要始终把学生推上主角位置,让课堂教学成为学生的主场。教师要将课堂教学的大权交给学生,给学生一个空间,让他们往前走;给学生多点时间,让他们自己去安排;给学生一个题目,让他们自己去创造;给学生一个环境,让他们自己去探索。为此,语文科组构建了语文"待完满"课堂教学模式,实现了"二分天下""三实"课堂学科化。

数学科组"三实"教学模式坚持十个课程原则:以学定教,先学后教,少讲多学,知情并重,当堂过关,控制难度,自主学习,主体参与,合作学习,切身体验。而且还分别提炼出了"自主理解消化型的知识新授课""自主交流展示型的智能提高课""自主构建知识网络型的章节复习课""自主弥补修正型的试卷讲评课"等四类课型。

英语科组为贯彻"三实"课堂理念,对高中三年的英语教学进行了统一筹划,对三年教学中"教什么、怎么教""学什么、怎么学""练什么、怎么练""考什么、怎么考"都有通盘考虑。牢牢抓住了"词汇循环积累—语法主干凸显—听说阅读领先"这条主线,为学生的后续发展做了良好的铺垫。

物理科组的教师认真学习了实践"三实"课堂的教学模式,努力寻找符合学情的结合点,精心准备,激情参与,已经基本形成了"先学后教,当堂训练"的教学模式。

化学科组本着"教学问题来源于生活,教学内容服务于生活"的理念,坚持开展"以实验为基础、以应用为目标、以学生为主体"的课堂教学模式,推进"三实"课堂学科化。

生物科组秉承《新课标》所提出的目标和方向,在认真解读《新课标》四个理念的基础上,结合学校"以尊重的教育培养受尊重的人"的办学理念,提出了"关注生命,着眼未来"的科组教学理念,引领科组建设,构建了"问题导学"课堂教学模式。

政治科组结合政治学科的特殊性及多年来的实践探索经验，确定了"求真、务实、致用"的政治学科理念，以时代发展要求为出发点，以学生发展需要为核心，以教师成长为纽带，以学科特殊性为依托，锐意进取，有所作为。

历史科组在学校"真实、扎实、朴实"的先进教育理念的指导下，反复磨合，逐步形成了"以人为本，以史为鉴，尊重人格，守操格物"的教学理念。

地理科组努力践行学校的办学理念和育人目标，积极投身基础教育新课程的改革大潮之中，形成了"尊重师生差异，鼓励特色发展；尊重自然规律，探索高效课堂；尊重学生发展，培养现代公民"的教学理念，构建了"探究智慧课堂、自主合作学习"的课堂教学新模式。

体育科组在学校"真实、扎实、朴实"教育理念的指引下，以"特色体育教学培养阳光健康二高学子"为指导思想，确立了"阳光健康、全面发展、突显个性、终身体育"的学科教学理念。

艺术科组在学校"三实"课堂教学理念的指引下，提炼出了音乐学科教学理念——"发现音乐之美，感受音乐之美，创造音乐之美"，提出了美术学科教学理念：始终以美术素质文化为根本，以培养学生的美术能力为目标。

健康学科组由医务组和心理组构成，负责学生的身心健康。健康学科一直坚持进班教学，这是我们学校的一大特色。一直以来健康课都受到学生的欢迎，学生的满意度都很高。在学校的大力支持下，建立了"医学救护体验室"和"学生阳光成长中心"，先后获得了深圳市和广东省"巾帼文明岗""省心理健康特色学校"等称号。

如今的二高，有了一种浓郁的"三实"教研教改氛围。

五、实施"三实"课堂教学

课堂，是教与学的主要场所，是落实"尊重"理念、"核心素养"的主阵地。二高坚持课堂的教育主阵地不动摇，通过多种方式打造高效课堂，积极追求"真实、扎实、朴实"的课堂。

"真实"即课堂符合学生的接受能力，所教的内容是学生希望得到的东西，教授的内容真实有效，不浮夸，这是一种真的教学；"扎实"即要求教学目标明确，内容不在多而在精，重在落实，重在掌握，重在理解，这是一种善的教学。"朴实"就是注重形式的互动为切实需要，不是流于形式，不在流光溢彩，而在朴实，这是一种美的教学。一位合格的老师，教学至少要能做到真实，即真的教学；一位优秀的老师，教学既要做到真实，又要做到扎实，要将真的教学与善的教学结合起来；一位卓越的教师，就必须将真善美的教学完美

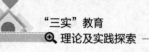
融合起来，既真实又扎实，还要做到朴实。

任何好的教学理念，没有学生的参与，是不可能达成目标的。因此，围绕"三实"课堂，我们还要求教师上课要实现"三个转变"：一是从教师的讲解精彩度转变为学生的参与度；二是从教学环节的完整性转变为教学结构的合理性；三是从课堂教学的活跃度转变为每个学生真正进入学习状态的参与度。

这三个转变，实际上就是要求教师要从"以教师为中心"的课堂转到"以学生为中心"的课堂，允许学生自由表达，"把课堂真正还给学生"，实现课堂的深刻变化，形成基于学生未来发展的真美课堂，即体现玩的课堂——真思，围着学生转的课堂——真教，有鼓励的课堂——真爱，围绕问题交流的课堂——真学，落实目标的课堂——真会，能力发生变化的课堂——真懂。

"三实"教学的课堂文化突出合作性和互动性，教学内容突出真实性和扎实性，教学模式突出民主性和探究性。"三实"教学的实施，使课堂教学发生了四大转变：学生由被动接受型的"跟学"转变为任务驱动型的"自学"；学生由浅层次学习转变为深度探究性学习；学生由封闭式学习转变为开放性学习；学生由知识的"观众"转变为能力的"主演"。课堂教学实现了八个"度"：细化探究目标，教学有"梯度"；创设探究情境，学习有"温度"；落实探究实践，参与有"维度"；优化探究体验，体悟有"厚度"；精选探究练习，学习有"效度"；提升探究总结，思考有"深度"；拓展探究作业，研究有"广度"；关注探究评价，发展有"宽度"。

六、构建"三实"校本课程

遵照"国家课程校本化，校本课程特色化"的课程改革思路，我校在"以尊重的教育培养受尊重的人"的办学理念的引领下，在开齐、开足、开好国家课程、地方课程的基础上，大力开发"三实"校本课程。课程要真实，要切合学生的发展实际，要有整体的思考。课程体系建设不是简单机械地叠加，不同课程之间具有相互承接、有机融合的内在关联性，我们要不断追求和努力实现"1+1＞2"的整体效益，进而帮助学生赢取一张张走向未来的"通行证"，并赋予学生可持续发展的最强劲的动力与最丰富的可能。课程建设要扎实，要有长期的坚守，对课程建设，我们不能奢望立竿见影，它需要一个慢慢累积、不断深化的过程。追求课程结构化应该是一种"慢的艺术"，要不急不躁、不慌不忙，如此，一个日臻完善的课程结构才能像珊瑚礁一样，在海面下缓缓地累积而出。课程建设要朴实，要集思广益、群策群力，在实施过程中，要做到活动多样化、内容多元化、管理规范化、评价科学化。根据"三实"教育理念，学校要求老师开发的课程要有选择性、灵活性、全员性、自主性、多样性，现在我们构建了包含基础课程、拓展课程、特色课程在内的具有二高特色的课程体系（见下图）。

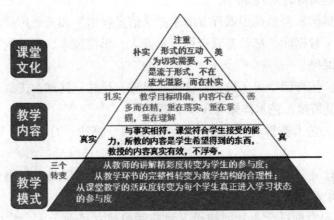

"三实"课堂思想体系

在二高，我们实行"三证制度"，学生在完成全部的国家课程、选修课程及相关的学分后，还不能拿到毕业证，还需通过我校的"三证"关方可毕业。"三证"即为"阅读证""书法证"及"游泳证"。

"三证"核心课程系统

阅读是人终身发展的必备技能。我校开设了专门的阅读课，让学生学会阅读和赏析，为今后的发展奠定基础。

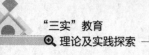
我校开设了汉字书写必修课，在日常考试的试卷里专门设有书写分，有专门的教师研究并传授汉字书写的技巧。关键是让学生通过书写，了解中华文化的精髓与魅力。

我校还要求每个二高学子要获得游泳合格证。因为游泳不仅是强身健体的好方法，更是关键时刻救命的本领。

我校根据国家普通高中课程方案中的《信息技术》和《通用技术》两门课程，开发出了数据库、移动互联应用、机器人、影视技术、服装设计与制作等10多个模块课程。

在二高，体育课变成了田径、篮球、足球、排球、网球、击剑、武术、踢毽子、跳绳、游泳、艺术体操等10多个模块。

在二高，艺术类课程开发为中国画、油画、书法、合唱团、朗诵等多个模块。

除"阅读证""书法证"及"游泳证"学生都要过关外，以上开发出的所有课程，学生都可以自主选择。

学校还大力推进学生社团建设，目前学校建立了七十多个学生社团，从艺术、体育、科技创新、历史人文等各个方面为学生搭建起了多维度的成长平台。深受学生欢迎，甚至有的学生在初中就受到了吸引而在中考时第一志愿填报二高。

"三实"教育理念在校本课程开发实施中得到了真正的落实。

七、开展"三实"德育活动

教育的根本任务是立德树人，立人先立德，故德育工作应该摆在学校工作的首要位置。然而，怎样才能让德育工作落小、落细、落实，让德育工作接地气呢？

我以为，德育是一种渗透，是一种滋养，它是一种温度，不是靠喊一句口号就能解决的。学校开展德育工作要做到真实、扎实、朴实。

德育的真实要体现真心、真我、真性情；德育的扎实要追求方法有效，充分体现"设计""滋养"和"雕琢"的用心；德育的朴实要摒弃喧嚣的华丽，还德育于质朴的本源。在"三实"德育理念的指导下，学校形成了独具特色的二高德育活动体系。

第一是德育模式自主化

学校成立"三级五部"，完善自主管理机构。在教师的指导下，学生通过个人自荐和民主选举成立了"三级"自主管理机构——班级自主管理委员会、年级自主管理委员会与校级自主管理委员会，每级"自主管理委员会"又分为卫生礼仪部、劳动部、自律部、文体部、宿管部,共五部。

学生自主管理委员会以学生为主体,建立严密的自主管理体制,为习惯养成、活动设计、自我管理提供了有力保障。学生自主管理委员会具体负责各级各项行为习惯的检查、量化、评比、统计工作,使管理渗透到学生生活的各个领域,真正实现了"人人有事做,事事有人做,事事都做好"的良好"三实"德育管理格局。

第二是德育队伍网络化

德育工作网络以学校德育为主渠道,在德育网络建设中,组建了由学校、社区、家长代表组成的三结合教育委员会,成立了家长委员会和家长学校,定期开会、协商。家长学校每年至少授课2次,提高家长教育子女的水平与能力。级组每学期至少召开一次家长会;班主任至少每年进行一次家访,并经常进行电话家访;学校开通了短信平台,学校、教师与家长随时进行短信交流。

学校成立了由校长任组长,分管政教的副校长任副组长,学生处主任、年级组长为成员的德育工作领导小组;建立学生处—年级—班级的层级管理系统。在德育队伍建设中,以班主任为核心,协同科任教师、后勤管理人员组成全员育人格局。德育队伍网络化,"三实"德育得到了全面立体的落实。

第三是德育活动主题化

学校在不同时期,根据各年级段的不同情况,确定不同主题,开展系列化教育活动。近几年我们开展的主题活动主要有:

(1)公民素质养成教育。例如,"我让父母感动的一封信"等书信比赛活动、五月"校园艺术节"系列活动、革命传统教育活动、"养成教育月和强化训练月"活动、"18岁成人宣誓仪式"、义务献血活动、"心系祖国·健康成长"公民意识教育活动。这些活动对树立学生正确的人生观、世界观,引导学生不断增强社会责任感和历史使命感,培养学生履行公民义务的意识和能力,起到了良好的作用。

(2)心理健康教育。学校积极探索心理健康教育的新模式,心理健康教育进课堂,建立心理咨询室"蓝色小屋",开展心理咨询和专题讲座,建立由心理教师、心理协会、各班心灵使者、班主任、科任老师、女生委员会组成的心理健康网络体系,及时疏导化解学生的心理问题。学校还积极开展心理测量工作,对有异常心理现象的学生给予个别关注或辅导。学校还被中国教育学会和中国科学院心理研究所命名为"全国心理教育百校工程科研基地"。

第四是德育工作学科化

要将德育工作做到真实、扎实、朴实,德育工作学科化是最重要的途径。为落实"三实"德育理念,学校出台了《深圳二高关于学科德育渗透的规

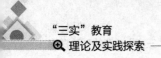
定》，要求学科教学要突出三个特点：

（1）确立德育教学目标，寓德育于学科教学之中。

（2）以"育人"为重点，在学科教学中注意培养学生正确的学习动机、学习态度、学习习惯和良好的学风与意志品德。

（3）学科"德育渗透"形成特色：突出思想政治课是德育的主阵地，政治教师坚持以德育为首，运用多种适合学生特点的教学方法提高学生学习的积极性，培养学生正确的世界观、人生观和价值观；其他人文学科有计划地对学生进行爱国主义和理想教育；理科教学注意培养学生实事求是、勇于探索的科学精神，帮助学生树立辩证唯物主义的基本观点；艺术课努力培养学生正确的审美能力，提高学生的审美水平；体育课培养学生吃苦耐劳、昂扬向上的意志品德和集体主义精神。

通过德育工作的四化，让德育反映在学校显性和隐性的文化中，很好地落实了德育工作的"三实"理念。

八、加强"三实"后勤服务

学校后勤是以学校后勤服务为核心，以安全保障为基础，以维护部门职能活动正常运转为目标的一项重要工作。后勤工作几乎涉足于学校工作的各个领域，包括校园安全管理、饮食卫生管理、财产物资管理、设备配备、设施维修、环境建设、水电维护、热水系统管理、消防管理，以及大量领导临时交办的其他工作。学校后勤具有工作涉及面广、量大、要求高等特点。

当今的学校教育要求学校后勤必须紧紧围绕学校的中心工作，根据自身特点，积极主动创造性的实施后勤管理，服务育人活动。因此，后勤工作也必须做到"真实、扎实、朴实"。

我们要求后勤服务要"真实"，要为师生付出真爱。要始终把全校师生的呼声作为第一信号，把全校师生的需要作为第一选择，把全校师生的满意作为第一标准。

为促进后勤服务的"真实"，我们经常开展常态化学习教育，不断增强"服务育人"理念。结合"两学一做"学习教育，积极开展"思想合心、工作合力、行动合拍"主题教育，组织人员到省内外学校学习交流，开阔眼界，增强后勤队伍的思想政治素质，强化"学校无小事、处处是教育，服务无空白、时时能育人"的工作理念，自觉在日常服务保障中言传身教，争当"不上讲台的教师"。

为促进后勤服务要"真实"，我们每年都会召开年度总结表彰大会，对奋斗在后勤工作一线的优秀员工进行通报表彰，凝聚人心，鼓舞干劲。

通过以上措施,我们的后勤服务工作更加"真实",我们每一个后勤员工在日常工作中始终真心实意地做到急师生之所急,想师生之所想,办师生之所盼,解师生之所怨,把兄弟姐妹情、父母长辈爱融于服务的全过程,以宽容之心体察师生疾苦,以关爱之情温暖师生心田。譬如,我们学校是全寄宿制学校,学生一周才能回家一次,因此,学校要让学生有家的感觉。学生离家求学,生活中难免会有一种依赖心理。我们要求后勤工作人员要满腔热情、无微不至地关心爱护学生,像良师益友一样关心学生的成长和进步,像父母兄姐一样把学生的温饱冷暖时刻挂在心头。现在,我们的学生宿舍管理由一名校领导亲自负责,由后勤部门主管。学校里担任宿舍管理员的教师,他们有爱心和责任心,做事耐心、细心,有丰富的学生管理经验。宿舍管理员每天晚上住在学生宿舍楼内,全面了解学生在宿舍内的情况,及时给予指导和帮助,解决学生的困难。

后勤服务要扎实。后勤工作要赢得师生的满意,就必须做到扎实,就必须使师生对后勤服务看得见、摸得着、体会得到,用实实在在的服务、切切实实的关心来感染每一位师生。

比如,教室是学习的地方,后勤员工就应给学生提供一个安静清洁、明亮舒适的学习环境,使其能静心学习、增长知识;宿舍是学生休息的"家",后勤员工就应为学生营造一个安全卫生、温馨优雅的住宿环境,让其好好休息、调节放松;食堂是就餐的场所,后勤员工就应为学生献上营养平衡、美味可口的菜肴,使其尽兴而来、满意而归。总之,后勤员工应当坚持以人为本,自觉地扎扎实实地把"服务育人"贯穿到各项服务的全过程之中。

为保障后勤服务的扎实,我们采取了一系列措施。

一是细化岗位职责

建立目标责任制,强化责任追究制。我们要坚持"职责明确、任务清楚、各司其职、协调配合、有条不紊"的原则,落实职责到岗到人,并坚持以有章可循、井然有序的管理影响人。

二是明确项目服务规范

健全政务公开制度,保障师生的知情权和选择权。后勤部门应主动公布服务项目、时间、收费标准、原料采购及人员变动等信息,使后勤服务透明化、可量化、能比较,便于师生衡量和选择。这样做能够充分体现后勤对师生的人文关怀。比如,建立学生公寓、浴室、饮食服务及校园物业和医疗卫生等服务质量标准。师生对照标准,既可以维护权利,又可以客观评价后勤服务绩效。这样做有助于推进后勤工作的扎实,提高师生的满意度。

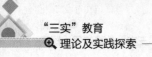

三是规范民主决策管理制度

完善监督制约机制,保障师生的参与权与监督权。后勤部门应积极听取、广泛采纳各方面的建议和意见,鼓励师生参与管理,主动接受师生监督。比如,成立教师后勤管理监督委员会、组建伙食管理委员会、举办伙食价格听证会、建立学生接待日制度、开设热线电话等等。

现在,学校的后勤服务,比以往做得更扎实。譬如,在日常保障工作中,食堂职工自觉做到穿着整齐,不留长发,不染指甲,工作时严格按卫生要求操作。而且在各餐厅布置了餐厅卫生、节约粮食等宣传牌匾,倡导"光盘行动",让文明就餐、节约用水、爱惜粮食的节俭之风成为习惯;每年秋季为迎接新生,维修人员不顾天气炎热,提前完成宿舍的门、窗、家具和水电设施的维修;保洁员提前打扫好卫生,以崭新清洁的校园环境迎接新生的到来;驾驶人员为保证教职工的安全和准时上下班,每天提前赶到停车点仔细检查,做好发车准备。

扎实的后勤服务,不仅密切了后勤员工与师生的联系,拉近了彼此的心灵距离,也使师生在接受优质服务的过程中有机会了解后勤工作,理解后勤员工,认同员工的劳动价值,从而达到服务育人的目的。

后勤服务要朴实。以校园环境为例,现代教育心理学认为:在人的性格的形成过程中,环境因素影响很大。学生的主要活动范围是学校,校园环境质量对育人效果会产生直接影响。从实用到艺术,从绿化、美化、净化到校园文化,都可以行"无言之教",通过耳濡目染,对学生产生强烈的暗示性和渗透性。后勤工作人员通过自己的劳动,绿化、美化校园,创造优雅、整洁、有序的校园环境,不仅能改变校园环境的小气候,起到避风防尘、降低噪声、调节气温、净化空气等生态作用,而且会直接影响学生的思想意识、行为规范和生活方式;不仅能提升学生的品质修养,而且可以激发学生的美感,使他们在校园里快乐、舒适地生活,从而充分发挥自己的主观能动性,创造性地进行学习。

总之,后勤工作无小事,必须做到真实、扎实、朴实。对于一所学校来说,其品牌、声誉和社会地位,除了由其培养的学生的素质和教育教学质量来决定外,学校的后勤工作也每时每刻都在体现学校的形象。广大师生的衣、食、住、行、学等无不与后勤服务工作有着密切的联系,后勤服务工作是"没有讲台的课堂",后勤员工是"不上讲台的教师",是服务育人的主体,每个后勤员工高水平、高质量的服务,都能给学生起到一种榜样示范的作用和潜移默化的教育。

一个充满庄重而又文雅氛围的校园,一所安静而有责任的学校,一间宁静而有思想的教室，一名心情平静而有价值追求的教师，一群能自由思想而又能踏实前行的学生是我对教育的追求与期待。"三实"教育理念，就是为实现我的这种追求与期待而采取的措施。"乘风破浪会有时，直挂云帆济沧海。"

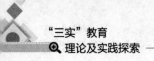

德育的智慧

——在第二届德育研讨会上的讲话

各位老师：

下午好，老师们讲得很好，我感触良多。我记得去年的6月25日，在同一个地方，我也是站在同一个位置，进行了我校的第三届教学研讨会，主题是"三实"课堂及"三实"教学。学校发展了十年，我想，学校离不开这两个主题，一个是德育，一个是教学。两个问题归结到一起就是教育的问题，也就是如何把握教育的方向与方法，对我来说就是"三实"教育问题。今天我们是德育研讨会，就是研讨用"三实"理念做德育工作，即培养什么样的人、怎样培养人，以及为谁培养人的问题。

我们把德育放在了首位，这是没有异议的，因为德育是学校重要的也是主要的工作。德育是什么？每个人的定义不一样，但我想德育就是每个人心中普遍认同的，存在于我们的身体中，流淌在我们血液中的一种向上的动能与力量。就是我们教育者该给予孩子们的，认识世界、了解世界、融入世界、造福世界的能力。它应该是我们成年人和孩子们所有能量的来源。你做什么事，靠什么来指引，靠什么来导向，这是德育工作的入手点。把事情做好，为绝大多数人所认可，我想这就是德育工作的基调。所以我一直说，德育与教学可以比喻成人的两条腿，缺一不可，缺一条腿能不能生活？可以生活，但是你生活的质量和存在的价值，就会受到影响。所以德才兼备是我希望每个孩子都能达到的基本标准。

人需要融入社会，融入人群，需要大家的认同。我们教育的孩子能不能融入社会？靠什么融入社会？靠人格和修养。所以我想，德育不一定要求很高，不用理解太深，但最基本的，它应该是培养学生具有一种普世公认的素养，这也是我们教师应该遵守的。

排在第二位的应该是智慧。上午，五位教师在此发言，每个人的发言，大家都能感觉到，他们的用心，他们的视角，都能给我们很好的启发，都是智慧的结晶。

首先是赫主任，他做了十年的学校德育工作，在这十年的过程中，他亲身见证了我们在座的所有班主任一步一个脚印地实干和付出，我们的痛苦，我们的汗水，我们的努力，最终结晶出了二高的德育理念——尊重的文化。

接下来是向勇，他说敢于面对问题才会去思考。他说，发牢骚最简单，但德育工作不是发牢骚，德育工作需要的是思考、是反思、是实干，是为了学生的成长做出实际的努力。

接下来的刘向老师，他对自己的班主任工作有一个非常清晰的定位。他认为班级的管理制度和学校的管理制度是一脉相承的。我记得刘向老师说了一句话，如果老师对这个学校的制度还没有认同，那么就很难让学生认同。学校制度的目的是什么？是帮助学生走向更好的前程。所以班主任对于学校的管理制度应该站在可以达成的立场去解决教学中的问题。

接下来的王研主任，她以她的角度向我们分析，人是活的，思想是多元的，所以对于人的评价，包括我们对学生的评价，很难给学生一个很准确的定义，只能是一个大致的刻画。我们很多时候希望别人对自己的评价是公平的，但同时，我们也要认识到，评价本身就有缺失，很难形成一个完美的符号；评价只能向公平不断地靠近，十分公平很难做到，只能是我们一直追求的目标。公平我觉得正体现了一种德育的智慧、德育的评价，既是对人的引导，也是客观反映人的真实的表现。智慧怎么理解，我觉得首先要认识一些东西，要研究一些问题，像下午这几位代表发言的要点都是智慧，这些都是智慧的碰撞。发言中大家只是谈认识到的很多问题，没有发牢骚，我觉得，这就是智慧，认识了这些问题，我们就开始研究这些问题。宋校长总结时就说了，研究的过程是多元的、开放的。我总觉得我们必须有这样的思想，因为人是不同的，在基本要求相同的基础上，必须提供更多的可能，让学生得到发展。德育这个工作，难就难在没有固定的方法，谁能总结一套固定的方法来进行德育教育呢？为什么它不能总结，就因为它的（对象）是"人"，是在不断变化的，其生活的环境也是在变化的。这就需要我们跟着时代的变化改变我们德育教育的方法，但它仍然是有规律可循的。

我们所说的德育，为什么是两条腿，为什么要把它分成两条腿，为什么不能把它合成一个人？我来到二高这一段时间经常有班主任对我说："校长，我们学校的活动太多了；校长，我们学校的管理太细了；校长，我们学校的管理太松了；校长，我们学校这个地方应该有个制度；校长，咱们学校制度太多了。"从方方面面去听，每个意见都有针对性。上午在听的过程中，大家也能感觉到，我们来这个学校，学习抓得很好，学习状态不好，肯定不行，怎么来抓学习，天天写作业就是抓学习吗？这肯定是在抓学习，但反过来问一句，是否有效？

我们所有的德育工作，最主要的目的是推动学生更自觉地学习，有更高目标去追求，知道自己为什么去学习、学什么，这是我们德育工作一个很重要的任务。德育是一种助推学生学习的非常有效的手段。反过来说，学习不单单是学习高考的那一点点知识，它只是一部分。人生很长，需要多元化的积累，学生自己会学习了，他就会学到更多的知识，如果我们意识到德育的重要性，德育就不会像我们想象中那么难，如果所有的事情都围绕这个为中心去开展，就更容易做了。

所以我们首先要理解，德育与社会的关系及德育与教学的关系，理解了这些，你就能在一个制高点，抓到重点。

由于时间的关系，今天我主要讲三个问题：

一、德育的定位

1. 我们每个人都是德育工作者

德育这个问题，我们总提，大家也不再有太多的感觉。可以从另一个角度说，首先，我们在校园里，我们都是别人的镜子，也可以换句话说"人在做，天在看"，不管你说得再好，终究是要看你怎么做。所以我一直在想，你可以从自己身上，看到父母、兄弟姐妹对你的影响；在自己孩子的面前，你可以看到你对孩子的影响。如果你能看清这一点，你就会知道，学校的要求和你在班级上的要求，意义是一样的，都是要有规矩，没有规矩不成方圆。规矩的目的是为了人能够更好地成长与发展。你就知道，这个定位是件很自然的事情，有时候，我也很讶异，有人会说，你们学校的要求太细了，也有人说，你们学校管得太松了，这关系很微妙，我们都是有多重身份的，既是老师也是学生。

首先我们得清楚自己的定位，我们虽然都是社会人，但这范围太大，也比较复杂，我们先把定位缩小点，缩小到校园。学校这里是教与学的统一体，教与学是相互促进的。教是学的镜子，学也是教的镜子。

2. 人人都是自己灵魂的塑造者

为什么班主任难做？如果我们所有的教师、所有的教辅人员、所有的领导，当然也包括我们所有的班主任，都能定位为：我们都是自己灵魂的塑造者，换句话说，我们每个人都能意识到教师不仅要把课上好，还有更主要的，就是要培养学生成人，成人比成才更重要。就能解决这个难题，换句话说，这就是教师的力量与作用，这就是为人师表。

德育是一种渗透，是一种滋养，它是一种温度，不是靠喊一句口号，或者靠某种能力来进行，又或者用制度就能解决，这些都不能叫德育。德育一定要引导、一定要滋养、一定要有方向、一定要坚持不懈。

3. "人"字本身就是相互支撑,才能立起来

人活着也是要靠其他人支撑的,如果没有其他人的支撑,很难想象结果会是什么样的。从人的自身来说,德是人自身最好的支撑。人的支撑力度也是很有讲究的,人字的一撇一捺,一撇太靠一捺支撑或是一捺对一撇支撑得过度,人就可能翻倒;如果支撑的力度不够或是一撇给一捺压力过大,人就可能压垮。所以教师在德育工作中,细节很关键,怎么拿捏好尺度,用什么方法去引导、培养学生是非常重要的。

二、班级的定位

我们希望班级百花齐放,我们又希望班级能够统一发展。教育亦如此,但是,没有规矩不成方圆,规矩一定是大一统而非细而分的。有人说,如果都是按规定去执行,那么所有的班主任、教辅人员都没作用了,校长一人就可以做完。确实,任何制度都有制定者与执行者,制定者要根据实际情况在反复征求意见的基础上制定,执行者要根据制度总的要求,如何执行就是关键了。这就是我们所说的,只要是管理有效的,一定是金字塔式的管理,一定是分层管理,每个层次缺一不可,每个层次都应该起到该层次的作用,而不是传话筒或是接力棒,要不断理解,根据不同的情况去落实完善。我们班级的管理也一定是这样的。就如当初我们的宿舍管理,我们先选一两个宿舍进行试验,视情况再做推广,为什么要设深圳特区、浦东新区? 就是在做尝试,先尝试,成功了再进行普及和推广。普及与推广也要借鉴,不要一刀切,不要一个模式,一些共性的可以统一要求,一些规范的事情可以一刀切。但思想和文化是要有个性的。一个班级,就是一个学校的缩影,建立在一定共同基础之上的,个性应该是多元的,它不是固定的,每个班主任都有每个人的特色,所以我们建设班级文化就是"要敢于去做尝试"。学生主要在制度建设上先行,要给出有指导意义的方案。刘向老师的名班主任工作室,已经开始了研究,已经带领一些班主任在做大胆的尝试,是很好的开端。班级文化与宿舍文化的建设是学校文化的重要组成部分。

学校的校园文化如何? 实际上,它是由每个班级文化共同组成的,我们每个班级都有自己的文化,每个年级又汇成自己的文化。但这些必须有一个前提,就是在学校整体规划下的,同时,一个班级就是学校的一个小灵魂,这应该是多彩的、多元的,所以刚才说了,很多班主任都有他非凡的智慧,优秀的学校就是由优秀的班级组成的;你的班级优秀了,难道德育会不优秀吗? 比如,我这个年级有20个班,这20个班都是优秀的,这个年级一定是优秀的。当然，学习成绩也一定是优秀的，两者不会是脱节的，不会有哪个班级，它的文化很好、状态很好，同学们都积极向上，最后学习成绩很差，这是不符合逻辑的。如果一个班级脏乱差，纪律没有，管理松散，没有向上的动力，这样的班级与其他班级相比学习成绩会好吗？所以我们需要共同努力，弘扬建设班级文化、企业文化、国家文化。人们才会有更向上的动力与目标，才会有成就感与幸福感。

刚才有位老师说过，高考成绩差的学生，回去翻查，原来他就是高一分班前，从班级文化相对差的班里出来的学生。大家想想，就是这短短半年，一个班整体就与其他班有了比较明显的差别，就影响了很多学生后面整整两年半的学习生涯。从这一点我们可以看出班级文化的形成是多么的重要。班级文化好，能使学生向上，特别是高一，让学生形成好的生活习惯与学习习惯，找到好的学习方法，对学生今后的成长是至关重要的。一旦好的习惯没有形成，就可能形成不好的习惯，后面就很难改变，这样就会出现前面老师说的那种情况。所以说班级文化的建设是非常重要的，它是学生高中阶段的开始，是成人的重要转折点和起步点。

三、班主任的定位

我常与干部沟通，一直强调干部要有包容性，要容得他人犯错误，我们班主任也应该这样。允许学生犯错误，他们这个年龄段，是可以试错的，你不允许他们试错，他们就不知道如何前进，但是如何把握好，令他们试错的方向不至于太远，这是我们做德育工作的难点。最简单的，就是画地为牢，把他们圈起来，绑起来，但这不是我们德育工作的实质，我们是要让他们在自由生长的同时注重引导，就像对待参天大树，让其自由向上生长的同时修枝剪叉。教育的方法是关键、方向是关键。

班主任是重要的德育工作者。这个角色应该定位为母亲，她希望孩子茁壮成长，她会包容孩子的一切，哪怕是不足，她可以付出全部的辛劳苦劳，只为孩子成长助力。她没有任何怨言，同时，她也是幸福的，她看到孩子在她的呵护、引导、教育、培养下不断地成长。但作为一个合格的母亲，你绝对不能溺爱，不能没有原则，不能不尽教育的责任。像我已经来了深圳这么多年，我当初在哈尔滨当了三届班主任。上周又有从外地出差的学生来看我，他们也都四十多岁了，到了人生的稳定阶段，事业也小有成就，现在还能花时间来看望老师，在他们的心中一定有你的位置，还想着你，看看还有什么的样人可以拥有这些呢？那种自豪感与满足感，只有教师才会有。

我刚到二高时，身体健康出了点小状况，可能是因为当时刚上任又是换新学校，太紧张的缘故吧，这是玩笑话。当时，正是当了医生的学生来看望我时，觉得我脸色不太好，让我去医院检查一下，随后几天，天天打电话催，让我去看病，如果不是他催促，我可能不去。我检查后确实有问题，并及时进行了手术。

这就让我想起了一句话："对于与孩子的关系，班主任最幸运的，就是非常直接地参与了他的人生。"

与人交流，其乐无穷，可以相互促进成长，促进我们各自进步，教学相长嘛。现在很多年轻的家长，都有了新的对于亲子关系的认识，最好的亲子方式，就是与他一起成长，一起学习。这是育孩子的理念，也是我们育人的理念，一起成长、一起进步、一起享受工作与幸福。

如何教育学生？和我们如何教育自己的孩子应当是一致的，如何教，这就需要我们用心经营了。

我在经营一所学校，班主任在经营一个班级；回到家里，我们在经营一个家庭。我们实际上是在经营一个环境、一种氛围，这两者是一种相互的关系，好的环境会带来好的氛围。我们说的校园文化，也是一种环境、一种氛围。比如今天这个会议室，我其实不是很满意，当人进入这一空间，没有一种很舒服的感觉，这有硬件条件的限制，但也有可以提升的空间，感觉缺少的就是学校文化。又比如答疑室，之前每到答疑的时候，里面堆满了人，书呀纸呀，掉一地，这环境能有什么好氛围呢？我们可以对这里的环境做更多的策划、更多的改善，令它变得更好。但前提是，我们是否用心去经营了呢？类似答疑室这样的地方，都应该有它固有的地位与文化，更何况一个学校呢。所以我建议大家要开始经营，用经营的思想去思考问题、解决问题。

文化的经营，熏陶是最重要的方式，套用中国古话，那就是"有什么样的爹就有什么样的孩子"。家长在家天天抱着手机，你叫孩子不要玩手机，你是想培养孩子无视你的存在？否则他怎么可能看不见你在玩手机？他自己怎么会有那么强的毅力，克服手机的诱惑？类似的情况比比皆是。

最后，我想说的是，经营是一种精神。刚才有老师说了，如果我们能把精神导向引领好，学生的一生就会好。现在很多人的问题，都是在物质与精神之间的平衡问题，如果将人比作一栋楼，物质就是基础，物质就是框架，精神就是内部装修，两者都是缺一不可的。但要注意的是，过度追求物质，只会适得其反，有人要求这栋楼是三层高度，所以打地基打框架时，用人生的十年八年就达到了，后面就开始慢慢地做精装修；有人过高期望，要建100层，耗尽一生，也没把地基打出来，更别提后面的装修了。所以物质与精神之间的平衡，是需要极高智慧的。

我们二高非常难得地形成了一个理念——以尊重的教育培育受尊重的人，这是前期全体教职员工与学生的共同努力，是通过经验积累、试错实践得出的。现在，我们要延续并发扬光大，如何去做？光是喊喊口号肯定是不够的，需要的是措施，能够达成这一目标的措施，然而措施是否能很快地被理解、被接受？不一定，就像教学生，就像当班主任，是否有措施出来，学生是否也应该有些不同的声音？

措施必须很真实，这是我要说的“三实”教育的第一个实，真实。例如，有老师说，捐款的时候，首先要理解这件事的目的和目标，以此来推动，而不是最后捐了五千就五千，捐了五十就五十，只管去做，而没有用心思考，没有采用措施将这件事的效果最大化。学生看在眼里，哦，老师就是这样做事的，如果是这样，还不如不要发起捐款，一不小心过度了，反而会引起更坏的作用。所以在进行学生德育工作的时候，我们的出发点必须真实，不能流于形式，要有真情实感。

具有真心、真我、真性情的人，是我们都喜欢与之为伍的人，我们培养的学生如果是这样的人，我们是不是会感到很欣慰？如果培养出完全相反的学生，你愿意吗？

再有就是方法要扎实，要行之有效。方法很多，每人都有自己的思考，我们要借鉴别人的智慧，再去升华。如何获得扎实的方法？我用三个词概括：设计、滋养、雕凿。

第一要设计：脑里要有构思，以什么做基础呢？目的、目标就是基础，也是中心。开个班会，要与学生交谈，要将他们引导到哪个方向去，我们得先设计。拿今天的研讨会举例，我们的会议开多长，谁来发言，最后达成什么结果，这些都是需要设计的。畅所欲言不代表杂乱无序，倘若真杂乱无序，就是因为没有设计，没有设计好发言的先后次序、时长、内容等等，这样还会令参会者感觉到浪费时间，不知道过来做了什么。

第二是滋养：在生活中滋养，从小处、从细节滋养。学生一个小小的习惯，也许会影响他的一生。例如，书法能锻炼人的心境，阅读亦是如此，要通过一些小行为滋养学生，令他一步步慢慢地走向更好，这些是急不来的，但滋养的作用是久远的。

第三个就是雕凿：在前面两点的前提下，着重于学生的优处、长处，加以雕凿，让它成为学生最亮的点，要学生值得骄傲或是感觉到自己也有长处，使他们愿意成长、愿意克服自己的不足。这也是德育的艺术升华了。

扎实后，是朴实。做人要朴实，育人的形式就要朴实无华。如果我们要求别人真实，必须自己真实。不要搞形而上学，不要形式大于内涵，形式是为了烘托内容，必要的形式是给内容以庄重感、成就感或是认同感；但只为形式，走过场，就偏离了我们教育的初衷。所以，教育要朴实无华，要让内容入心入肺，使学生能得到人生的升华是关键。

德育的智慧在于思考，思考我们的做法、我们的措施、我们的效果是不是真实、扎实、朴实的。

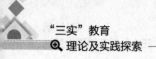

做有追求的教师，办有品位的学校

——在2016年教职员工大会上的讲话

各位老师：

上午好，大家辛苦了！

因为假期对于老师来说很宝贵，按照规定我们所有的老师应该28号上班，从学校角度来看，如果能够晚来一天，我们就尽量让大家多休息一天。但我想对于培训这个概念来说，每个老师的理解可能不一样：有的可能觉得太乏味，没有什么大作用；有的人觉得可能是一个充电的机会；也有的人觉得没有办法，不听也不行，听了也没用。每个人的目的不一样，想法不一样，最终的效果也就不一样，在每个人身上体现的收获就一定是有差别的。昨天上午我听了两位老师的报告，深受启发，就是术业有专攻，每个人都有特长。当你看到别人有特长的时候，你就会相形见绌，你会觉得这些东西为什么我不会，如果你有这样一种心态的话，我想我们每个人都有进步。反过来，如果觉得没有什么大不了，他那样做挺好，我这样做也不错，总是看不到别人的长处，总是觉得自己比别人高一截的话，我想任何时候，任何事情可能都做不好。所以第一次在二高讲话中，我就讲了一个心态的问题。也可以说心态本来就是一个学校文化的根基。我们用什么样的心态去面对人生、面对社会、面对家庭、面对我们个人，可能这真是我们教育人应该去思考的问题，这也是我今天想要讲的一个内容。

今天我主要讲这么五个部分：第一部分是工作回顾；第二部分是我对办好学校的再认识与思考；第三部分是需要重视的几个问题；第四部分是扎实做好各项具体工作；第五部分是我们的期待。但主要是中间的三个部分。

一、工作回顾

第一部分我们快速地回顾一下：工作回顾也是我们对二高的一个重新认识，首先，我觉得近十年，我们二高的办学理念是正确的，我们倡导的就是一种平实的办学风格。用我的话来说就是我们要静心、尽心，这是我们的责任，我们不搞花架子，着眼于学生成长，做最好的自己。另外，我们的模式是注重长远，注重实际，注重效果。关键是我们要思考，用尊重的教育培养受尊重的人，目标是清晰的，所以我们说，我们要去研究，我们做了一个很好的铺垫，那我们的阳光、进取、平实、包容到底是什么？我们怎么在我们的教育中去实施，这也是今后我们工作的一个重点。

我们的学生是规范的、是文明的、是向上的，我们的教学质量是在不断提升的。生源越来越好，教育手段越来越先进，教育理念越来越新。我们老师的能力实际上是非常强大的，我从我们老师的代表中就能感觉到。二高的学生我觉得视野是开阔的，素质是全面的，能力也是比较突出的，但是跟什么比，我们要有一个界定。我们在跟整个社会比，昨天有一个家长跟我谈，首先我说得有一个框架，像今年的初升高，深圳有多少初中，考进普高的学生有多少，今年的录取率是47.18%。也就是说，在同龄人中，首先能够进到我们高中的学生是没有被刷下去的那一半，我们的学生就定位了，至少50%之前。

其次是我们的学生。面对普高这个录取分数线，在我们后面的学生有多少，在整体中占一个什么样的位置，大致我们就清楚了。但这不是我们的关键位置要素。我们要看市直属这几所高中，和各区不错的学校的情况，我们可能是偏低的或是比较低了。社会对我们的关注越来越多，评价越来越中肯，我们整个队伍积极性很高。去年我参加了几次课题，教科院跟我说，校长您还全程参与啊，我说我来听一听，了解了解。我们学校的省级课题、市级课题，包括我们学校自己的课题，我们很多老师是真的在认真研究，这个人数非常非常大，像去年上学期我参加的一个会议有80多位老师在听，评委老师说很少有这么多老师来听开题报告。这可以看出我们老师学习的积极性与热情。学校也要加强对老师的培训，让更多老师有进一步学习的机会，但是我们一定要真正去学，该学的时候学，该放松的时候放松。我们要尽量改变我们师生生活的空间，去净化校园、美化校园，校园文化也是学校文化的一部分。另外，刚才张主任说了，在干部培训上，上学期我们连续做了两期干部培训，这也是大家希望的，我们要提升干部的能力。在26号和27号专门就"我们如何当好干部"这个话题，我们做了一个研讨：第一，一定要坚持民主决策；第二，一定要坚持公平、公正、公开；第三，要促进行政系统的执行力；第四，服务意识的加强和提高；第五，我们一定要把学校的经费预算开门来征集。建立财务信息公开化，比如说今天我出差，那么这个信息就必须公开，现在我们就有心理准备了，我们已经传达给干部。下次我们派一位普通老师去出差，你的信息也必须公开，公开什么呢？公开你的花销，你坐飞机多少钱，住的旅店多少钱，你这一次所有的花销都要公开，类似的信息我们都要逐渐公开。大家会说校长信息要公开，但真的要公开的时候，是不是能收到好的效果呢？在这类公开中我们正在借鉴其他学校，怎么使这个信息公开有利于我们整个教学的工作。二高发展近十年，我对我们二高的工作充满了信心和自信，所以我也在开学第一天借此机会代表学校领导班子为学校的发展和提升做出不懈努力的教职工表示深深的敬意。

当然，学校也存在发展的烦恼，也存在不如人意的事情，还存在挑战职业底线的现象，这也令人感到不安，需要我们共同努力，自我完善，发扬我们的优良传统，在有追求、有品位上再努力，这也是我今天的标题。

二、我对办好学校的再认识和再思考

上学期我讲了一些我对学校的认识，这次我讲，我对办好学校的再认识和再思考。我们的学校现在看来是一所老百姓认可度还没有达到很高的学校，是深圳基础教育比较靠前但又比较尴尬的学校。我们有的老师称之为"裸高"（什么资源也没有），我们没有任何优势，没有任何资源。但是家长和社会对我们的要求跟我们的地位、实际情况有差距。也就是我们的能力还达不到家长期望的高度，但家长期望我们达到这样的高度。所以我说"比较尴尬"。特别在去年，高考成绩一出来，我就感受到了我们老师的热情，这是为什么呢？因为大家都觉得高考成绩是自己的脸面，我们自己说好，也希望大家都说好。这个也就反映出，不管大家是什么样的心态，都有一个希望学校好的共同愿望。不管你怎么做，你的心至少是热的。那一天我在干部培训会上说，我的心是热的，大家鼓掌。至少我们在座的所有人，心都是热的，大家都有这样一个愿望。我们坚持什么，追求什么，我们是不是有共同的目标，若目标一致了，我们就要思考：我们的问题在哪儿？我们怎样改进和提升？所以我在干部培训会上说得最多的一句话是，我们不能老是去说我们的教职员工，出现问题首先反思，我们干部自身的问题在哪儿。这句话，我要在教职工会上反过来说，出了问题，我们首先不要看别人的问题，更多的是要思考自己是否存在问题，这样才能符合我们二高的文化——尊重。尊重是相互的，理解是相互的，若只强调个人，这个工作就很难完成，任何问题首先要从自己身上找原因，就是我们永远需要面对的问题。所以我想我们一定要做到这么几点：

第一点，管理上坚持以人为本。以人为本的管理，就是在管理过程中以人为出发点，围绕激发和调动人的主动性、积极性和创造性展开的，以实现师生与学校共同发展为目的的一系列管理活动。什么意思呢？两个方面，一是我们要善待师生，就像我刚才说的校园文化，这也是善待师生的一部分。目的就是要抓人心，促人和，保发展。但反过来从另一面理解，我们不能把"以人为本"作为一种"自我防卫"的借口，我有需求，你就要为了我，这是两个概

念。一味地迁就和索取，这不是"以人为本"。我们每个人都是这样的，做出来成绩了，成绩是别人说的，不是自己说的。评价要公正，要建立激励和约束机制，促进学校的进步，真正能做好的员工体现出来，做得不好的，大家也能够了解，他自身也能够反省，我觉得这样我们才叫作"以人为本"。"以人为本"有这几个我们要把握的方面：树立信心；积极向上的学校文化，校园文化是外在文化，我们学校文化是比较内在的东西。这是两个不同的概念，我们要注意校园文化和学校文化这两个概念。恪守职业底线，树立集体观念，学校好，大家才能好，大家好，个人才能好。你个人好，大家未必好，学校未必好，这不是可逆的，所以一定要建立自我管理机制。像刚才一位马上要退休的老教师主持会议，从8点25分一直站到8点35分，又等了几分钟，等大家到场，开会准时这本身就是一个自我管理的东西，如果这个都做不好，我们怎么教育学生。从另一个角度来说，这也是尊重，尊重是相互的。如果不需要管理，那就需要我们每个人有很高的自觉性和自我管理的能力。你自己不自觉，又不自我管理，那就是一盘散沙，这就是一个矛盾的地方。大家看到这种现象，如果学校不说也不管，大多数老师已经坐等，就等你这个迟到者，看似一件小事情，实际上给学生、给其他老师一个不好的形象；看似很简单，实际上是学校文化形成的一个最基本的条件。做事就要看细节，不是看你说了多少，而是要看你做了多少。你在反思的时候是否考虑过自己做到了让人没有话可说。所以教师要自我管理，特别是我们教师这个行业，不同于其他行业，本身的定位就不一样。你是育人的，你不能把自己变成一个很低级趣味的人，这是不一样的。我想学校文化的形成是和谐的，应该让这个管理制度放在那里束之高阁，它不起作用就是因为大家是自觉的，也就是说管理制度是形同虚设的，这才是学校文化追求的最高境界。我想我们每个班主任、每个科任老师都希望自己的班级达到这样的标准，但我们自己首先要这样做。

一个老师和我说，校长你看，这个班级很乱，我上不了课。有一天跟他聊天，我说，这个班级很乱说明这个班级管理肯定有问题，但你上课的课堂能不能管理下来，首先是你的责任，这堂课是你的，你管理不好，你要考虑你自己，你不能先推给班主任，推给年级主任，再推到学生处去。这个班很乱，没法上课，首先你要做什么，这是关键。举这样的例子，说任课教师，但我们反过来考虑的话，这个班主任有没有责任呢？一定有责任，科任老师来这个班，课都上不了，你这班级的文化就没有建立起来，班级管理不到位。这个年级管理有没有问题呢？肯定也有问题，但不能因为整个年级管理有问题你就可以不负责任了。

建立竞争机制。我觉得竞争机制在一定的时间还是要有，合理使用，奖惩分明；足够的培训；减少员工的惧怕，这也是我们在干部培训会上强调的。我们管理是为了服务，不是要产生威严，所以一定要增强受重视的感觉，特别是我们老师是从事教育的，我们一定要对老师尊重，使老师得到心灵的满足，他才能培养学生成为受尊重的人，这也是一个相互的，这是我们要发自内心的信任。文化的建立不一定靠钱，虽然钱是不可或缺的，但它必须有一个精神的引领，再一个就是靠制度，一定要完善学校的规章制度，建立现代学校制度，真正实行管理的进步。

发展上坚持双脚走路。在二高我感觉有两派明显不同的意见。一类是学生只需要关注高考，其他时间都要用到课堂上去；另一类是觉得我们学生的活动安排得太少。所以各个部门一定要多元考虑，我们一定要认清，不管我们做什么，我们的目的是什么，我们首先是让学生成人，立德树人。其次才是让学生成才，这是我们教育的根本，就是我们做什么都离不开的根本。我们要知道我们培养的人的基本素养，是人格的素养，是创新和技能的素养。人的素养就是刚才说的做人的基本素养。人格的基本素养，大的分类有这么几样，就是本性、道德和国家这些。做人首先最基本的是要有一颗仁爱的心、感恩的心。道德就是基本的道德规范、法律规范、法律意识。比如，校园内不能行车，这就是一个基本的规范，不是说学校要管理，这是国家法律规定的校园内禁止行车，特殊车辆除外，但我们乱停乱放比比皆是。这本来应该是自我约束、自我管理的问题，学校不应该出台这样的管理制度，但是为什么要出台呢？就是有明知故犯的，你不管，我就随意，我怎么方便怎么做。像这样的小事有很多，本来可以靠每个人的修养达到的管理水平，现在就必须用制度来管理，这样就把我们管理的水平、把我们管理的重心下移了。我们学校崇尚阳光、进取、平实、包容，这些基本的素养其核心如何体现？阳光到底是什么样的素养？一个人的人格至少要有三心：仁爱心、自信心、进取心。我上学期讲了忍受力，学生要具有忍受力，实际上也是说人基本的一个人格要素，我们要对学生进行培养，我也跟学生处说我们要把这些要素逐渐化到具体的活动中去，才能把学生的这种性格培养出来。像我们的科技节，是有这么一个活动，但这个活动要达到什么样的目的呢，如果达不到应有的目的，就是玩，我们就把它取消。应该是五个人完成的，我们就五个人完成，没必要十个人，应该一百个人完成的，我们就不要两百个人。我们在这样的一种构思中不以一种形式作为载体，我上学期也说过，形式是一个很重要的载体，但是不能为了形式而形式。也不是说你校长提出这个人格，我们就来包装这个人格，其实不是这样。我每做一件事，都是要培养学生有一颗感恩的心，我就想通过什么样的教育把学校这个观念体现出来。

我觉得最重要的就是日常的一种滋养，我用了"滋养"这个词。这就是说我们要身教重于言教。要想把学生打磨好，首先要把老师培养好，把我们的青年教师培养好，关键是要在细节上雕琢。大的方面没有问题了，可能在某一方面助他一把，他就成功了。所以我想实施这种教育文化的传统，能够把学生这种健全人格培养出来，关键是要增加我们的自觉性。都说德育教育是一盘棋，全员参与，确实是这样的。你不一定说要做一个报告，不一定要帮助哪个同学，但是首先要有这种全员性，我体会到的是我们自己先做好，这是第一步，然后我们再去有所作为，有所不为。我们为人师表，同时也为人父母，没有一个母亲说我的孩子只要学习成绩好，其他的什么不会都可以。同样，在学校里说学校只要上课就不用搞别的，你就要反思，这种思想本身就是偏激的。所以说把学生教育成人是教师一个很重要的责任。

　　第二点，"三实"课堂。这不是一个新名词，也不是一个规定，我就怕大家认为学校这样规定，绝对不是。其实是对课堂的一种认识，我觉得"三实"课堂是教学质量的现实追求。实现"三实"课堂的前提，就是课堂是否有效，怎么评价有效，关键是转变。评价方式转变了，才能促进我们对"三实"的认识。没有这个认识，我们就老是在争吵。哎呀，高一没教好啊，高二要怎么教才好啊。这些学生如果再加一堂课就好了，哎呀，如果你这个课不这么调就好了，当时这个进度这样做就好了，如果当时作业我不这么留就好了，如果再加几道题就好了。实际上，这些小的问题出现的原因在哪儿呢？还是我们在研究课堂的"三实"上没有做到位，问题出现了只是就问题说问题，没有从根本上找原因。我想"三实"课堂跟现在的课堂是一脉相承的，我们要注重的其实就是课堂教学的一个基本的发展方向。再说创新课堂模式，换句话说就是回归原本，回归就是创新。现在的方法，从孔子等教育家那里能不能找到？现在说的这些理念，在之前的书里，有没有实际记载？很多都有。但是需不需要发掘一些新的东西出来？需不需要一些新的理念去引领？需要，一定需要。理念一定是在原来的基础上去发展的。现在社会改变了，原来孔子一对一可以，一共才七十二个弟子。我们现在的社会跟原来有什么不同呢？现代信息技术发展非常快，人接受信息技术的能力确实不一样了，对不对？教的东西学生早就通过别的途径熟知了，我们还像原来一样拿着一本书教遍天下已经不现实了，所以这种传递教学方式的改变必须随着现代社会的改变而改变。但问题实质没有改变，交给学生学习方法；教学生怎么样学好、学会，这个不能改变。如果教材上这点东西讲完了就算完事，这就不是现代课堂的基本要求，也就是没有达到"三实"的过程。

　　关注教学动态。孔夫子，孔圣人，每个人对他的称呼都不一样，其实这不是一个称呼的问题。这是因为我们对这个问题的理解不一样造成的。我们直接叫他孔圣人的时候，他确实是一个圣人，为什么呢？因为他会根据弟子的情况教导他，出现不同的事、不同的问题，有不同的引导方式。我想在那么远久的时候，我们这个先人都能做到这一点，我们怎能不关注动态的教学？怎么能说我们的教学有质量？一个学校，只是按照教学的进度和教材要求讲课，这一周讲完这一章，这一课要讲完这三个内容，讲完这三个内容，我就算完成任务。这个肯定不是我们要的课堂教育。电视台做了很多录像节目，学生看录像就完了，不需要活人展现在这个课堂上了。那么这个学校只要300个员工，我再聘请五个或十个技术人员，把这个录像给学生一个班一个班放好，然后再招几个大学生助教帮我批批作业，就可以完成任务了。你想想，这样的做法就变会有人替代你了，所以现在的教学不能是这样的。这里最主要的问题就是预设和生成问题。昨天上午两位老师谈到这些问题，就是备课的时候有个预设。但在讲的过程中，你的预设会有一些变化，那就要根据预设，结合变化和学生生成的问题，来导引这个课堂。听课时有的老师会说，校长不好意思，我这堂课没有讲完。我私底下说没讲完没有关系，没讲完不等于不是好课，关键是看学生在课堂上出现的问题能否解决。如果学生提出的问题是我们预设范围内的，确实是这堂课的重点内容，那我们就要想办法把这个问题解决了，如果这个问题没解决，这节课下课了怎么办？那就下节课再来解决。我们就需要微调计划，所以计划需要根据实际情况进行微调整，这才是一个课堂最本质的东西。为什么原来的教学一定要二分天下？二分天下就是希望讲解二十分钟，留二十分钟给学生思考。就像书法的留白，任何一幅画，不可能把画面画得密密麻麻、满满的，如果太满没有足够的留白，人看着会很不舒服。你没给学生消化的时间，学生掌握知识肯定很难，所以一堂课不是由时间决定的。是不是好课不是根据时间来评价的，而是要看你讲的内容，看学生接受的程度和学生收获的东西。你讲一分钟学生就能把这些内容都掌握了，你的教学计划能够浓缩到一分钟，并且能使学生接受、消化，那你就是高人。所以评课也要针对课堂、针对老师实际的能力，而不是说我们只是设定了一个目标，这个课就只能这样去上。我们要注重理念的改变，而不是注重形式上的内容。我说了，最终目的是要达到落实，这些问题最主要的核心就是看，我们是不是聚焦了学生的成长和进步。

为什么提"三实"课堂？刚才我说了，就是我们现在感觉到，我们的优秀老师非常多，但也有部分老师的课堂是流于形式的。这主要原因是什么呢？大环境的问题，也有观念的问题，还有一些是不思改进的态度。我这话可能说得重了一点。有的老师认为我教了这么多年书，一直是这样的，我原来就是这样，我原来教的学生很不错，百分之多少的重点。我们是有资历，但是我说了，知识是不断更新的，学生的喜好也在不断地更新。换一个角度，你是为学生成长进步的，那也就是说我们学生没有得到很好的体验，你这个方法就要改变了。

作为管理干部，跟老师交流，必须让老师心服，不能生硬。有时要进行人员的调换，后面一定是有很多原因的，有你知道的，也有你不知道的。作为老师要理解这一点，遇到问题也要敢于证实。你可以去谈，问校长、领导、主任，这个到底是什么原因？如果是你自己的问题，你也可以如实跟我说，哪些事情，到底什么原因，我好有一个准备。干部跟老师交流时要注意分寸，对于家长说的话、学生说的话，要挑中肯的与老师交流。学校尊重文化传承，也需要大家相互理解。

如果我们高一、高二真能把课堂教学抓好，我想我们到高三就会有一个更大的提升。现在我看在课堂中，高一、高二还是在推进度：学生接受多少，学生落实了多少。比如一次考试，学生这一学科平均分只达到四五十分，就说明你教的这一段学生没有过关，就必须重新讲，但你没有重讲，还在往下讲，那么这个学科这一段没有过关的问题就扔到高三去了。高三老师就会说，你看成绩这么差，怎么提高平均分。最终回归到学生身上来，学生的目标，学生在课堂的获得。例如语文，假如讲古诗词这一单元，这一单元考试的目标是学生基本掌握，一百分基本达到七十分，最后学生只达到五十分，我们就该反思了。是学生没学会，还是我出题出难了？针对问题进行研究，找出解决问题的方法。整个高中三年是一盘棋，需要我们大家共同努力去做事。高一、高二教好了，高三就不那么痛苦了。

第三点，学校文化。学校风格上坚持平实厚重，学校也是有性格的，跟人有性格是一样的。我举过几个例子，有的学校比较开朗活泼，有的学校比较沉静明丽，有的学校感觉很幽默机智，有的学校深邃内敛，有的学校可能就高调张扬，我想我们还是追求平实这样一种风格的学校文化。至于个人性格，我的追求就是普通一点、务实一点；同时，我希望这个学校也是这个特色的。所以我一直都说，我们平平淡淡、踏踏实实做教育，好似朴实的老农。所以我们在办学中就一定要注意一些东西，不要僵硬地警告似的对学生说："不准。"制度要有，但在管理体制上要以人为本。制度要鲜明，"不准"一定要在制度上严格体现出来。实际教学中要引导，怎么做才是正确的。要有一些激励，但是这些激励不要过，就是不要有脱离实际的要求，也不要太空洞。比如"你好好学习肯定能考上重点"，看似没有问题的一句话，但没有具体的指导，这是不行的，所以一定要注意具体问题具体分析、具体指导。特别在高中，我们不能片面地指导、极端地指导，不能走极端。比如，"没有教不好的孩子，只有教不好的老师"，对这句话让人感到很尴尬，这种片面的语言会误导很多人，学不好有很多原因，教不好也有很多原因。学生学不好确实有教的一方面，但是也有他学的一方面，我们一定要看两方面。策略上我们一定要面对现实，坚持理想。

三、要进一步重视的几个问题

第一个，教师的责任担当

育人、提高专业水平和维护学校利益，是教师的主要责任。我把前面说的简单总结一下，我们学校教师的责任担当状况总体是比较安心的、比较好的。不同程度上隐藏着一些不良倾向，也存在一些现实困难，但我们确实在变，确实在向好的方向转变。

履行职责主要靠内在性，特别是学校，制度与规范只是一个外部的条件，我们想达到的境界，每个人都需要从道义、美德和正义的方面去做，尊重和责任担当是相互依存的关系。制度不能形同虚设，但制度只是最低的标准，教师只做到制度的要求是远远不够的。也就是说我们每个人在执行制度的过程中，一定要从道义、美德上去思考。首先，我说内心的东西还是很重要，尤其教师行业本身是教育人的，我们的内心更应该强大，更应该有自我的反省。权利的尊重和责任的担当是相互依存的关系，从两方面来说，在基本权利得到尊重的同时，公正地落实问责制，我觉得是非常必要的，否则会因为少数人逃避问责而导致整体的失落。所以我们要感悟"职业守则"，我们要启发"自知之明"，提升承担责任的意识和能力。这种提升我觉得有一些认同感，什么认同感，首先是自我认同，再看学生认同，然后看家长认同，也要看学校认同，同时要看社会认同。所以我们还是要加强学校内部制度的建设。

第二个，干部队伍

我们刚刚培训过了，但这是一项长久的工作，不是一次培训就能完成的。干部也要有系统的职业培训，特别是针对如何做好干部。提升干部的境界，才能提升我们干部的品位，才能提升学校的品位。我们要摒弃小气和狭隘，特别是干部，一个校长不大气，一个学校的领导干部不大气，这个学校不可能阳光。所以我们的教育理念、思路、责任、气质、作风和情怀，要求我们必须达到一定的高度。在干部管理体制上，上学期我在试行，尊重民意，用最合适的人，我们追求这个东西，希望大家同向而行。我们的目的就是选用好干部、培养好干部。首先要做好新干部的培养和选拔，我想这就需要大家帮助学校来把这件事做好。再一个就是刚才说的，作为学校、干部、教师，我们拿什么来吸引我们的学生。我简单地总结了，大概是这样的——信任、知识、气度、语言、责任，特别是教师的综合水平。我们坚信一个好教师不是天生的，而是磨炼出来的。就像建定，昨天他虽然没有讲理论，只是简单地给我们讲了一些工具的用途。你就会发现，他怎么就会研究这个东西呢，他关注这个问题并把这个问题解决了，那他在这方面的能力就比别人高出一大截，其他方面是不是可以效仿呢？当你看到别人成功的时候，当你看到别的学校现在突然冒出来了的时候，你感到很意外，其实，这都有一个积淀的过程，只是现在迸发出来了。所以我说，我坚信，老师的水准不是天生的，一定是修来的。关键是你修不修，这里的关键就是我们的师风，特别是学术氛围。我们就是要组织一些高质量、高水平、有内涵的学术活动来提升学生的素养。前面我也讲了，也涉及了，所以我想这个问题还是要抓基础。理念有了，基础一定要落实。就是我们要集中一段时间，抓一些教学的环节、教育的环节，学生到底存在什么问题，我们该怎么做，教学到底有什么问题，我们该怎么做，我们真的要静下心来考虑。我们的管理要大胆，工作方法要改变。健全人格这方面，我们也要理出思路，在尊重教育的基础上，到底怎样培养人格。我特别写了一句：对问题的判断力与批判能力。这种批判能力是建立在科学的价值观上的，是建立在科学的研究上的，就是我们自己如何批判事物的能力。我们不要把批判当作一个贬义词，它是人的一种能力。我们培养学生要有忍耐力，要有批判力，是让他对问题有一个很客观的认识。让学生学会怎么提出问题，如何解决问题，这也是我们的一种哲学观点。

第三个，扎实做好各项具体工作

刚才谈了一些思想，现在说几项具体工作：

第一个，还是把校园安全管理与教育放在首位。平安校园，幸福校园，大家都平安才能幸福。这里的这种安全有表面的、有心理的。教师的心理健康是校园发展的一个最主要的问题，所以我们要大力在软件、硬件上，内外兼修上下功夫。

第二个，从今年开始，我们要加大力度，有计划、有目的地推动师资队伍建设。我们抓几点，一是我们每一位老师都要形成自己的教学特点和教学风格，名师也需要整理，需要提升。只有进行整理和反思，我们的教学水平才能更好地提升，这也是一个科研的问题，所以今年我们大概推进3~5位，我们通过自身，通过高校的研究团队，比如我聘请的深大团队、华师大，来做我们老师教学的研究。同时，今年我们将成立一个青年教师成长营，这个去年我也说了，上学期也说了，每批十个人，是一年、两年还是三年，有兴趣的老师、有信心的老师，我们来选，结合我们学校的和外面的团队，我们来制定一个系列工程。今年提了这么多问题，我们到底怎么做。就问题谈问题，解决不了问题。所以应以问题引领科研、以科研促进问题高水平地给予解决。我们要把所有的问题提到科研的层面上，变成一个科研课题，大家一起来研究，不同的学科，其研究的方式自然不同。像上学期已经看到的问题，数学计算、物理、化学都反映学生计算能力极弱，那我们三个学科就应一起研究怎么改变学生计算弱的问题。有什么措施，有什么方法，怎么去推进。我们的教育也要以问题为导向，研究学生、研究学生问题的成因，找出解决问题的办法。像手机的问题，大家都在喊，你们学生不能玩手机啊，学校也在想，那到底什么样的措施适合我们，怎样去管理，不带行不行？带了怎么办？我们是不是可以变成一个课题，我们可以找一个团队来研究，来推进。

再一个就是职称，是大家最关心的，一开学我们的鲍主任就催市教育局，能不能尽快把这个事情批下来。没批之前，我们也让教务处和相关部门着手做好准备工作：到底是怎么评？评委怎么出？哪几个是评委？这个细则是怎么落实？只是一公布，我们马上来推进这个工作。在推进的过程中，我们逐渐进行完善，把这件事做好。

另外一个是加强食堂的管理。这个假期，我跟食堂接触是最多的，食堂一定要办好。不管大家怎么说，提多少意见，我们都尽心尽力去做，一定要监管到位，该量化就量化，该改善就改善，哪些地方做得不合格，一定要有处罚，直接公布出来。但是反过来说，食堂的饭菜，众口难调，我们会尽最大努力向所有人满意的方向去做。这也是我们教师和学生在学校生活中最主要的一个环节，所以我们要把这件事做好。我也跟李建勇单独谈了，学校特意派你去监管，有人反映说这个米不好，你就要给我去找，看到底好不好。如果真的不好，你就马上让他们改。如果是好的，你负责跟老师解释清楚，老师能接受，那你这个问题就解决了；如果没有接受，就说明问题是存在的并且没有得到解决。食堂的确是一项很难做的工作，但是我想，我们大家都想把食堂做好，假如你看到哪块不卫生，哪块有问题了，提醒食堂一下，如果他没有改，你就找小廖，如果小廖也没有管，你再找我，我再找他俩沟通。我们是一级一级向上找，所有的工作都是这样的。招聘与选拔，教务处也在做方案，所以这一方面，大家有什么想法，各年级、各部门可以先去跟教务处说，因为我们教师团队的建设都有一个滞后性。今年招，明年才能用，像今年我们9月、10月去招，明年7月才来人。我对教师的管理是宽松的，但大家都要有一个基本的度，很多老师说要来，我需要认可的时间；你要走，你要给学校一个缓冲的台阶，不管什么事情大家都要有个协商。所有的人我都放，但所有人都要先说后做，都有不同情况需要考虑。假如你说走就走，学校有二十位老师，你走了，别的老师就要给你代课。我们讲究人性化管理，特别是在目前二胎多的情况下，很多老师也是要休息的。我们老师本来就很辛苦，要调很多老师，出现这种情况，我们就很难做了。所以我说教师本身要有自我约束的能力。不放你走，我也于心不忍。但是放你走，我对不起大家。这个大家包括我们老师，也包括我们学生。本来我这两个班已经安排好了，你要走，这两个班没人教。假如我代课两个月，这两个月大家知道，你这个班的学生，代课代两个月，和上课上两个月，效果是完全不一样的。像这一届学生，你代两个月，你代四个月，这一个学期下来，这个班到高三，你想想能有多大差距。所以我说有的时候实际情况在这儿，不要说学校不考虑家里有困难的老师，学校一定会为教师着想，但同时教师也要为学校分担困难。这是问题的两个方面，我以你为本，你也要以学校为本。我们的胸怀是坦荡的，所有人只要你说你有更好的发展，我一定会助你一臂之力。既然我们是一个团队，我们大家就要彼此谅解，彼此关注。

另外一个大家关注的问题就是津贴的问题。我们会充分调研，我们把这个事做得稳妥些。这涉及学校今后的发展问题。所以为什么我要今天提出来，就是要大家一起共同努力，把这些事情做好。事情做好了，大家会更好。这些都涉及民意、民主。

还有就是，倡导读书、阅读。首先我们在学生中开展了广泛的读书活动。语文组、英语组的黄正华老师和唐老师做了大量的工作，语文组和英语组全体老师都在努力，这个一定是学校长期抓的一项工作。为了进一步强化这项工作，我们倡导老师读书，每学期教师都要读。我了解到好多老师自发组织的沙龙非常好，谈天谈地，聊一些读书的读后感，我觉得非常好，所以也有所启发。我也在干部会上说了，一个学期至少一次，发一本书让大家读，读完之后谈一谈读后感，起一个带头作用。我也希望我们老师每一个人都喜欢读书，书中自有黄金屋，一点也不假。

这学期我们也在逐渐调整我们的管理体制，就是要加强年级指导与管理。原来的管理体制我们觉得有它的好处，但我想进一步强化什么叫三年一盘棋。使学生处、教务处的职责更加明确，三年统筹，又要加强年级的管理，所以我们是在统筹的基础上，每个年级有每个部门的分管领导，同时为了促进年级工作的扎实开展，充分发挥年级主任的作用。

最后说几句我们的期待：

（1）平安发展——谨慎行事，我们还是要和谐向上，身心健康。

（2）特色发展——我们要做最好的自己。有个性，有品位，高质量。

（3）享有尊严——学校的尊严不是外表的华丽和建筑物的巍峨高大，而是要努力提高教育教学质量，提高办学水平，以优良的师资、优质的服务、深远的影响赢得社会的高度认可。大家一起努力形成学校的优良传统，形成二高的文化，增强责任感、使命感，去共同创造一流的业绩。

最后用了我自己的一张图片，我觉得是一种心情吧，也显示出学生的心情。我坚信，有大家的共同努力，二高会不断进步，越品越有味道，越办越有尊严。

2016年8月30日

教育培养什么人

人们一直在探索这个问题，教育培养什么人、怎么培养人。

作为教育者，我们首先应该心静如水，要明确教育的根本是育人，而不是简单的知识传授。即使现代教育，在传授知识时也缺乏能力的培养，注重实用化、功利化，指向单一，常以考试为主、以得分为首、以传授知识技能为要。这样的教育模式，造就了大量的"高分低能"者、多听少思者、多记少创者、盲目信从者；而成功人士中有不少人认为自己之所以取得一点成就，恰恰是因为自己的叛逆或是冲破了教育模式的束缚。

教育首先应该培养健全的人。健全的人不能没有理性和德性。

一、培养有"爱"的人

教育的首要任务是培养学生要有"大爱"。大爱从爱自己、爱家人开始。爱自己，首先要了解自己，包括身体状态、生活现状、学习工作现状、梦想、目标，以及自己的心态和性格。爱自己内涵丰富，要达到真爱，才能提高自己的修养。要爱自己的身体，饮食健康，作息规律，要养成运动的习惯，要把身体尽量调整到最健康的状态。要爱自己的心灵，思绪清晰，情绪平和愉悦，平常心看待负面事物，欣赏正面事物。要爱自己的生活，能平衡好工作和生活，做有意义的事，不浪费时间和精力，增加阅历，不焦躁，不放纵自己。要爱自己的工作，尽量发现现有工作的乐趣。看清方向一步步前行，可以慢，但要清晰、坚定有信心。要爱自己的感情，选择喜欢的朋友，维护好现有的感情，要多发现身边人的闪光点，引导自己和他人共同成长。要爱梦想，愿意努力付出，理智平和，保持激情。

一个人只有爱自己，才知道怎么爱亲人、爱他人。如果自己都不知道怎么爱自己，很难想象他如何爱他人，爱是知道他人需要什么，爱他人为自己所做的点点滴滴，要用真心去爱。爱国家，就是爱家、爱国。我们要清楚家国对我们的养育之恩。离开家国，我们存在的意义就会大打折扣。要用自己的力量去建设自己的家和国，使家国变得更加美好，反过来，家国也会给予我们更多的力量。

爱国，是一种默默修为，是一种积极进取，是一种努力学习，是一种创新发展，是一种宽容宽厚。爱国不仅需要精神，而且需要素质和能力。爱国是一种行为。爱国就要遵守法律，就要对自己的行为负责，就要对他人、社会、未来负责，就要讲诚信、讲平等、讲公正、讲民主，就要遵守契约，就要崇尚文明进步。

爱己、爱家、正直和善良，这是爱国的前提和基础。一个人如果失去了爱己、爱家、正直和善良的美好品德，而去谈论爱国，那真荒唐。教师是人类灵魂的工程师，对一个国家有着至关重要的意义和作用。因此，教师如何传递爱国精神，给学生一个怎样的爱国情怀，给学生一种什么样的教育更为关键。教师要具备一定高度的人文素质，有弘扬进步文明的能力，有传道授业解惑的能力；要领悟公平正义、民主自由、平等法治、诚信友善、文明进步的精神实质。为人师表，我们才能逐步培养出有"爱"的人。

二、培养受尊重的人

随风潜入夜，润物细无声。教育需要滋养，教育需要精雕细琢，教育需要时间，所以教育要"慢"。我们要培养懂得爱、值得尊重、敢于面对人生、能够欣赏家庭与国家的美好、享受生活的人。

尊重的教育。教师要从尊重自我、尊重他人、尊重社会、尊重自然四个维度开展，相互渗透、相互支持，螺旋上升达到更高的境界，与自然高度融合。首先，我们都很清楚自己想从朋友那里获得什么，可是从未考虑过自己在别人眼里是个什么样的朋友。你是否体谅别人，你是否肯听别人的话，你是否愿意为他人做些什么，这看似简单，实际上这恰恰能体现出你是否尊重朋友。人一定是相互尊重的，不要苛求他人的尊重，尊重也是一个人内在涵养的表现。人生之所以精彩，是他愿意全然地接受一切。生命之所以可贵，是他愿意尊重一切的生命。这是尊重的一种表现形式。尊重要从自己开始，从内心深思、从旁者审视。尊重是交往与沟通的基础。我们要学会从不同视角看待遇到的问题，这是逐渐成熟的表现，也是尊重的另一个层次。

要做到尊重他人，首先必须平等地对待每一个人。人都有交友和受尊敬的欲望，并且交友和受尊重的希望都非常强烈。人们渴望自立，渴望成为家庭和社会中真正的一员，渴望平等地同他人进行沟通。如果你能以平等的姿态与人沟通，对方会觉得受到尊重，进而对你产生好感；相反的，如果你自觉高人一等，用居高临下、盛气凌人的态度与人沟通，对方会感到自尊受到了伤害而拒绝与你交往。

尊重别人就得从尊重自己做起，只有懂得自爱的人才会懂得如何尊重他人。但是自爱并不是说一见镜子就照，也不是自我吹嘘。自爱是接受自己，了解自己，甚至连自己所谓的"缺陷"也要爱。因此，它常常是自尊的另一种解释。人们可能有感到自豪的时候，也许人们自爱是因为人们生活得充实、愉快和热爱生活。归根结底，人们自爱是因为他们活在这个世上，如此而已。

尊重在自尊自爱的基础上才能诞生。如果你很自卑，也不必责备自己。只要你愿意上进，愿意了解自己，这种情况最终是可以改变，甚至会变好。人们绝对不要等到提高了自尊心之后才交朋友，这样他们也许得永远等下去。结交那些能发现自己长处的朋友，就能增强自爱，然后这种自爱又给予我们向朋友表达爱的勇气。有了自尊自爱，也就懂得了尊重朋友，尤其是在彼此出现意见分歧时。友情的价值就在于互相尊重对方，在于互不伤害各自的独创性。没有尊重就没有友谊。

三、培养耐挫折、抗压力、有耐心的人

现代社会发展迅猛，技术也在不断创新。社会需要的是心理健康、心胸豁达、能迎接挑战的人。所以，在学生时代，我们培养的学生要能坐得住板凳、耐得住寂寞，能找到学习的动力，能有克服困难的勇气，能放弃一些不合时宜的喜好并能找到适合自己学习的方法。在问题面前贵人常常是别人，敌人肯定是自己。人生的意义，在于善用自己；人生的目的，在于成就他人。把握每个当下，从易处改变，从近处做起。有耐心、能抗压、耐挫折才能适应现代社会发展的需要。

我们基于学生的基本生存发展特性，注重培养每个学生的独立思想、自由精神、健康人格、公民观念、规则意识、批判精神等，使学生学会对智慧及真、善、美的追求，实现精神成长，进而使学生追寻一种良善的能实现完美价值的生活。我们的教育应非常重视这一课，才会使学生绽放人性的光辉，才会为学生奠定健康、积极、向上发展的基石。

总的来说，教育培养有用的人，也就是有一定知识、文化、技能，对国家和社会有用之人，并以此实现自我生存发展、自我价值和意义。现代的教育在这方面下功夫太多，却未能尽如人意。其根源仍在于僵硬的教育模式，这种模式教给学生的是静态的、过时的甚至是死的知识技能，它强调记忆、机械模仿、反复熟练，但缺乏反思、缺乏问题意识、缺乏解决问题的能力，特别是缺乏批判思维。而我们需要的教育恰恰是要学生看到问题，知道怎么解决问题，或是能分析清楚问题不好解决的原因，而不是生搬硬套，或是离开书本就不会解决问题。要想做到与瞬息万变的市场需求对接，使培养出来的人为社会所需，教师就需要通过知识文化技能的传授，教会学生一些学习的本领、创新的精神、应变的技巧、思考的习惯、实践的能力等。

　　教育的终极目的，应该是培养有"爱"的人、受尊重的人、能克服困难的人、能经受挫折的人、自由发展的人、健全的人。在此基础上，人生的理想与信念、意义与价值、创造与创新、奋斗与进取，都将变得明晰而可循。再通过自由发展的塑造，使个人目标与国家、民族、大众、社会的利益目标实现统一，使个人在为国家民族目标奋斗的过程中实现人的全面自由发展，进而在促进人的全面自由发展过程中实现国家民族的梦。我们的教育和教育者只有站在这个层次上，才能培养学生成人、成才。

为孩子的未来储能

——答《南方教育时报》记者问

一、对话缘起

他的学校创办仅仅10年，但无论是高考成绩还是特色教育，都已然是深圳的一所名校。

当下，创新的理念在一些地方已流于形式与口号，他却保持着一份冷静，提出了"真实、扎实、朴实"的主张，赋予学校"尊重教育"传统理念更多的内涵。

他是一所高中学校的校长，却总是念念不忘给学生指定"非高考"内容的阅读和社会实践。他的学生必须学会书写和游泳才能毕业，他认为，好的教育一定要为孩子的未来储能。

二、"三实"教育：真实、扎实、朴实

南方教育时报：办学理念是一所学校发展的航标，对学校工作的全局有指导作用。二高的传统办学理念"尊重教育"曾为许多人所熟知，作为学校的第二任校长，这个办学理念有没有变化？

高玉库：二高建校10年，已有了不少很好的文化传统，比如"以尊重的教育培养受尊重的人"等。尊重包括四个层次：尊重自我、尊重他人、尊重社会、尊重自然。尊重自我的前提是了解自我。一个人只有真正了解自我，知道自己所处的位置，才能很好地处理与其他人、其他事物的关系，才能脚踏实地地前进。由认识、尊重自己开始，才能逐步认识和尊重身边的他人、社会乃至自然。四者是一个同心圆的结构，从尊重自我开始，螺旋上升，逐步提升层次。

需要指出的是，提升层次需要一个过程。教育尤其是学校教育，需要尊重人的发展规律，尊重教育的规律。我们应该有一种"慢教育"的理念，不能追求一步到位、一蹴而就。对比中西方教育，国内基础教育表现优秀，但学生升入高等院校后，其创新能力、思维能力就不如国外学生了。一个重要因素就是我们在早期忽略了一些对学生未来有重大影响的素养的培育。我们这些教育

者，应该静下心来，探寻教育的基本规律，慢一些、稳一些、扎实一些地推进教育。

南方教育时报：您提到了"扎实"一词，我知道这是二高"三实"教育"三实"课堂的一个方面。现在，教育教学的改革，尤其是课堂教学创新层出不穷，二高却提出了"真实、扎实、朴实"这样接地气的教育理念，为什么？

高玉库：课堂教学当然需要改革，但是不能"一拥而上"、形而上学、形式主义地改革。每所学校都有自己的特点，比如生源和师资，每个老师也必然有自身的风格，难道可以用一种模式统一起来吗？

我提出"慢教育"，当然不是裹足不前，而是在深入研究教育规律，研究学生情况，结合学校实际的基础上，脚踏实地地开展教育。

"三实"中的真实，是指课堂教学的内容和目标，应该满足学生学习所需、满足传递知识所需；采用的教学方式，应该符合学生的接受能力。扎实，是对教学质量的评价。一堂课的优劣，关键在于学生掌握了什么，能让学生听懂、理解、掌握的课堂才是优秀课堂。课堂教学重在落实、重在掌握、重在理解。朴实，是指课堂教学中采用哪些方法、运用哪些手段，取决于学生的接受能力和实际教学需要，而不是"赶潮流"，生硬地创新，否则就流于形式了。

三、让学生主编创客教材

南方教育时报：最近，衡水中学在全国攻城略地的消息引发了社会热议，"素质教育"理念和"应试教育"现实尖锐对立。作为一所高中学校的校长，您是怎么看待"衡水中学"现象的？您如何看待社会要求与学校强烈的升学压力？

高玉库：对一所高中而言，高考当然非常重要。对中学生而言，能否在高考中取得好成绩，也是个人能力的重要体现。但是，我们始终不能忘记，教育的本质是立足于培养学生的各种能力，为他们未来的发展储能。

我认为，面向高考的能力培养和其他对学生未来影响重大的能力的培养，在学校教育中应该是平衡的。我们不能用违背教育规律的方法去应对一次考试，不能把学生训练成一个答题机器。学校教育，应该让知识为学生服务，应该培养他们运用知识去解决未知的能力。这也是深圳教育提倡发展学生综合素养的目的所在。

南方教育时报：在深圳，"特色"一直是教育界的热词。二高创立以来，也和"特色"二字结缘很深。二高的很多特色项目，在全市都口碑出众。您认为一所学校应该如何确定自身的"特色"，又应该如何发展这些"特色"呢？

高玉库：我们刚刚谈到了"三实"教育，也谈到了关乎学生未来的重要能力的培养，二高的特色教育也是从这两个方面着手的。比如我们设立了"三证"制度——"阅读证""书法证""游泳证"，学生拿到"三证"才能毕业。阅读是学生每学期完成两本"非高考内容"指定书籍的阅读；书写教育，除在高一开设普及性的课程，还会在所有考试科目中设立"书写分"；游泳教育，每个学生都要在两年里学会用一种泳姿游50米上岸。这些能力，对学生将来的人生发展有重要意义：阅读习惯是学习习惯的重要组成部分；书写教育是继承传统文化的途径，也是展现自我风采的手段；学习游泳，既能健身，也能学会一种生存技能，是对自身身体状况的一种尊重与关爱。

二高特色中还有一个突出项目是"创客教育"。二高是全市最早开展这项教育的学校。这几年，我们把创客课程纳入了学校选修课系列，先后开设了《3D打印》《智能物联》等校本课程。在二高，创客空间不仅是社团活动的实践基地，也是学校创新课程的策源地、教学改革的试验田。现在，我们已经成立了教材编写组，组织全校师生创编创客教育教材，学生是教材编写的主力军。

四、"稳十争八"与"二高烙印"

南方教育时报：学校教育质量的关键因素之一，就是师资水平。近些年来，深圳教育快速发展，缺乏经验的青年教师的比例也逐渐增大。另外一方面，中老年教师群体经验固然丰富，但"职业倦怠"又成了困扰他们的突出问题。您是怎么看待和处理这些问题的？

高玉库：我们的办法是制订一个完备的计划，把全体教师囊括其中，分别成立青年教师成长营、中青年骨干促进会、名师论坛，激发各个层级教师的活力。

青年教师成长营，是以项目方式运营，每期三年，由一位经验丰富的名师带队。有团队，有管理者，有经常性的活动，有明确的年限，避免了"师徒结对"等老方法容易流于形式的问题。

中青年骨干促进会，是由我校正高级教师何泗忠带队，成员是学校的骨干老师，他们除了要完成重大教学难点攻关等任务外，还肩负着帮助青年教师成长的任务。

二高现有特级教师10名，正高级教师1名，还有很多市级、校级名师，他们是学校最宝贵的一笔财富。我们从两个方面来发挥他们的作用：一是频繁举办名师论坛活动，向全校教师介绍其教育理念、思想、方法；二是我们正在提炼综合他们的教育思想，准备向全省乃至全国推出自己的教育家。为此，我们请来了知名高校的教授，长期跟踪他们的教学，总结升华他们的理念。与青年教师、高校教授的交流过程，提炼和总结自身教育思想的过程，对这些"年高德劲"的老教师而言，是一种新的刺激，既为他们开辟了职业发展新的空间，也让他们重拾了教育的激情。

南方教育时报：深圳是一座年轻的城市，二高则是一所更加年轻的学校。10年来，二高伴随着深圳一起成长，在教育教学上取得了长足进步。今后，在深圳这样一座快速发展的现代化、国际化、高科技大都会，二高如何定位自己，又将向何处去？

高玉库：10年来，二高一直在为深圳学子提供优质的学习机会，为国内外高校提供优质的生源。我们一直把"为市民提供更多选择空间，为学生提供更好学习机会"作为自己的社会责任，能多招一个就绝不少招。

今后几年，我们希望能在深圳高中学校中做到"稳十争八"，就是高考成绩稳定在全市前10名之内，争取进入前8名梯队，同时办出自己的教育特色。从长远来看，我们还是希望能创造出自己独特的教育思想、管理方式、育人方式，希望从二高出来的学生，有着深刻的"二高烙印"。如何能给学生提供更好的教育环境和资源，为其成长提供更多保障，我们一直在探索，这也是二高未来发展的目标。我们会一直瞄准人的发展，根据时代与学生发展的实际情况，提出适应不同时期的教育目标与教育理念，使得学生在特定阶段得到适合的教育。

『三实』教育在学科教学中的实践

下 篇

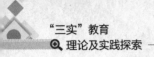

"三实"教育在语文学科中的课堂实践

◆◆《雷雨》"三实"课堂实践 ◆◆

黄正华

黄正华

　　黄正华，1969年9月出生，中学高级教师。先后任教于湖北省黄州中学、深圳市第二高级中学。曾获湖北省"黄冈市优秀教师""黄冈市劳动模范""湖北省骨干教师""湖北省优秀语文教师"等荣誉称号。

【教学设计】

（一）教学目的

（1）了解戏剧人物的鉴赏方法。

（2）通过揣摩戏剧人物语言来探测人物内心世界。

（二）教学重点

在周朴园与鲁侍萍的矛盾冲突中，通过周朴园的语言品读，把握周朴园的性格、心理。

（三）课型课时

品读——鉴赏课，一课时。

（四）教学步骤

1. 导入新课

1933年，一位年仅23岁的清华大学学生怀着对旧中国封建家庭和社会的无比愤懑，奋笔完成了一部他曾痛苦酝酿了五年的剧本。一年后，当时任《文学季刊》编委的巴金在编辑部的故纸堆里发现了它，并被它感动得掉下了激动的眼泪。在巴金的热诚帮助下，这部剧本终于在1934年《文学季刊》第三期上发表了。它的发表立刻引起了中国剧坛的强烈震动，自1935年4月在日本东京第一次演出以来，我国许多重要剧团都竞相排演，并拍成电影，甚至前几年还有人把它拉长为一部二十集的电视连续剧，这部经久不衰的剧本就是我国现代著名戏剧作家曹禺的处女作《雷雨》。今天，我们终于有机会走近它了。（板书课题及作者）

2. 简介剧情及课文

（1）声、字、画（剪截于话剧表演的场景）多媒体课件活动展示，渲染课堂气氛。

（下底四行滚动字幕）

这是一个令人心碎的悲情故事。

三十年前，一个风雪交加的大年夜，替周家少爷周朴园生下第二个孩子（这就是后来的鲁大海）才三天的鲁侍萍，竟被周朴园一家凶狠地逼着留下其长子（这就是后来的周萍），抱起奄奄一息的初生儿去投河……

三十年后，在畸形情爱中挣扎的周萍，自知罪孽深重，为摆脱后母繁漪的苦苦纠缠，拼命地引诱使女四凤，而四凤却是周萍同母异父的妹妹。此刻"恨人像一把火，爱人像一把火"的繁漪妒心大发。恰好，鲁大海又正在周朴园的矿上做工，并作为罢工工人的代表，与周朴园进行着一场针锋相对的斗争……待一切真相大白之后，一场罪恶的悲剧不可避免地发生了：四凤羞愧难当，雷雨之夜仓惶出奔，不幸触电身亡，单纯、热情、充满着幻想的周冲（周朴园与繁漪之子）跑去救四凤，也遭不测，周萍开枪自杀，善良的侍萍痴呆了……

（2）点击课文。我们的课文就是从接四凤回去的鲁侍萍与周朴园的不期而遇开始的。

3. 提示戏剧人物鉴赏方法

我们刚刚学过小说，都知道鉴赏小说中的人物可以从人物的外部特征、人物的经历际遇及人物内在的精神状态等方面的描写中去分析，去品评。而受时空限制的戏剧，特别是像我们课文这样作为剧本的话剧，则只能从人物的语言、舞台说明及由它们而展示出来的戏剧冲突等方面去鉴赏了。

板书：戏剧人物鉴赏方法

（1）揣摩人物语言。

（2）探究舞台说明。

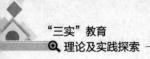

（3）把握戏剧冲突。

4. 初步把握课文的主要矛盾冲突

现在，我们就拿着这几把鉴赏戏剧人物的钥匙，去开启剧中主要人物周朴园的心灵之门吧！在此，我不禁想起鲁迅先生有关文学鉴赏的一句话"倘要论文，最好要顾及全篇"。或许只有这样从大处着眼，我们才能少犯一叶障目、以偏概全的错误。那么，我们看，该先动用这些钥匙中的哪把呢？（明确：把握戏剧冲突）课文节选部分，与周朴园的矛盾冲突主要是来自哪些人的？（明确：周朴园与鲁侍萍，周朴园与鲁大海）课文中这两组主要矛盾冲突是从课文的哪里断开的？（明确："周朴园可是你——"）

这节课，我想和大家一道择取周朴园与鲁侍萍的矛盾冲突这个点，去窥探周朴园的内心世界。哪位同学愿意把周朴园和鲁侍萍矛盾冲突的发展过程简要介绍一下呢？

（明确：从周朴园对自以为"死去"的侍萍的所谓"怀念"，到对已经知道还活着的侍萍的惊慌，以及对站在眼前的离开了自己三十年的侍萍的冷酷等情感变化过程。）

5. 从周朴园与鲁侍萍矛盾冲突中的语言入手，评析周朴园的性格、心理

其实，戏剧的矛盾冲突最终还得依附于戏剧语言，特别是戏剧中人物的语言。那么，我们就可以把矛盾冲突中周朴园的语言作为鉴赏的突破口，去探寻周朴园对鲁侍萍的真实情感，从而获得揣摩人物语言的基本方法。

（1）着重品一词，解读周朴园对自以为已"死去"的侍萍的"怀念"。

首先，我们来看看周朴园是如何对待他自以为"死去"了的鲁侍萍的。这部分对白，周朴园在探询往事，语言较多，但我想带领大家避繁就简，着重品味一个牵一发而动全身的词。

① 请同学们马上从开头跳读到"我们想把她的坟墓修一修"。找一找在这部分对话中，哪个词出现的频率最多（哦），一共有多少个（10个），在周朴园的语言中出现过多少次（6次）。

② 我们知道，戏剧的语言特别讲究个性化，每个人物的用语、语气都各有特色，可为什么会有这么多相同的"哦"呢？何况这一小部分，仅仅周朴园一人就"哦"了六次！它们都相同吗？大家再仔细读读，分别说说你对这六个"哦"的感觉。

（引导学生从上下文语境和舞台说明语言中去探讨）

（投影）周朴园用语"哦"字示例：

哦，三十年前你在无锡？

哦，很远了，提起来大家都忘了。

哦。

哦？你说说看。

（苦痛）哦！

（汗涔涔地）哦。

（明确：①主子对下人漫不经心的口吻，朗读停顿稍短；②勾起周朴园的回忆，停顿稍长；③一般应答词，停顿短；④表示惊奇，声调上扬重读；⑤谎言被当面揭穿时，不由自主发出的耻态语，可以短促重读；⑥受指控后做贼心虚的窘态，语气轻、短。）

③ 想不到，"哦"这个潜台词竟有如此丰富的意蕴。显然，刚才我们对"哦"这个词的感觉主要得力于上下文语境的理解，当然也包括对舞台说明的解读。所以，我们已学会了根据上下文语境和舞台说明来挖掘人物潜台词的方法。不过，我觉得这个"哦"还有研究的价值。你们说，有吗？你们有什么新发现？

④ 噢，"哦"后面的标点符号不同。我们都知道，标点符号的使用大多是为了语法的需要，仅仅如此吗？我们一起来看看。显然，第①、②句中"哦"后用逗号，是表示句中的停顿。那么③～⑥句"哦"为什么都单独成句而且标点符号不同呢？（略）特别是第⑥句中"哦"后为什么不用"！"呢？（明确：⑥窘态需要掩饰，不想让人发现，句号有此情韵。朗读可以轻短得让人难以听清。）

⑤ 好，我们再来跳读这部分，看看周朴园的这六个"哦"字分别在哪些地方出现，从作者的文字安排疏密度中，你又能发现什么？（明确：先疏后密）这个发现对你理解周朴园的精神状态又有何帮助呢？（明确：心情由平静到紧张的过程。）

⑥ 小结：刚才在品读"哦"字的过程中，我们不仅从中"哦"出了周朴园由漫不经心到做贼心虚的情态变化过程，而且也"哦"出了挖掘人物潜台词的方法。

（2）抓住一种句子，探究周朴园对自己已经知道还活着的侍萍的惊慌。接下来的时间，我们来感知一下周朴园是怎样对待已经知道还活着的侍萍的。

① 课文能集中体现周朴园对已经知道还活着的侍萍态度的部分，就是课文中从"鲁侍萍　哦，——那用不着了"到"周朴园　好，你先下去吧"。现在我想请同学们推荐出能够代表本班朗读水平的男女生各一名，分角色朗读这部分周朴园和鲁侍萍的语言，要注意读出剧中角色的情感。（读后点评）

② 不知同学们在听他们朗读的过程中注意到了没有，这部分周朴园的语

言又有一个不可忽视的特点。看谁最先发现——就是一类语气相同的句子特别多。哪一类？（明确：疑问句）我们再来看看，这些问句长不长？一般有多少字？（大多在2~3个字）那我现在把开头两个简短问句改长一点，大家再来读读，改了以后，你的感觉又怎么样呢？

（投影）周朴园问话比较鉴赏：

鲁侍萍　哦，——那用不着了。

周朴园　怎么？（怎么就用不着？）

鲁侍萍　这个人现在还活着。

周朴园　（惊愕）什么？（她真的还活着吗？）

（明确：改了以后，似乎是在问旁人的事情，有点漠不关心了，突然、惊奇、紧张、激动的感觉就少了几分。）

③看来，周朴园的简短问句自有它的内蕴，不过，我觉得课文第121页中间"什么？她就在这儿？此地？"三个疑问句连用就显得有点多余了，就用一个"什么"不是更简洁吗？（引导学生体会三个疑问句连用所表现的惊恐和急迫心情。）

④话剧在表演过程中，往往由于口语化和加快节奏等方面的需要，会对剧本做些适当修改。我现在给大家播映的这部分话剧，就对课文对白的某些语句做了删改，请大家注意看，仔细听，思考两个问题：编剧对课文删改了哪些文字？改了以后效果怎么样？

（投影）话剧表演对课文部分对白文字的删改说明：

增添了一个字"就"：那（就）用不着了。

删去了"她没有死。""哦，救活啦？""（忽然立起）你是谁？""我是这儿四凤的妈，老爷。""哦。""不，不用。""自己"等文字。

　［明确："就"是副词，可以起加强语气的作用，能突出鲁侍萍对周朴园惺惺作态的反感。删掉"她没有死"，周朴园的语言就三个疑问短句连用了，表达效果与"什么？她就在这儿？此地？"异曲同工；删掉"哦，救活了？"是因为它不能突出周朴园因惊奇而痴呆地重复鲁侍萍语言的神情；删掉"（忽然立起）你是谁？""我是这儿四凤的妈，老爷。""哦。"是因为这些不能很好地表现周朴园从极度恐慌到冷静的心理变化过程；删掉"不，不用。"是因为它不能淋漓尽致地揭露周朴园对已经知道还活着的侍萍躲之唯恐不及的真面目；"自己"或许包含着鲁侍萍对遭到抛弃的怨恨，所以也删掉。］

（在品读过程中，教师还可以有意识地给学生留出"仁者见仁，智者见智"的再创造空间。）

⑤小结：这部分我们又从周朴园的简短问话入手，再散发开去，通过语

言的比较赏析，终于读出了周朴园知道鲁侍萍还活着时的惶恐不安、惊慌失措，也读出了周朴园叶公好龙的真实心态。

（3）挑选一句话，体验周朴园对站在眼前的离开了自己30年的鲁侍萍的冷酷。

那么，当他知道站在眼前的人就是离开自己30年的鲁侍萍时，周朴园又会怎样呢？请同学们快速阅读从"周朴园（忽然严厉地）你来干什么"到"周朴园可是你———"。

从中找出一句你认为最能体现周朴园性格、心理的话，运用我们刚才获得的揣摩人物语言的方法，去大胆地走进周朴园的心灵，前后左右的同学可以先相互交流交流。我还想再听听大家的声音。

（鼓励学生各抒己见，并注意在解读文句的基础上引导学生有感情地朗读。）

6. 拓展升华、挖掘主题

结合曹禺的一段话探究认识周朴园人物形象的意义。

"周朴园也是一个人，不能认为资本家就没有人性。为了钱，故意淹死两千二百个小工，这是他的人性。爱他所爱的人，在他生活的圈子里需要感情的温暖，这也是他的人性。"——曹禺

认识是多角度的，有政治的、有社会的、有经济的、有联系实际的；也有从人的角度，有浅的，也有深的，都能读出属于自己的周朴园。如果把同学们的认识和作者的认识结合起来看，我们可以发现：周朴园的形象太复杂了，既有明显的否定性因素，也有浓厚的人性的东西，是善恶并存、好坏兼备的，是有点说不清楚的。那么，认识周朴园有什么意义吗？对你有什么启示呢？

学生分组讨论。

（投影）人的生存困境无处不在，无时不有。

教师小结：今天这节课，我们通过对戏剧语言的揣摩，初步了解人物的复杂个性，感受了《雷雨》的魅力。一个周朴园就令人捉摸不透，更何况其他人物呢？总之，《雷雨》是一部内涵丰富、有点说不清的伟大杰作，因为它写出了人性的复杂性和丰富性。希望同学们能运用今天所学的方法去阅读《雷雨》全剧，细细揣摩人物语言，读出一个属于你心中较完整的周朴园或其他人物。

7. 布置作业，拓展延伸

课余你可以利用今天学会的揣摩人物语言的方法，去探测鲁侍萍的内心。也可以凭借你今天获得的周朴园印象，再去品析周朴园与鲁大海矛盾冲突中的

表现，去完整地创造你心目中的周朴园，写下像《难以界定的周朴园》《情利中的周朴园》之类的评论文章。我也相信，只要你立足作品本身，你的所有看法都应该是正确的。

【教学实录】

（一）情境导入

（1）播放视频资料《雷雨》结局片段（1分30秒），激发情感，创设氛围。

师：20世纪30年代，年仅23岁的曹禺先生在清华读书时创作的四幕剧《雷雨》，为我们留下了这么一个悲剧结局：一个雷雨之夜，三个爱恨交织，有着美好未来的年轻人同时踏上了生命的不归路。这出悲剧是和一个人分不开的，他就是剧中的主角——周朴园。

（2）出示周朴园有关图片——选取三、四名学生谈初读课文时对周朴园的印象。

生1：残酷、狡猾。

生2：虚伪、阴险。

生3：有文化、挺传统的，旧式知识分子。

生4：感情不专一。

师：同学们眼中的周朴园显然不同，其实周朴园在文学界也是一个备受争议的人物，今天，我将和大家一起来探究：周朴园究竟是怎样一个人？（投影）

（二）探究体验

1. 提供鉴赏人物视角，引出黑格尔名言

"在戏剧中，能把个人的性格、思想和目的最清楚地表现出来的是语言，戏剧人物的最深刻方面只有通过语言才能实现。"——黑格尔《美学》（投影）

师：黑格尔显然要告诉我们——对一个剧本而言，语言是剧本的第一要素。

2. 进入具体语言情境

情境一

朴：（沉思）无锡？嗯，无锡（忽而）你在无锡是什么时候？

鲁：光绪二十年，离现在有三十多年了。

朴：哦，三十年前你在无锡？

鲁：是的，三十多年前呢，那时候我记得我们还没有用洋火呢。

朴：（沉思）三十多年前，是的，很远啦，我想想，我大概是二十多岁的时候。那时候我还在无锡呢。

鲁：老爷是那个地方的人？

朴：嗯，（沉吟）无锡是个好地方。

鲁：哦，好地方。

（让学生体验"我们"在表意上的作用，暗示两人有过不寻常的关系）

生："是个好地方"的"好"是有着特定内涵的，对周、鲁来说，无锡正是这段美好生活的见证。

请看：

周朴园——某煤矿公司董事长，五十五岁。

周繁漪——其妻，三十五岁。

周萍——其前妻鲁侍萍生子，年二十八。

周冲——繁漪生子，年十七。

鲁贵——周宅仆人，年四十八。

鲁侍萍——其前妻，某校女佣，年四十七。

鲁大海——侍萍与前夫周朴园之子，煤矿工人，年二十七。

鲁四凤——鲁贵与侍萍之女，年十八，周家使女。

师：这是曹禺在序幕中明确写出的人物关系表，从这表中你能看出什么奥妙吗？

生：鲁侍萍被周家赶走是发生在二十七年前。

师：那作者为什么反复强调三十年前，难道是作者记错了吗？

（让学生找出第一场戏中"三十年前"共出现12次）

提供解读视角：凡是你不想记忆的东西，你总是会忘记的。 ——（奥地利）弗洛伊德（投影）

生：因为对他们而言，二十七年前是一个悲惨的时刻，根据弗洛伊德的推论，他俩潜意识里都记住的是二十七至三十之间的三年幸福生活，所以他们对话中反复出现的是"三十年前"这个时间概念，并不是作者记错了，而是使人物的心理更逼真了。从一个侧面反映了作者运用语言的高超技巧。

师：可是，这段甜蜜的爱情没能维持多久，因为后来发生了一件事而导致两人分手，是什么事呢？（师生共同回顾有关剧情）

情境二

鲁：哭？哼，我的眼泪早哭干了，我没有委屈，我有的是恨，是悔，是三十年一天一天我自己受的苦。你大概已经忘了你做的事了！三十年前，过年三十的晚上我生下你的第二个儿子才三天，你为了要赶紧娶那位有钱有门第的小姐，你逼着我冒着大雪出去，要我离开你周家的门。

师：请一位女生读屏幕上鲁的第一段话，请男生点评。

生：内容错了，书上是"你们"，这里是"你"。

师："你们"与"你"在表情达意上有什么不同感受？

生："你们"暗示了赶鲁侍萍走不仅有周朴园，更主要的是周家。（请生联系上下文语境，体会鲁侍萍复杂的心情。）

生：鲁、周都是封建婚姻制度的牺牲品，两人的相爱也是真实的；鲁对周有怨恨，但更主要的是恨周的软弱。

多媒体展示相关材料：

鲁侍萍被周家赶走，周朴园是不情愿的，但在"父母之命、媒妁之言"不可违的时代，他又是没有办法阻止的。何况在赶走之前，周家始终未让他与鲁侍萍见上一面。

——曹禺《雷雨》创作回顾

师：故事发生在三十年前，即文中的"光绪二十年1894年"，在清末封建社会里，青年男女自由恋爱是不被传统认可的。再看周朴园三十年前的处境，他也不过二十多岁的小伙子，在上面还有老头子、老太太、大家庭，他也掌控不了自己的命运。所以，"你们"一词传递出来当时抛弃鲁的不只是周，更主要的是封建大家庭。

师："何况在赶走之前，周家始终未让他与鲁侍萍见上一面。"作者的补充很重要，那么，当周朴园后来得知侍萍被赶走，有没有行动呢？

（学生在课文中找到"我看见她河边上的衣服，里面有她的绝命书"，根据这句话可以想象周朴园当时沿着河失魂落魄地发疯一般地寻找，感受周朴园内心极度痛苦状。）

情境三

周朴园：你静一静。把脑子放清醒点。你不要以为我的心是死了，你以为一个人做了一件于心不忍的事就会忘了么？你看这些家具都是你从前顶喜欢的东西，多少年我总是留着，为着纪念你。

周朴园：你的生日——四月十八——每年我总记得。一切都照着你是正式嫁过周家的人看，甚至于你因为生萍儿，受了病，总要关窗户，这些习惯我都保留着，为的是不忘你，弥补我的罪过。

师：这两段话你认为周朴园对侍萍的怀念是真实的吗？

生1：应是真实的，周朴园当年能爱上侍萍，说明侍萍自然有过人的魅力。当突然失去自己最心爱的人时，周朴园内心的失落可想而知。为了弥补内心的失落，周朴园对侍萍的怀念是非常自然的事了。

生2：周朴园的怀念是虚伪的，他主要是为了弥补自己的罪过，掩盖他不光彩的过去，维护他在家庭中的威严，显示周家是个体面的家庭，抬高他在社会上的地位。

生3：我不同意生2的说法。周朴园的怀念当然是真实的，如果是虚伪的，事情已过去三十年了，周朴园要伪装给谁看？吃饱了没事干吗？

生4：周朴园要伪装一时容易，要伪装三十年很难。

生5：周朴园是个花花公子，假如不是刻骨铭心的爱情，他也不会对一个下人如此放在心上了。

生6：周朴园的怀念确实是出自内心的需要，不能因动机的自私而否定周朴园对侍萍的怀念的真实性。

师：此时，大家眼里看到的是一个爱得深、痛得切，是一个"曾经沧海难为水"的周朴园。不过，随着剧情的发展，周朴园的形象变得复杂起来了。

情境四

（朴园不觉地望望柜上的相片，又望侍萍。半晌。）

朴：（忽然严厉地）你来干什么？

鲁：不是我要来的。

朴：谁指使你来的？

鲁：（悲愤）命！不公平的命指使我来的。

朴：（冷冷地）三十年的工夫你还是找到这儿来了。

（分角色朗读，其他同学点评。）

师：请大家讨论此时周朴园大变脸的原因，反映了人物当时怎样的心理。

（生组成4人小组充分讨论，然后派代表发言交流。教师也参与学生讨论，并给足时间讨论。）

生1：周朴园害怕鲁侍萍来敲诈，出于本能的自我保护而变得翻脸不认人。

生2：周朴园已是大资本家，而眼前的鲁侍萍是佣人四凤的妈，两人地位太悬殊了，他怕自己的财产、地位、名誉受到威胁，更不愿鲁侍萍来冲击他目前的家庭秩序，所以用冷酷的话来结束这段旧情。

生3：周已不是当年那个年轻冲动的大少爷了，几十年的磨炼已使他精于世故、沉稳老练，从下文他镇压工人罢工的手段就可以看出周朴园的心已变得狠起来。所以他对鲁侍萍的残酷是比较符合其身份和心理特征的。

生4：舞台说明中"半晌"的提示，我觉得周朴园发现眼前的老妈子已不是过去年轻漂亮的鲁侍萍了，最终理智战胜了感情，他由本能的反应马上回到了现实中，所以他用如此绝情的方式来结束对梅侍萍的幻想。

师：周朴园弄明白鲁侍萍这次的出现纯粹是邂逅，他又是怎么表现的？

情境五

周朴园：那么，我们就这样解决了。我叫他下来，你看一看他，以后鲁家的人永远不许再到周家来。

鲁侍萍：好，我希望这一生不要再见你。

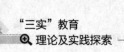

周朴园：（由衣内取出皮夹的支票，签好）很好，这是一张五千块钱的支票，你可以先拿去用。算是弥补我一点罪过。

鲁侍萍接过支票，把它撕了。

周朴园：侍萍。

鲁侍萍：我这些年的苦不是你拿钱就算得清的。

师："那么，我们就这样解决了"，请同学们联系上下文来说明周朴园究竟是怎样解决和鲁侍萍的恩怨的？

生1：用金钱，即文中的支票。

生2：让鲁侍萍看一看她的儿子。

生3：我补充一点，周只允许鲁侍萍看一看她的儿子，并没有让她相认。

师：通过解决的方式，你对眼前的周朴园有什么看法？

生1：周只允许鲁侍萍看一看她的儿子，并没有让她相认，主要因为害怕母子相认给其家庭惹来麻烦，表现其办事周密，精明老到。但从另一个角度看，天下再也没有比母子相逢却不能相认更惨的事了，这又表现了周心狠手辣的性格。

生2：用支票来打发鲁侍萍表现其资本家的本性——金钱是万能的。它既可以隐瞒事情的真相，又可以赎回自己的良心，足见其圆滑、自私。

师："五千块钱的支票"对周、鲁而言，是一个什么概念？请同学们看两句话：（投影）

鲁大海对仆人：你们这些混账东西，放开我。我要说，你故意淹死了二千二百个小工，每一个小工的性命你扣三百块钱！姓周的，你发的是绝子绝孙的昧心财！

鲁贵对四凤：（汹汹地）讲脸呢，又学你妈的那点穷骨头，你看她！跑他妈的八百里外，女学堂里当老妈，为着一月八块钱，两年才回一趟家。这叫本分，还念过书呢；简直是没出息。

师：看了上面的演示，两者比较后，你对周朴园有什么新的认识？

生1：五千块钱对鲁侍萍而言，是一笔巨大收入，可见周朴园对她的补偿还是真诚的，是真的想让鲁安度晚年。

生2：明白五千块钱的概念后，我觉得周朴园太吝啬、太冷酷了，尤其"你可以先拿去用"中的"先"字让人感到周是在施舍，根本不把鲁当作自己的爱人看待。

生3：金钱补偿虽然过于功利，但我觉得这是周朴园最好的弥补方式了，比较符合他的身份。在现实中，金钱补偿是人人都能接受的方式，我认为周朴园对鲁侍萍真的是很不错了。

（三）拓展升华、挖掘主题

师：讨论很精彩，下面请大家看看作者的观点：

"周朴园也是一个人，不能认为资本家就没有人性。为了钱，故意淹死两千二百个小工，这是他的人性。爱他所爱的人，在他生活的圈子里需要感情的温暖，这也是他的人性。"——曹禺

生1：有情人不能成为眷属是悲剧的一种。但是，即使有情人终成眷属也可以成为新的悲剧。如果周朴园选择了侍萍，他们顶着家庭的压力走在一起，能幸福吗？我想也没有人能保证他们不会发生冲突，不会发生悲剧。

生2：问题不在于谁制造了悲剧，而在于认识到悲剧无处不在、人生的不完满，这或许是讨论周朴园形象的意义所在吧。

生3：认识周朴园形象的文化意义在于：在利益社会，当人的情感遭遇理智时，人若不愿失去现实利益，就只能以情感作为代价。

（投影）人的生存困境无处不在，无时不有。

教学反思

期中考试前，我和学生们迎来了戏剧单元的学习。

戏剧文本应该是学生感兴趣的阅读材料，然而戏剧教学容易走入两个误区：一是以看视频代替课堂学习，学生很感兴趣但是脱离了语言这一戏剧的核心因素；二是进行简单的没有目标的人物分析，课堂看似热热闹闹，实际上学生并没有走进文本，并不能有效地生成教学目标。例如，以往进行《雷雨》的教学时，我就曾让学生走进了这样的"死"胡同，没有精心设计，只是抛出如"周朴园是一个怎样的人？""鲁侍萍是一个怎样的人？""繁漪是一个怎样的人？"等问题给学生讨论、回答，虽然气氛活跃，场面热烈，但学生脱离了文本，短时间的热闹过后学生好像无话可说了，很少有课堂生成的学生的智慧火花。基于以上的认识和自身的教训，我再进行戏剧单元教学时，注重教学设计的策略，试图通过课堂教学，让学生掌握戏剧文本的阅读方法，从而达到学生自己会阅读、能体验的目的。作为语文教师，能不能把自己解读教材（文本）的方式、方法"教"给学生，注重设计应该是关键。

《雷雨》是一部经典作品，学生对其情节一般都有所了解，但真正读过完整剧本的学生据我调查大概不到十分之一，而且像《雷雨》这样厚重、内涵复杂的悲剧作品对大多数学生来说还是会感到难以真正理解的，大多数学生只知道这是一个"乱"的故事。主要是因为在长期的阅读接收过程中，由于其主题及人性内涵复杂而不断地被人们误读、曲解，有些学生会受一定的影响；还有当今高中生受人生阅历的局限和传统悲剧文化的影响，尤其是对充满现代悲剧

意识的文本的阅读鉴赏能力有限，难免会以一种单一浅俗的社会政治观念或阶级观念对作品主旨及人物做机械的贴标签式的理解。因此，在进行这篇课文的教学设计时，我摒弃了以往的简单化，而是着力寻求一个有效的突破口，即从戏剧语言入手，细读文本，在阅读的过程中体悟悲剧作品的特点与人物语言的复杂性及人性的复杂性。

为此，我以"周朴园、鲁侍萍情感与灵魂的碰撞与交锋"作为设计主线，选取了周朴园、鲁侍萍二人情感与灵魂的碰撞与交锋的六个语言片段（具体内容略）作为突破口，为本课学习设计了六个环节。第一个片段开头到"你——你贵姓？"是周朴园与鲁侍萍三十年后第一次相遇；第二个片段从"你——你贵姓？"到"我姓鲁，老爷"是两个人情感与灵魂的第二次碰撞；第三个片段从"……你可以打听得她的坟在哪儿么？"到"我是这儿四凤的妈，老爷"是二人情感与灵魂的第三次碰撞与交锋；第四个片段从"她现在老了，嫁给一个下等人"到"你自然想不到，侍萍的相貌有一天也会老得连你都不认识了"，这是他们灵魂的第四次交锋；第五个片段从"（忽然严厉地）你来干什么？"到"不过我觉得没什么可谈的"是他们的第五次交锋；第六个片段从"话很多。我看你的性情好像没有大改"到"可是你——"，这是他们灵魂的最后一次交锋。这六个环节不是随意而为的，而是一个层层深入的过程。第一个到第三个片段主要是两个受伤灵魂的碰撞，第四至第六个片段主要是交锋。在两个灵魂的碰撞与交锋过程中，周朴园复杂的人性一一地逐步展现在读者面前。

这六个片段的教学，其根本点还是学生对于文本的细读。引导学生通过对课文的细读走进文本，要求学生注重对文本的语境及隐喻（戏剧语言的潜台词）的把握，感悟人物语言的多义张力，努力体现文本细读的过程是在对语言的感悟过程中读者与作者间进行的一种灵魂与灵魂的碰撞、情感与情感的互动。文本细读需要学生仔细领会语言内在的精细微妙之处，挖掘隐藏在作品中的深层含义，感悟其中的空白意义，在此基础上抓住一些关键词语展开讨论，如"无锡""三十年前""好地方""旧衬衣"等等。同时，让学生走进语言艺术的现场，通过学生分角色朗读或表演六个片段来感悟作品的人物个性，体现话剧艺术文学与表演的基本特征。可让扮演某个角色的学生谈谈在朗读或表演中对自己这个角色的分析理解，谈谈自己之所以这样处理的思考。总之，六个片段的教学设计为学生细读文本、走进文本找到了一条捷径或提供了一个平台。

当然，在前面设计的基础上，我还要精心设问，而非让学生读完或表演后泛泛而谈。只有设计一些引领性、主线化的问题，学生的文本细读与分角色朗读或表演才有落脚点，才能把学生的解读和思考引向深入。例如，第一个片段，学生对"旧雨衣""这间房子""窗户"等关键词揣摩后，似乎对周朴园有了一点"好感"，我当即提出这两个问题：三十年前，那究竟是一个少爷霸占丫头的故事，还是两个年轻人冲破身份地位的限制相恋的故事？三十年后的现在，周朴园对侍萍的怀念之情是真还是假？马上就有学生反应，我没有对学生简单的结论性答案做评价，而是暂时搁下这两个问题，引导学生在以下几个片段的学习中进一步认识周朴园。第三个片段细读后我提出的问题是："周朴园心中有一座怎样的坟？'死'的侍萍与'活'的侍萍，存在于周朴园心中的是哪一个？"第五个片段后我提出的问题是："一直怀念侍萍的周朴园的态度为什么发生那么大的改变？"对这两个问题探讨后，学生说出了"周朴园怀念鲁侍萍，有两个条件：一是她必须是那个年轻漂亮贤惠的梅小姐，二是侍萍必须是死的，只可以活在他的怀念中，这些足以看出一个虚伪而又绝情的周朴园"。第六个片段的细读，"周朴园为什么要给侍萍开这张支票"这个问题引发了学生热烈的讨论，学生们不同的看法正体现出了他们在认真品读文本的过程中周朴园的形象变得明朗而清晰。通过对六个片段的细读和探究，第一个片段所提出的两个问题自然也就圆满解决了。最后再提出"周朴园究竟是一个怎样的人"，学生就不会只是简单地下结论，而是走进人物的内心世界。深情与绝情、温情与冷酷、真情与虚伪、人情味与铜臭味，一个人性复杂的周朴园引发出学生更多的思考。

传统篇目的解读与教学容易因专注文本的主题思想而忽略其文体意义，缺失了语文的味道。我这节课设计的目的是为了凸现语文味，教给学生重视语言文字本身的魅力。这节课的收获不仅是学生读懂了《雷雨》，读懂了周朴园，更重要的是通过这样的学习，让学生学会了戏剧文本学习的一个很重要的方法——如何从体味语言入手解读剧本，分析人物，体验情感。

当然课上完后，也留下了很多遗憾：由于整体设计还不够精练，导致后面的环节展开不充分，结课较仓促；周朴园与鲁侍萍灵魂的碰撞与交锋的几个关键词本来是想让学生归纳的，由于时间不够，只好让它们自动"生成"；学生的角色朗读指导不够，以致效果不是很理想；由于担心课堂任务不能完成，学生很多智慧的火花被我忍痛割爱无情地"浇灭"了。

◆◆《将进酒》"三实"课堂实践 ◆◆

姜陆陆

姜陆陆

姜陆陆，吉林省四平市人，中学语文一级教师，深圳市名班主任工作室成员。2008年参加工作，在深圳市第二高级中学任教10年。现为高二语文备课组长。与人合著的《中文真假懂》已由商务印书馆出版，出版了校本教材《红边话育人》，并参与多项课题研究。工作业绩突出，曾荣获深圳市高考语文学科先进个人、校级优秀青年教师、优秀班主任、普通高考优秀阅卷员称号；曾获深圳市青年教师教学基本功大赛一等奖、深圳市高考模拟命题比赛语文学科一等奖、深圳市班主任能力大赛三等奖、教书育人金银奖等多项荣誉。

【教学设计】

（一）理论依据

"三实"课堂教学理念是本节课的教学指导思想与理论依据。本节课我打破传统的教师教学方式，以读代讲，精心构思，巧妙设计，让学生积极参与课堂，引导学生在一次次的朗读中赏析诗歌文法、理解诗歌内容、感悟诗人情怀，在感情充沛的朗读声中体会诗情。

（二）背景分析

1. 教材分析

《将进酒》是人教版高中语文选修教材《中国古代诗歌散文选读》第三单元"因声求气　吟咏诗韵"中的"赏析示例"课文。它是唐代著名诗人李白的代表作之一。本诗是诗人沿用乐府古题创作的，为诗人长安放还后所作，思想内容深沉，艺术表现成熟，在同题作品中影响很大。诗人豪饮高歌，借酒"销"愁，抒发了忧愤深广的人生感慨。诗中交织着失望与自信、悲愤与抗争的情怀，体现出强烈的豪纵狂放的个性。全诗情感饱满，无论喜怒哀乐，其奔涌迸发均如江河流泻，不可遏止，且起伏跌宕，变化剧烈；手法上多用夸张，结构上大开大合，充分体现了李白七言歌行的特色。教材把它作为赏析示例，是有道理的。作为"因声求气 吟咏诗韵"单元的第一篇课文，学生在欣赏李白这首诗时，要充分把握诗中句式的长短变化，韵脚的疏密转换，在有感情、得法的诵读中，体会诗人借着酒兴、淋漓尽致抒发出来的不平之气。

2. 学情分析

百色作为少数民族地区，学生的普通话水平、朗读技巧稍有不足，但学生淳朴热情，愿意投入教学情境，只要教师善加引导点拨，学生的朗读效果会是不错的。加之高二学生已经具备了一定的诗歌鉴赏能力，涵咏诗歌丰富的内容和复杂的情感对他们来说，是可以做到的。但是教师的教学必须体现设计感，力争一线穿珠，避免细碎化。

（三）教学目标

（1）诵读诗歌，结合注释把握诗歌基本内容。

（2）体会诗人情感的跌宕起伏，理解诗人情感的复杂性。

（3）培养学生声情并茂、准确传达感情的朗读能力。

（4）培养学生立足文本，抓住关键词语进行分析的能力。

（四）教学思路

（1）多媒体教学，创设情境。

（2）依据"三实"课堂教学理念，采用自主合作探究的学习方式，让学生真正参与课堂，激发他们的学习兴趣。

（3）多样化的诵读，深入体会诗歌内容、情感。具体设计思路为：

① 简洁导入，消弭陌生感，拉近距离。

② 初读赏文，体会文体之美。

③ 情读会意，领悟诗境之美。

④ 美读升华，心灵共振之美。

（五）教学手段

运用现代教学设备，同时回归文本，让学生在读中体会，在读中理解，在读中赏析，在读中交流，在读中提升。

（六）教学过程

1. 简洁导入

教师用几句话拉近与学生的距离，营造出良好的教学氛围。

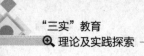
2. 初读赏文

朗读的第一步就是读准，在读准的基础上才能够更进一步地学习和探讨。

教学步骤：高声诵读以畅其气。教师示范一句开头，然后请学生放声齐读，读准字音，读出气势。

引导学生关注韵脚的变换错落、句法的灵动多姿、情感节奏的跌宕起伏，以此感悟太白诗歌文体之美。

教学步骤：

（1）教师提问：这首诗的语言有怎样的特点，怎样读才能有朗朗上口的感觉？

（2）结合学生回答，共同归纳出《将进酒》的文体特征，探讨出长短句的朗读要点。

（3）学生在教师指导下再次齐读，节奏和情感会有明显变化。

3. 情读会意

接受美学理论告诉我们，文学作品是作者和读者共同完成的，作品有很多"意义的不确定性"和"意义空白"留待读者填充。教师试图通过一个精心设计的任务，激发学生的学习兴趣、对文本研读以及朗读的热情，并通过指导学生进一步诵读，进入诗人在作品中预设的想象空间，破译诗人的情感密码。

教学步骤：

（1）教师给出明确任务，让学生为这首诗设计语气词并展示出来。

（2）学生分成8个小组，抢任务并进行讨论。

（3）学生以小组为单位展示讨论的结果，说明为什么这样设计语气词，最后再小组齐读。

（4）在学生展示和师生对话中，学生明确了诗仙的"酒中意"。

4. 美读升华

叶圣陶先生在《中学国文学习法》一文中说："所谓美读，就是把作者的情感在读的时候传达出来。这无非如孟子所说的'以意逆志'，设身处境，激昂处还他个激昂，委婉处还他个委婉。美读得其法，不但了解作者说些什么，而且与作者的心灵相感通了，无论兴味方面或受用方面都有莫大的收获。"通过教师设计的美读，学生更进一步感知、想象和移情，想象自己就是李白，把对这首诗歌的感受内化为自己生命的具体感受，并且用自己的语言表达出来，带着这样的感受再全情投入地诵读。

教学步骤：教师出示自己略加改造过的诗，把一些句子末尾的三个字进行了调整，要求学生用不同的音量反复读三次。请一名学生领诵，其他学生齐诵。

在学生初读、情读、美读后，教师作小结，将李白的情结归结为中国文化史上的一类现象，但同时带有强烈的个人色彩，让学生明确了这种强烈的感受源于李白的自由人格，让学生在读中感受到《将进酒》独特的艺术魅力，取得非常好的效果。

【教学实录】

上课时间：2017年12月21日上午第四节。

上课地点：百色市祈福高中孟楼。

上课班级：高二（13）班。

师：上课。同学们好！

生：老师好！

师：请坐。

（一）简洁导入

（教师出示幻灯片，上有"狂歌痛饮空度日，飞扬跋扈为谁雄"诗句及李白举杯邀月的图片）

师：百色如此多娇，风景这边独好。今天很荣幸，也很高兴，能够跟大家一起学习唐代大诗人李白的名篇——《将进酒》。俗话说，书读百遍，其义自现。我想请同学们一起来齐读这首诗，注意读准字音，读出气势。老师给大家起个头——君不见黄河之水天上来，一二——

（教师出示课文幻灯片，学生大声齐读）

师：大家读得很流畅，也很有气势。

（二）初读赏文

现在我想请孩子们用发现的眼光看一看这首诗，大家能不能发现这首诗的语言有怎样的特点，怎样读才能有朗朗上口的感觉？你们可以同桌之间相互讨论、交流一下。

（学生小声讨论，老师走下来关注、倾听）

师：（对一个女生）我刚刚听见你说得特别好，来，话筒给你。你发现这首诗语言上的什么特点了？

生：跌宕起伏。

师：语言上跌宕起伏，还是说它的情感节奏上跌宕起伏？

生：情感节奏。

师：情感节奏上跌宕起伏，那语言上还有什么特点？我刚听到你说这首诗——

生：这首诗有那种气势很磅礴的感觉，很豪放，而且有一种感觉，就是作者的心是很豪放的。

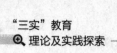
师：你已经从诗歌的语言形式进入到诗人内心了。我刚刚在下面听到你小声说这首诗有押韵。

生：啊。

师：那你能不能找一找这首诗押了一些什么韵啊？

生：从"将进酒，杯莫停"开始，到"请君为我倾耳听"，后面都有个ing的韵。

师：ing的韵，你这个韵脚找得很准，还有吗？

生：还有……从刚刚的"杯莫停"到"倾耳听"，后面又有"留其名"，然后还有……后面没找到。（学生苦思）

师：好，你请坐，同桌可以补充吗？

（生摇头）

师：也没有找到，这位男生呢？（生摇头）有没有谁找到了其他的韵脚呢？

（学生沉默）

师：（笑）找不到啊，那我们一起看一看啊，"五花马，千金裘"；"呼儿将出换美酒"（学生在下面小声重复"酒"）；这里有什么？有一个韵，裘，酒，愁。大家有没有发现，这首诗，它其实还有更多的韵脚，比如说"来"和"回"。在杜甫的《登高》里面，就有押这个"来""回"包括"杯"的韵，还记得吗？一起说这个句子是——（教师故意拖长语调等待学生反应）

生：渚清沙白鸟飞回。

师：还有——潦倒新停浊酒杯，大家看看《将进酒》里的这些韵脚是一样的吗？

生：不一样。

师：它的韵脚是变换错落的，在交错的韵脚中，诗人注入了自己一颗自由跃动的灵魂。我们再来看一看，这首诗的句子，你有没有发现，句子字数是一样的吗？

生：不一样。

师：你可以说说吗？

生：这首诗里面每句的字数，都是长短句那样变化。

师：你用了一个极富概括性的词语，长短句的变化。长句子有多长？多少个字？

生：君不见黄河之水天上来，10个字；君不见高堂明镜悲白发，也是10个字。

师：那这首诗用得最多的是几个字的句子？

生：10个。（学生在下面议论纷纷）

师：这首诗用得最多的是7字句，然后还有一些10字句、3字句、5字句。所以你刚刚是抽取到了它的本质，用"长短句"来概括。谢谢你，请坐。这首诗的句式长短交错，参差别致。大家说长句子我们该怎么读啊？

生：注意节奏。

师：注意节奏，比如说"君不见"，这有一个语气的停顿，"黄河之水"有停顿，"天上来"要有那种开阔、磅礴。长句要读出长句的节奏，短句怎么读？

生：有气势。

师：除了有气势，还要短促、有力。比如说，诗人呼唤朋友的"岑夫子，丹丘生，将进酒，杯莫停"。（学生受到感染，情不自禁跟读）

师：这首诗是乐府旧题，除了语言上有用韵灵活，句式上长短不一外，还有一个就是散行为主，对仗点缀。我刚刚听到一个男生说，这里有排比，其实这里不是排比。排比修辞要三个或三个以上相同句式的句子，而这里只有几个？

生：两个。

师：所以它是什么修辞？

生：反复。

师：对了！这个女孩子，你很有语言的敏锐度。这里有间隔反复，以小小的反复、对仗点缀。带着这样一种感觉，把长句读出它的曲折、起伏、磅礴；短句读出它的短促、有力。我们把这首诗再齐读一遍。

（学生响亮齐读，朗读节奏和语速把控很好。）

师：同学们能读出如此效果，可以说是触碰到李白的灵魂了。

（三）情读会意

步骤一：学生研讨，加深理解

师：据说李白在写这首诗的时候，写着写着就发出了一声"啊"的感叹，又写着写着发出一声"唉"的感慨。这样的感慨还有很多，我现在想请同学们来讨论一下，李白的这些慨叹，应该加在这首诗的哪些地方。老师把这首诗分成了五个小节，我想请不同的小组选择不同的小节任务，为大诗人李白的创作还原他当时的场景，给他加上一些表示感慨的语气词。但我们的添加，不能无理由地加，我们要根据诗句内容，细细品读，看一看，加在哪里最合适。加好以后要请这一小组选出发言人，说一说你组把这些语气词加在哪儿了，并请说明理由。然后请这一小组齐读所完成的任务小节。我只有五个任务，先到先得。

（教师亮出 PPT "千载之下，我最懂你"——我为李白设计语气词）

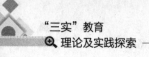
（学生积极踊跃地举手，没抢到的面露沮丧）

师：没抢到的同学也别急，我们可以任选一组同学的任务，和他们进行PK，看谁是最懂诗人的那一个。

（学生热烈讨论，自由读起来，教师在一旁巡视，不时与学生交流）

步骤二：学生展示，交流碰撞

师：好，同学们，讨论就到这里。请大家展示你们的讨论设计成果。第一小组在哪里？

生1：我们组商量之后得出在"不复还"那里加个"啊"，理由是作者在这里是感叹黄河之水势不可挡；然后在"雪"后面加个"唉"，这里是抒发感叹岁月流逝、人生易老的痛苦。

师："岁月流逝、人生易老的痛苦"，你对李白的内心揣摩得很到位。请展示你们的朗诵。

（小组1齐读，声音略有不整齐）

师：读得有点快了，是不是？再试一次好吗？感叹词可以再读重一些。

（小组1再次齐读，略好于前）

师：谢谢你们，我们给他们一点掌声，好吗？

（学生热烈鼓掌以示鼓励）

师：第二组在哪里？

生2：我们组讨论，在第一句"人生得意须尽欢"前面加个"啊"，表明心情很舒畅，人生得意要须尽欢啊。

师：快意，是不是？

生2：嗯，然后举那个杯，不要让"我"空着酒杯对着月亮。后面我们再"嗯，天生我材必有用"，加个"哈哈哈"，体现李白这种豪放、豪迈的情感。（其他学生笑）后面"千金散尽还复来呦"表明那种朝廷一定还会再来找他的那种心情，自信的那种。后面是"烹羊宰牛且为乐呦"，要吃饭了，喝酒了，就"会须一饮三百杯，呵呵"。

（生大笑）

生2：今天这么痛快，一定要喝他个三百杯，不醉不休。

（学生情不自禁为他鼓掌）

师：他的发言非常精彩，我们请这一小组同学展示，期待你们的精彩表现。

（小组2每人读了一句）

师：你们试一试，一起来读，把诗人这种狂放的热情为我们展现一下，好吗？

（小组2齐读，声音洪亮）

师：他们的朗读把我们的课堂气氛推向了热烈的小高潮。来，第三组。

生3：在第三个任务这里，我们组觉得，在"岑夫子"后面加个"啊"，"丹丘生"后面也加个"啊"，在"将进酒"后面加个"吧"，"杯莫停"后面加个"啊"，"与君歌一曲"后面加个"吧"，"倾耳听"后面加个"啊"。我觉得我们这样加更能体现出李白急切渴望更尽一杯酒，把自己的感情推向了高潮，体现了他内心的激昂。

师：跟朋友一起举杯痛饮，内心的激昂。好，开始你们的朗诵。

（小组3齐诵，声音洪亮，情感激昂，学生们热烈鼓掌）

师：他们的这组任务，加得很别致，把李白与朋友狂歌痛饮的欢乐为我们展现得淋漓尽致。再次谢谢这组同学。

（学生再次鼓掌）

生4：我们组讨论的结果，首先要表现出他对"钟鼓馔玉"的不屑之情，所以要在前面加一个"哼"，然后在"古来圣贤皆寂寞"前面加一个"唉"，在"斗酒十千恣欢谑"后面加一个"吧"，表达他对朋友的劝酒。

（小组4齐读，声音较小，学生鼓掌）

师：读得非常细致。

师：女孩子多，展示稍微温柔了一点，可不可以把"哼"那种愤懑再稍微浓烈一些地给我们表达一下？女孩子们声音大一点，男孩子们再狂傲一些，好不好？读出那种蔑视。

（小组4再次齐读，效果不错）

生5：我们小组讨论的就是在"主人"前面加个"啊"，"言少钱"后面加个"呢"，"对君酌"后面加个"吧"，最后一句"同销万古愁"后面加个"啊"。

师：为什么？

生5：表现诗人的豪气。

师：表现诗人的豪气，尽管这里有愁，但是你们仍然加一个"啊"，就是因为体会到了李白胸中这样一种豪情，是吗？

生5：是的。

（小组5齐读，读错了一个字音"将"，教师予以纠正）

师：这里因为已经到了全诗的情感最顶峰，可不可以把这种情感再读得奔放一些，像你们所说的，胸中万丈豪情喷涌而出。再试一次，好吗？

（小组5再次齐读，学生热烈鼓掌）

师：现在到了我们PK的小组展示，从这里开始，你们选择哪一组进行PK？

生6：第一组。我们组觉得应该是在"君不见黄河之水天上来"前面加个

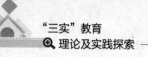

"啊"，"君不见高堂明镜悲白发"前面加个"唉"，先"唉"，为感情基调铺垫一下，然后再表达后面那句。

师：先把对黄河之水的浩荡气势感慨抒发出来。

生6：感慨先出来，然后用诗句把它描写出来。

师：再把生命渺小的那种悲慨用"唉"呈现出来，是吗？

生6：嗯。

师：谢谢你的创意。

（小组6齐诵，声音洪亮，吐字清晰，情感浓烈）

生7：我们选择的是任务5。我们主要是在"径须沽取对君酌"后面加一个"吧"，加上去以后就是"你为什么说我少钱呢？尽管拿那种大坛酒来，我们喝个痛快！"加一个"吧"，可以体现那种豪放，我的钱很多，很多！没关系，尽管拿酒来。然后"五花马"后面加个"啊"，"千金裘"后面加"啊"，主要是为了押韵、对称，我们要体现一种语言美的感觉，这个添加与情感关系不大。后面"与尔同销万古愁"后面加个"啊"，因为他是"与尔同销万古愁"，抒发自己心中那种惆怅，加个"啊"让他感觉已经把心中那种抑郁之气完全抒发出来了。

师：把千古以来，能人贤士都有的那种万古愁情抒发出来，期待你们的表现！

（小组7齐诵，学生和老师一起鼓掌）

师：这组同学啊，有一种燕赵豪侠的慷慨悲壮之气在胸中激荡，让我们每一个人都备受鼓舞，有种声动我心的感觉。

生8：我们选择的是任务2。我们是在"人生得意须尽欢"前面加一个"啊"，在"天生我材必有用"前面加一个"啊"，在"会须一饮三百杯"后面加个"呀"。因为在"人生得意须尽欢"前面加"啊"是体现了李白对人生的感悟，他应该是意识到人生苦短，应该要及时行乐。在"天生我材必有用"前面加"啊"是因为我们认为，李白有一身的文采却没有得到重用，体现了他的壮志难酬。在最后这里加个"呀"，就体现了李白要喝就喝，一次就喝三百杯的豪放之情。

师：人说知音难遇，李白在千载之下能有你们这样一些知音，我觉得他一定会非常非常欣慰。

（小组8齐诵，这一组全是男生，音色浑厚）

师：在这些胸中有江湖的男孩子的动情演绎之下，我们感受到了李白诗中的无限豪情，及大才而不为世用的悲愤。在这首诗里，通过刚刚每一个人对诗句的解读，我们发现诗仙的酒中意：悲而能欢，悲而能乐，乐中有愤，愤中带豪，尽管万古愁情，却不以消沉的态度在胸中生发，而是把忧愁净化为一种壮美，自由地畅快地享受着忧愁的精彩。这是李白这位诗人的"享忧"精神！

（四）美读升华

师：这首诗有狂、有傲、有愤、有乐、有悲。我们诵读时要注意，有悲，要读得起伏、深沉；有狂，要狂放、要酣畅；有愤，要激越、轻蔑，像刚才同学那个"哼"，要诀绝、坚定；而欢和乐，要读得昂扬。带着这样的理解，请同学们来美读这篇课文。什么是美读呢？叶圣陶老先生有他的解释，请大家齐读先生这段话。

（教师出示 PPT，学生齐读）

师：老师出示一下我设计的美读任务。现在在座的每一个人告诉我，你们是谁？

生：（响亮地）李白！

师：我们请一位同学独诵 PPT 上黑色字体部分。请全体同学齐诵红色字体部分。注意，老师设计的字体是从大到小的，我们的声音就要——

生：越来越小。

师：对，由高而渐低，读出曲折悲回婉转，而字体由小而大的，我们的声音就要由低渐高，读出一种狂放、豪情、酣畅、自信、洒脱、傲岸。最后的"万古愁"一字一顿，它是全诗的最高潮，要把它推上去。明白我的意思了吗？好，我们一起来读。（教师出示 PPT）

（男生独诵）

君不见黄河之水天上来，

奔流到海不复回。

君不见高堂明镜悲白发，

朝如青丝暮成雪。

（学生齐诵）

暮成雪，暮成雪，暮成雪，暮成雪。

（男生独诵）

人生得意须尽欢，

莫使金樽空对月。

天生我材必有用，

千金散尽还复来。

（学生齐诵）

还复来，还复来，还复来，还复来！

（男生独诵）

烹羊宰牛且为乐，

会须一饮三百杯。

（学生齐诵）

三百杯，三百杯！

（男生独诵）

岑夫子，丹丘生，

将进酒，杯莫停。

与君歌一曲，请君为我倾耳听。

（学生齐诵）

倾耳听，倾耳听！

（男生独诵）

钟鼓馔玉不足贵，

但愿长醉不复醒。

古来圣贤皆寂寞，

惟有饮者留其名。

陈王昔时宴平乐，

斗酒十千恣欢谑。

主人何为言少钱，

径须沽取对君酌。

五花马，千金裘，

呼儿将出换美酒，

与尔同销万古愁。

（学生齐诵）

与尔同销万古愁，万古愁，万古愁，万古愁，万——古——愁！

（一男生有感情地独诵，其他人有感情地齐诵，读出了一个全新的境界，在座全体鼓掌）

师：这节课，我们通过初读、情读、美读三个环节，读出了太白酒中意。其实，与屈原的"鸷鸟之不群兮，自前世而固然"，与陈子昂的"念天地之悠悠，独怆然而涕下"，与王勃的"关山难越，谁悲失路之人"都是一样的，都是我们中国古代文人"悲士不遇"的情怀。但是，李白正是以自信、进取、昂扬的热情，冲破了对食色口腹之欲的追求，用自己的生命热情，冲破了儒家中正平和的束缚，在酒意的熏陶之下，他极豪壮地享受着忧愁的精彩。这也就是李白千载之下为我们所仰慕的地方。今天的课就到这里，谢谢大家！

📝 教学反思

还学生一个书声琅琅的语文课堂

李白的《将进酒》，是古诗中的极品。

这一节《将进酒》，我是带着诚惶诚恐的心情去看待的。因为这首诗太有名了，感情太复杂而浓烈了，它是一首盛唐的诗歌，虽然也有低回，但绝不流于消沉。它是一首男人的诗。而我，是一位女性执教者。所以我一定要把学生的主体性最充分地发挥出来，让学生用青春的热情去感受诗人飞扬的诗情。

那么，这首诗的教学立足点应该在哪里呢？我想，是朗读，踏踏实实地读，投入感情地读。北大的温儒敏教授说："尤其是诗词课，还有文言文的课，更要求阅读主体的融入，没有反复的阅读，那情味就出不来，语感就出不来。"中国古典诗歌无论是古体诗还是近体诗，都是很讲究声律的。所以在接触作品之初，首先要掌握其节拍、用韵等诗律特点，然后才能领悟其中特有的韵律感和音乐美。我们在朗读古典诗歌作品时，除了应该掌握作品本身的声律特点外，还要细心揣摩作品中词句声音上的情感色彩和作者情绪的变化，在缓急、曲直的语调中，融入自己的感情，声情并茂地朗读、吟咏，以充分体现出作品的音乐美、情韵美。另外还要注意作品整体的感情风格，读出作品特殊的诗境和诗情来。对于作品本身的情感起伏变化，我们在朗读时就要在理解诗意的基础上，自然顺应作品音节的变化和作者情绪的发展。所以，我在讲授《将进酒》时，所有的教学活动都是以学生的读为载体的，我设计了读的层次，以读代讲，从初读赏文，到情读会意，再到美读升华。不同的层次生成不同的朗读效果，也使学生对这首诗的理解从一个旁观者视角，变为一个代入者视角，收到了很好的效果。

接下来的问题就是，在课堂教学里怎样来设计操作细节呢？好的课堂一定是精心设计过的，最好有一个一以贯之的问题，教师的讲解一定不能细碎化，不能把美丽的诗文变成毫无生气的东西。我设计的主要问题前后改了三次，设问由一开始的"说出诗中你最喜欢的句子"，到"如果你是李白，诗中哪一句有让你痛饮一杯的冲动"，再到最后的"千载之下，我最懂你——我为李白设计语气词"。一次比一次有新意，也更体现设计感，对学生兴趣的激发也越来越强，最后收到的效果是很不错的。

在教学过程中，学生出现了一些意外的生成，有很多生成令人惊喜，这再一次充分说明，在课堂上要相信学生，要相信学生的能力，对他们的思维能力、表达能力都要有信心。给学生一朵花，他会还你一个春天。整节课的设计，落实了新课标对学生自主合作探究能力的要求，是对高玉库校长提出的

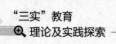

"三实"课堂教学理念的一个很好的实践。

一点不足：

因为是同课异构的交流课，我与学生之间存在一定的陌生感，对学生的情况不算很了解。一开始学生也比较拘谨，第一个小组的读没有放开，不过后面经过调动，学生渐入佳境。另外，在形式的创新上，我没有能够给这首诗尝试配乐朗诵，对多媒体的教学凭借运用不够充分，以后尽量多尝试一些创新的细节设计。

◆《项脊轩志》"三实"课堂实践 ◆

陈 琳

陈 琳

陈琳，湖南省常德市人，2012年参加工作，现为深圳市第二高级中学语文教师，广东省何泗忠名师工作室骨干成员。2013年5月，在第15届"语文报杯"全国中学生作文大赛中荣获写作指导一等奖。2014年4月，课例《碗花糕》获深圳市"优质课例视频质量奖"。2015年11月，获深圳市课堂教学大赛一等奖。2018年1月，获深圳市微课比赛一等奖。2013年9月，获校级"优秀班主任"称号。2014年9月，获校级"教坛新秀奖"。2014年6月，获校级"优秀共产党员"称号。

【教学设计】

（一）指导思想

"三实"教学是本课教学的指导思想与理论依据。以问题诱导法来建构课堂设计环节，使学生在听课过程中产生一种关注、好奇、牵挂的心理，使教学过程成为师生不断想象、不断推理、不断思考、不断质疑、不断批判、不断发现、不断求证、不断享受的过程。

同时,在理解这篇散文的情感上,我着手从语言、文学、文章、文化四个维度品读《项脊轩志》,解读文本的语言艺术、文学形象、文章结构和文化意蕴,让学生领悟归有光这位失意书生抒发的情感厚度。

(二)背景分析

1. 教材分析

《项脊轩志》是人教版选修教材《中国古代诗歌散文欣赏》第六单元中的文本,在单元《文无定格　贵在鲜活》导语中提道:"以归有光等为代表的众多作家,在反映生活和个人情感世界方面比传统的古文更加不受拘束,也更能显露性情。"所以,理解《项脊轩志》文本中的情感将是教学设计的重点,也是难点。而我将情感的体味贯穿在语言、文学形象和文章结构的品读中,将情感具体化、清晰化。

同时,这篇散文直接描写实际生活,较多地保持生活的原汁原味,以日常琐事入文而更添情致,选取生活中最有情味的细节加以表现。所以,感受生活气息和情趣,欣赏它的摆脱束缚、务去陈言是教学目标。

2. 学情分析

归有光的散文创作为中国散文的发展开辟了一条清新的道路。他的散文取法唐宋,风格朴实,感情真挚,被誉为"明文第一"。时人称之为"今之欧阳修"。《项脊轩志》更是其中的突出代表。我虽然多次教学这篇文章,但在实践中发现,学生虽能读懂这篇文言文的意思,却读不懂作者的情感,特别是作者内心深处因家道中落、功名未竟带来的抑郁和悲哀。学生不入情,就无法赏识作者,更谈不上收获。因此,我在这次教学中先要求学生借助工具书和课后注释,疏通文意,自行积累文言知识。然后在专题总目标下确定本文教学的具体目标和教学内容。教学着力一个"情"字,在平静淡泊的叙事描写中体会作者真挚的情感。并通过"这一篇"的阅读,能阅读一类文章。所以,教学目标确定为一是悟"情",二是得"法",得出散文的一般阅读方法:"一语三文"方法。本案例尝试用黄宗羲对《项脊轩志》的评价发掘问题,串起教学环节,从文章语言出发品悟情感,理解归有光是一个在哀乐中前行的失意书生,进而促进学生的精神成长。

(三)教学目标

(1)知识与技能:①初读课文,品味《项脊轩志》的语言艺术;②再读课文,赏析《项脊轩志》的文学形象;③三读课文,探究《项脊轩志》的文章结构;④四读课文,挖掘《项脊轩志》的文化意蕴。

(2)过程与方法:学会运用"一语三文"的方法深度探究古代经典美文。

（3）态度情感与价值观：①引导学生感受古代的生活气息，丰富学生的知识与见闻，有助于学生陶冶情操，增进对生活的热爱；②引导学生感受简练古朴、情味醇厚的风神趣味，丰富学生的审美情趣；③引导学生学习文本的自由畅快，意到笔随的写作风格，让学生接受启发，减轻写作时受拘束的心理和畏难情绪，用清新活泼的语言抒写日常生活中的真实情感。

（四）教学重难点

教学重点：围绕文章的语言艺术、文学形象和文章结构，体味文章深厚的情感。

教学难点：挖掘文章中以"孝"为核心的家族文化。

（五）教学过程

1. 情境导入，设置悬念

这篇文章最大的特点就是真实感人，古人有黄宗羲读完这震川文章感动欲涕，今有老师读完文章潸然泪下。请同学们大声朗读课文，并且猜一猜老师第一次读这篇文章是读到哪个地方流下眼泪的？为什么？

> **明文第一**
>
> · 予读震川文之为女妇者，一往情深，每以一二细事见之，使人欲涕。盖古今来事无巨细，惟此可歌可泣之精神，长留天壤。
>
> ——黄宗羲《张节母叶孺人墓志铭》
>
> 请同学们站起来，手执书卷，摇头晃脑地大声朗读课文。
>
> 请同学们讨论：老师读到何处会潸然泪下？为什么？

设计意图：教育心理学研究表明，掌握知识的效果依赖于学生发挥智力的积极性，而这种积极性在很大程度上是由情境引起的。本环节紧扣体验情感这一教学重点，巧设情境，设置悬念，让学生产生欲罢不能的浓郁兴致，整个课堂高潮迭起，妙趣横生。

2. 课堂生成，悬念突破

学生根据导入时的情境悬念，按图索骥，会找到三处可能会让我流泪的地方：

（1）老妪回忆母亲的语段：妪每谓余曰："某所，而母立于兹。"妪又曰："汝姊在吾怀，呱呱而泣；娘以指叩门扉曰：'儿寒乎？欲食乎？'吾从板外相为应答。"语未毕，余泣，妪亦泣。

（2）祖母看望"我"的语段：余自束发，读书轩中，一日，大母过余曰："吾儿，久不见若影，何竟日默默在此，大类女郎也？"比去，以手阖门，自语曰："吾家读书久不效，儿之成，则可待乎！"顷之，持一象笏至，曰：

"此吾祖太常公宣德间执此以朝,他日汝当用之!"瞻顾遗迹,如在昨日,令人长号不自禁。

(3)"我"回忆妻子的语段:余既为此志,后五年,吾妻来归,时至轩中,从余问古事,或凭几学书。吾妻归宁,述诸小妹语曰:"闻姊家有阁子,且何谓阁子也?"其后六年,吾妻死,室坏不修。其后二年,余久卧病无聊,乃使人复葺南阁子,其制稍异于前。然自后余多在外,不常居。庭有枇杷树,吾妻死之年所手植也,今已亭亭如盖矣。

其实这三个语段都饱含情感,母亲的温柔关切,祖母的殷殷期盼,妻子的一往情深,哪一处读来不让人泪流满面?但是,老师一定要有定力,让悬念保持到最后,无论学生最后找出来的是哪一段,都要不吝溢美之词,赞扬他们心有灵犀猜出了我们的悬念"谜底",并结合你的生活体会讲出为什么你第一次读到这里会潸然泪下。想必你的"真实"的读书体验会让学生有心灵的震颤,让他们明白文章的情感只有经过了自我生活的体悟才会持久深刻。

为了深入品味这三个语段的情感,我在这三个语段上配上"情感按钮",分别按下语言艺术、文学形象和文化意蕴三个"按钮",打开情感的闸门。

(1)语言艺术分析:虚词替换——"乎"换"邪"。

当学生找到老妪回忆母亲的语段时,我们可以按下"语言艺术"的按钮,通过虚词替换来感受逝去的母亲当时对儿女的关切之情。

将"儿寒乎?欲食乎?"中的"乎"换为"邪":儿寒耶?欲食耶?可以先让两位同学来读,学生可以从读的语气和语调中就能感受出"邪"读起来更为客观冷静,冷淡漠然,而"乎"字就能把母亲对儿女那种嘘寒问暖的关切情态表达得淋漓尽致。

> **语言艺术**
>
> 妪每谓余曰:"某所,而母立于兹。"妪又曰:"汝姊在吾怀,呱呱而泣;娘以指叩门扉曰:'儿寒乎?欲食乎?'吾从板外相为应答。"语未毕,余泣,妪亦泣。
>
> • 儿寒耶?欲食耶?
>
> "乎"字更能体现出母亲对子女的关心和呵护

(2)文学形象分析:扣住问、学、述三个动词分析妻子形象。

当学生为"我"与妻子的伉俪情深而感动时,我们可以按下"文学形象"的按钮,问问同学们让归有光先生如此难忘的女人是怎样的一个可人儿,来深化理解归有光对其妻子"亭亭如盖"般的浓郁思念的原因,学生更会为这一段爱情而叹惋、感动。

79

学生可以抓住"问"和"学"字，归纳出一个知书达理、聪颖贤惠的妻子形象。而老师此时可带领学生扣住"述"字，细细品咂。妻子转述妹妹的话，可见夫妻俩信任有加、鹣鲽情深；而妻子回到娘家不停地向妹妹聊起夫家的阁子甚至是阁子中的那个心心念念的人，更是让我们看到妻子以夫为荣、以夫为傲的这种深层次的爱。这也就不难理解这位聪颖贤惠、以夫为荣的妻子在归有光心中占据了多么重要的位置，以至于妻子死后，归有光"久卧病无聊"，那是因为心中空了一块最重要的位置，从此落下了无药可医的心病啊。

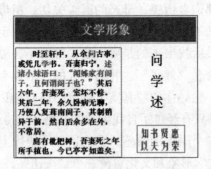

（3）文化意蕴分析：以"孝"为核心的家族文化。

如果学生谈到祖母看望"我"的语段，我们可以探讨这一段感动我们的原因：

①祖母的关切之情。"吾儿，久不见若影，何竟日默默在此，大类女郎也。"

②祖母的期盼之情。"顷之，持一象笏至，曰：'此吾祖太常公宣德间执此以朝，他日汝当用之'。"

③"我"功业未成，辜负厚望的愧疚之情。"瞻顾遗迹，如在昨日，令人长号不自禁。"

然后在理解情感的基础上让学生朗读祖母说的三次话，看看每一处的语气和语调应该怎么处理。第一句要读出祖母看见孙儿在刻苦学习时充满关心，而这种关心是以开玩笑的方式传递的，所以应该读得轻快；第二句有一句"自语曰"，所以音量要小，同时"儿之成，则可待乎"应该充满激动和喜悦；第三句充满希望和信心，"他日汝当用之"，所以应该读得坚定。

最后，我们读到"长号不自禁"时为什么对那种心酸的苦楚特别能够理解，特别有共鸣，是因为我们都是在同一种文化的熏陶中成长的，这就是儒家思想中的家族文化。

儒家在教导我们处理人与人之间的关系时，它让我们要做到五伦：父子有亲，夫妇有别，长幼有序，朋友有信，君臣有义。这五个方面，前三个是关乎家庭的。那剩下的两个怎么理解？一个人只有对家庭有担当了，对家庭忠诚了，朋友才会信任你，你对君主才会忠诚，所以前面的三个是后面两个方面的基础所在。

儒家又把这五个方面浓缩为浓厚的"孝"字，包含尊祖祭宗、家族和睦、传宗接代、扬名显亲。从此出发，我们就能发掘这篇文章的情感魅力了。之所以读到祖母拿出太常公当日执此以朝的象笏，瞻顾遗迹，犹在昨日，我们深有感触，因为这里有对祖辈的尊重和传承；之所以读到母亲和祖母对"我"的关爱，夫妻之间相濡以沫，我们会感动不已，因为曾经的归家是一个多么和睦的家庭；之所以读到"我"不能实现祖母的殷殷厚望时，我们也能理解他的"长号不自禁"，因为这是一种光耀门楣的使命感。这就是共通的家族文化。

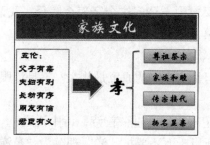

设计意图：其实这三个语段都有鲜明的文学形象，但在教学过程中我分别从"语言艺术""文学形象"和"文学意蕴"三个角度去分析，只不过为了让学生明白，要理解文学作品的情感，可以从哪些角度去挖掘，让学生学会品读情感的方法和策略。

（四）总结课堂，悬念再现

今天我们学习了《项脊轩志》，领略到了朴实真挚、言简义丰的语言艺术，品读到了温存慈爱的母亲、望孙成龙的祖母、知书贤惠的妻子形象，并且挖掘到了以"孝"为核心的家族文化内涵，让我们深厚地体味到了归有光的情感世界。

最后问同学们一个问题，全文这么多人和事，是通过什么凝聚起来的呢？学生肯定能够抓住"归有光"这条线索，这里再以问题法，再次留下值得思考的悬念：本文以"项脊轩"为线索，有什么好处？请结合全文做简要分析。

【教学实录】

上课时间：2018年4月17日。

上课地点：深圳市第二高级中学四楼考务室。

上课班级：高二（20）班。

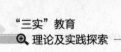

师：上课！同学们好！

生：老师好！

师：请坐！现在是让你们坐下了，待会儿还会让你们站起来。今天我们来上《项脊轩志》的第二课时。这篇文章其实我们早自习时读过，预习时读过，昨天第一节课也读过，有一古人也读过这篇文章，读后他说："予读震川文之为女妇者，一往情深，每以一二细事见之，使人欲涕。"这个"见"读什么？

生：xian。

师：那是什么意思？经常用一两件细琐的事情，怎么样？发现？还是？

生：表现。

师：非常棒。经常用一两件细琐的事情表现它，然后使人欲涕。我把"涕"这个字放大了又放大，请问这个字怎么解释？我请个同学来回答。来，陈亚龙回答，使人欲涕，"涕"字在这里怎么翻译呢？

生：流眼泪。

师：非常正确。但是这个字的原意是什么？不是流眼泪，原意是什么？

生：眼泪。

师：对。大家还记得我们学过一首诗，诗中说道："凭轩涕泗流"，涕是眼泪，而泗是鼻涕。所以千万不要把"涕"理解为"鼻涕"。

我们可以看到黄宗羲先生对这篇文章的评价，他说这篇文章让人读来潸然泪下。这篇文章还被历代文学评论家评为"明文第一"，我们今天就来品一品这篇令人潸然泪下的第一明文的真味。

我们准备从"一语三文"的角度来解决这篇文章，我们一起来研究它的语言特色，研究它的文学形象，研究它的文章结构，以及挖掘它的文化内涵。

在这里，我首先跟大家说一个秘密，这篇文章是我最喜欢的，第一次读这篇文章的时候，我读着读着，眼泪就哗啦啦流下来了。下面，请大家拿起你们的书，站起来，手执书卷，摇头晃脑地大声读这篇课文。同时思考，老师读到哪个地方，眼泪流了下来。好，我们开始。（生大声朗读）

（3分钟过后）

师：好，声音慢慢地落下来了，同学们读得非常认真，声情并茂。尤其是我们当中这两位门神，一个韩毅阳，一个林彦良。好，大家请坐。

这篇文章有很多令人感动的地方，下面，请大家探讨一下，你觉得老师读到何处的时候才流下了眼泪，找一找，并且说明你们的理由。同桌之间可以互相讨论。

（师巡查）同学们讨论的时候注意两点：第一，要寻找感动我的地方，你可以以己度人，文章能够打动你的地方，说不定就能打动我；第二，能不能挖掘出文章的细微之处，于细微之处见真情。

好，讨论好了是吧？来，哪位同学"先声夺人"？仔细地品读了，慢慢地发现了，那就可以说了。好，非常好，我们的刘颖琦先说。

生："庭有枇杷树，吾妻死之年所手植也，今已亭亭如盖矣"这里。

师：哦，是这一句话。你认为我读到这里会流泪，为什么呢？

生：首先呢，"亭亭如盖"意思是说这棵树很茂盛，就说明这棵树已经生长了很长时间，时间越久，就说明他对妻子的思念越深。思念就如同这棵树一样越来越繁茂。

师：那就是说，这棵树不是一棵普通的树，寄予了作者对逝去的妻子深深的思念。树枝越庞大越繁盛，作者的思念越浓郁越深远。那你觉得我在这里流泪的话，是因为什么而流泪的？

生：真挚的感情。

师：真挚的感情，非常好，请坐下。我们这位同学很多地方跟我心有灵犀，但是这还不是我流泪的地方。刘颖琦抓住的这个点，相信也有很多同学喜欢这句话，对不对？归有光怀念自己的妻子，而且是深深地怀念，那我想问这位让归有光深深怀念的可人儿是怎样的形象呢？我们可以从文中找出来吗？描写他妻子的自然段在哪里啊？

生：倒数第二自然段。

师：对，那想就看看，同学们挖掘这个自然段的能力如何？情感体验的能力如何？这位妻子是怎样的妻子？

生：她是一个有学识、儒雅的女子，还有……

师：有学识、儒雅，你已经用了两个词了，还有一个词对吧？

生：想不出来了。

师：好，那你别着急，你先说说你从哪里看出来她是一个有学识，而且非常儒雅的女子。儒雅一般用来形容男子，你这里倒用来形容女子，很特别。你是从哪里看出来的？

生：我也觉得"儒雅"这个词不太恰当，可是一下想不起来用什么词了。

师：没关系，追溯你的源头，你是从原文当中哪里挖掘出妻子的形象的？你找的是哪几句话？

生：就是妻子"从余问古事，或凭几学书"这句话。

师：太棒了，一个"学"字，一个"问"字，让你读出了一个很有学识、很有涵养的一位妻子，对吧。很好，这两个动词挖掘得很好。还有没有？

让我们看一下倒数第二自然段还有一件琐碎的小事情，什么呢？

生：述诸小妹语曰。

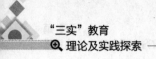
师：对。述诸小妹语曰，那我们来读一读这一部分。准备。"吾妻归宁，述诸小妹语曰"预备齐。

生（齐）：吾妻归宁，述诸小妹语曰："闻姊家有阁子，且何谓阁子也？"

师：好，大家看PPT，这几句话能反映出妻子怎样的形象呢？好，我们先看这句话怎么翻译。邱琳，先翻译一下。

生：妻子转述小妹们的话，说："听说姐姐家有个小阁子，那么什么是小阁子呢？"

师：翻译得非常好。那你能不能回答，在这句转述的话语中，你能读出怎样的妻子形象？

生：我觉得很俏皮吧。

师：很好，很可爱的一个女子，对不对？

生：就是觉得她的语气好像跟自己的丈夫撒娇一样。

师：很好，哪个细节让你读出她是撒娇的？

生："且"字。

师：这是她转述的话，这里面肯定会有她自己的语言特色，对不对？且，怎么翻呢？

生：那么的意思。

师：对。从这个虚词看到了一个俏皮的妻子的形象，很好。接下来我们一起来看，这段话是妻子转述她妹妹的话，那我有一个问题，她能够把她妹妹的话原封不动、无所顾忌地转述给她的丈夫，能体现什么？

生：体现了她对丈夫的信任，什么都毫不保留地告诉他。

师：很好。这进一步说明夫妻之间的感情怎么样？

生：非常和睦。

师：这是第一点，我们再看这个"述"字，述是转述，对不对，那我们看看直述，我们回到这位妻子跟她的妹妹交流的场景，为什么妹妹会追着姐姐问："姐姐，听说你们家有一个阁子，那什么是阁子呀？"比如说，有个同事问我，听说我们20班有一个53分的考场作文，听说写得相当好，这53分作文的孩子到底是谁呢？这是怎样一种语气啊？

生：羡慕。

师：还有？

生：好奇。

师：她是非常好奇，对不对？那我想问为什么妹妹会对南阁子好奇？没有人提过，她肯定不会好奇，对不对？这是给我们传递一个怎样的信息？

生：她回到家，肯定经常跟妹妹说自己家有多好多好，让她妹妹产生了好奇。

师：对，非常正确。而且我们可以想象，她们不仅会聊姐姐家的阁子，姐姐家的项脊轩，还会聊阁子里的那个人，对不对？可以看出丈夫在她心目中是怎样的地位？经常聊，经常谈，经常提起。

生：妻子对丈夫引以为傲的情感。

师：这样我们就把妻子的想象读出来了，对不对？一个有学识、贤惠、俏皮、以夫为荣的妻子的形象。

那这是借刘颖琦的话，她说作者对妻子深深的思念，会让我流泪。我说这里还没让我流泪。那么还有哪个地方会让我流泪？好，田滢琦。

生：我觉得可能是第二自然段祖母的那段话。"顷之，持一象笏至，曰：'此吾祖太常公宣德间执此以朝，他日汝当用之！'"

师：嗯，这个地方，你为什么觉得我会流泪？

生：我觉得这里虽然只是祖母普普通通的一句话，但是体现了祖母对他寄予的深切期望。

师：非常好，我要的就是这个词，深切的期望。期望是好的，我为什么会流泪，进而推及你为什么会有感触，会感动？

生：因为作者没有受到重用，或者他的仕途不是很顺利，所以对亲人的期望有所辜负。

师：讲得太好了。那就是说一方面是祖母对"我"的殷殷期望，另一方面有可能"我"怎么样？这个厚望"我"没有达到，没有实现。所以后面有两个字表现了作者这种到达了极点的情感。

生：长号。

师：长号是什么样的情感？一方面，祖母对"我"有深切的期望，另一方面这种厚望"我"无法实现，所以"我"长号不能自已。这是一种什么情感？

生：觉得对不起祖母。

师：对，一种愧疚之情。

我们来看我们的补充材料。这个材料我们在学案当中放出来了，对不对？这个材料告诉我们，他中举人是什么时候？

生：35岁。

师：那做官是什么时候了？

生：60岁。

师：前面跟大家说过，前半部分文章是归有光18岁时候写的，后面是30多岁补的，那时候归有光还没有功成名就，所以面对祖母的殷殷期盼，只有一腔愧疚之情，因为无法实现祖母的期望。但是他付出过努力没有？归有光为之付

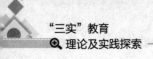
出过努力没有？

生：第二自然段的"余自束发读书轩中"。

师：怎么体现他努力奋发？

生：他自己在项脊轩里努力读书，后面他的祖母也过来说："吾儿，久不见若影，何竟日默默在此，大类女郎也？"

师：很好，哪个词说明他一直在奋斗，一直在努力向上？

生："竟日"。

师：什么意思？

生：整天。

师：非常棒，整天都在读书，自束发开始，就整天在轩中读书，所以一直在努力。

生：我看的是第一自然段。

师：第一自然段哪里有？

生："借书满架，偃仰啸歌。"

师：尤其是哪个词体现他真的是非常用功？

生："满"。

师：非常棒，"满架"的"满"字，这就是细节。那我们来读一读这段话，祖母探望归有光的场景中，祖母对归有光说了几次话？

生：三次。

师：好，我们请一个同学来读一读吧，我们班上最适合这个祖母的……不是说形象啊，声音模拟得比较像的，我们来请谁？

生（齐）：蔡宇森。

师：蔡宇森你来读祖母对归有光说的话，可不可以？好，我们其他同学读"余自束发读书轩中"开始的旁白，然后蔡宇森来模拟祖母。好，准备。"余自束发读书轩中"，预备齐。

生分角色朗读。

好，蔡宇森，你自己评一下你读得怎么样？

生：我觉得我读得没有什么感情。

师：没有什么感情是吧。如果让你再来读一次，你会加入什么样的感情来读这三次话？

生：加入一种关切的情感。

师：哪里有关切？不着急，我们一次一次来，第一次，"吾儿，久不见若影，何竟日默默在此，大类女郎也？"应该怎么读？读出什么样的情感？

生：有点担忧。

师：有点担忧，有点关切，刚刚你说的就是这句话，是不是？担心她的孙儿整天读书不好啊，担心他的身体啊，对不对？那第二次，"吾家读书久不效，儿之成，则可待乎！"

生：她是希望自己孙子考取一个好功名。

师：这里应该读出怎样的情感？

生：有点希望。

师：有点希望了对不对？好，最后一个呢？"此吾祖太常公宣德间执此以朝，他日汝当用之。"

生：一种相信她的孙儿一定能功成名就的信心。

师：好，我给大家补充一下，蔡宇森，你好好听，待会儿我再让你读一遍。那我们来看第一句话，蔡宇森刚刚说这里有关切之情，非常正确，对不对？大家看"大类女郎也"，什么意思？

生：太像女孩子了。

师：对，像一个女孩子一样足不出户，除了一种关切以外，还有一种祖母对孙儿什么样的感情？祖母不是那种高高在上的形象，大家发现没有，祖母说作者怎么像一个女孩子一样，这是一种什么口吻？

生：戏谑。

师：戏谑太严重了一些，祖母跟孙儿之间就像聊家常一样，经常会开开玩笑，这样轻松一点来读，对不对？这是我觉得要读到的一种感情。

第二句我觉得要小声读，哪里可以体现出来？

生：私语。

师：对，她自言自语说："儿之成，则可待乎！"大家发现没有，前面一个"乎"字的后面是一个问号，而这里是一个感叹号，对吧。如果让大家翻译成现代汉语里的一个感叹词，那是什么呀？

生：啊、呀。

师：啊、呀，很好啊，那我想问，"呀"谁说的？庞启慧说的对不对？那我想问，从"儿之成，则可待乎"这句话里面可以读出什么样的感情？

生：对她孙子能功成名就抱有一种满满的信心。

师：而且这么长时间了，我们家都没有出现一个能功成名就的人，对不对？终于看到这么一个有希望的人了，什么心情？

生：开心，惊喜。

师：对了。喜悦之情对不对？所以这里要读出来，蔡宇森？好，最后一句，"此吾祖太常公宣德间执此以朝，他日汝当用之。"对归有光功成名就这件事，祖母觉得是板上钉钉的，对不对？这是对孙儿的什么情感？

生：肯定。

师：我们换一个词，笃定，坚定，坚信。好，蔡宇森，我们再试一遍。其他同学配合他读旁白，蔡宇森加油，我觉得你完全可以的。好，"余自束发读书轩中"，预备齐。

生再次分角色朗读。

好，蔡宇森，比原先好多了，是不是？就最后一句话，"他日汝当用之"，你再读一遍。你以一个男子汉的气概读出自信和笃定。

生：他日汝当用之。

师：重音应该在哪里？

生：（其他同学）当。

师：对，同学们帮你纠正了，再来一遍。

生：他日汝当——用之。（师生大笑）

师：你已经尽力了，不过很有潜力。这里刚刚是田滢琦说的，有可能我读这一段会流下眼泪。可是，我还没有流泪，还没有找到我心中最柔软的那块地方。好，林芊好。

生：在第二自然段，老妪和她母亲对话的那段，"娘以指叩门扉曰：'儿寒乎？欲食乎？'吾从板外相为应答。语未毕，余泣，妪亦泣。"

师：不仅是老妪和归有光哭泣了，而且你也泣了，我也泣了。好，林芊好你点到了我的内心深处了，那我看看你能不能解读我的内心密码。我为什么因为这一段而流泪？

生：首先，这件事情不是做官那种大事，而是家里面发生得很平常的事情，而且当时的处境是母亲已经去世，老妪的回忆好像帮助他回到了小时候的时光，当老妪说你的母亲曾经怎样，就会让老师您想到自己的母亲，因为您上大学时肯定也很想家。

师：联想到自身了对不对，所以你觉得哪句话会感动我？

生：也不是哪句话吧，就是这种很朴素的……

师：情境感动了我是吧。好，林芊好，你来帮我们读一读"儿寒乎？欲食乎？"这一句，你酝酿一下，然后读来听听，看我们能不能在你的声音中感动落泪。

生：老师，我把前后语境也读出来吧，单独读我可能读不出来。

师：好的，没问题。

生：娘以指叩门扉曰："儿寒乎？欲食乎？"吾从板外相为应答。

师：读得不错。好，同学们，我们换一个疑问词，来看看有什么区别。"儿寒邪？欲食邪？"乎是一个语气词嘛，疑问语气词，那我们也学过

"邪"，也是一个疑问语气词。以前文言文中我们也学过"邪"字，《六国论》中有没有？

生：率赂秦邪？

师：《马说》里面也有。

生：其真无马邪？其真不知马也。

师：非常好，这里面"邪"都是表示疑问的语气词。那请问把"乎"换成"邪"，好不好呢？

我们先读一读，试着用声音感受一下，第一句，预备齐。

生：儿寒乎？欲食乎？

师：第二句，预备齐。

生：儿寒邪？欲食邪？

师：区别很明显的，谁能感受出来？陈方舟，嫣然一笑，来，你认为有什么区别？你肯定是有所领悟了，才嫣然一笑的，对不对？你认为这两个词有什么区别？

生：我是觉得，肯定是原文的这种用法更好。

师：为什么？

生：因为母亲在所有人心目中是最温暖最温柔的存在。

师：那这个"乎"字？

生：能体现出母亲这种独有的温柔，还有关切。

师：那这个"邪"字呢？

生：就是普通人交流，没有什么情感的对话。

师：太棒了。没有什么情感，那就会显得更为客观冷淡，对吧？难怪嫣然一笑，说得特别棒。我们来看，"儿寒乎？欲食乎？""乎"一定要读出母亲的关切，而且要体现关切之情，语调要上扬，声音要延长，对不对？来，林芊好，我们再来读一遍吧。

生：肯定没有老师读得好，因为老师您已经是母亲了。

师：（大笑）有天然的母性对不对？那没关系，你们揣摩了以后也可以读得很好。来。

生：儿寒乎？欲食乎？

师：声音再往上扬。再来一遍。

生：儿寒乎？欲食乎？

师：好多了。以后有了人生体验，跟我一样，你会读得更好的。

生：老师，我有一个问题。您是什么时候读到这一段读哭的？

师：这篇文章我读高中的时候没学过。我第一次读这篇文章是我当语文老师的第一年。那一年我离开家乡，离开父母，没有亲戚，举目无亲，当读到"儿寒乎？欲食乎？"的时候，我想到了我的母亲，不禁潸然泪下。这样的问题提得很好。

好，这里的这个"乎"字，我们可以读出一个母亲对儿子的关切之情。

其实，这篇文章的亲情、爱情，我们都读得非常深厚了。不知道大家发现没有，为什么这篇文章会打动我们？我们在流泪，黄宗羲等古人也在流泪，说明这种情感从古到今是相通的。为什么会相通呢？那就是说我们血脉里的文化是相通的，对不对？我们这篇文章里面蕴含了怎样的深层次文化呢？这是一种什么文化，是家族文化。其实儒家在教导我们处理人与人之间的关系时，它让我们要做到五伦，我们来看是哪五伦：父子有亲，夫妇有别，长幼有序，朋友有信，君臣有义。大家看看这五个方面，哪几个是关乎家庭的？

生：父子的、夫妇的、长幼的。

师：那剩下的两个怎么理解？一个人只有对家庭有担当了，对家庭忠诚了，朋友才会信任你，你对君主才会忠诚，对不对？所以前面的三个是后面两个方面的基础所在。儒家又把这五个方面浓缩为浓厚的"孝"字，大家还记得我们学过的《陈情表》吗，我们说是天下第一孝文，文中就说到"伏惟圣朝以孝治天下"，那我们来看"孝"包含哪些方面：第一，尊祖祭宗；第二，家族和睦；第三，传宗接代；第四，扬名显亲。大家一看到这个内涵，再一研究这篇文章，其实就可以读透了，为什么透了？因为当我们读到祖母拿出太常公当日执此以朝的象笏，瞻顾遗迹，犹在昨日，我们深有感触；当我们读到母亲和祖母对"我"的关爱，夫妻之间如此恩爱，我们会感动不已。当"我"不能实现祖母的殷殷厚望时，我们也能理解他的"长号不自禁"。这都是共通的家族文化。我们再来看为什么归家后来会没落。我们的"孝"里还有一条，家族是一定要和睦的。文章里面哪里提到这个家族势必要没落？

生：我理解的是第二自然段，"迨诸父异爨，内外多置小门墙，往往而是。东犬西吠，客逾庖而宴，鸡栖于厅"，就说这个家本来就很小，他的叔父们还要分家，所以家就越来越小。

师：所以才没落，对不对？非常好，所以我们如此理解，这篇文章之所以能打动我们，就是这种家族文化的因子，它其实浸润在我们每一个人的血脉里，对不对？所以我们才会感动。

最后，我们来进行总结。第一点，我们学习了这篇文章的语言艺术，它是朴实的、真挚的，言简而意丰。所以我们刚刚抠了好多字，不管是实词、虚词，还是标点符号，一字一句总关情。第二点，文章谈到的是什么呢？文学形象，我们看到了温存慈爱的母亲，看到了望孙成龙的祖母，还有知书贤惠的妻子。我们也讲到了以"孝"为核心的家族文化，"孝"是关系到一个家族延续和发展的重要关键。最后留一个问题，文章结构还没有谈。如此多的人，如此多的事，显得有些杂乱，但这篇是散文，散文是"形散而神不散"，它是靠什么东西凝聚起来的？这么多人，这么多事，纷繁复杂，我请一个同学说一说啊。

生：它是靠项脊轩这个南阁子联系起来的。

师：靠这个线索贯穿的，对吧？

生：最后留一个问题，大家都知道高考真题里散文的出题方式，这里我给大家留一个作业，给大家出一个高考模拟题，本文以"项脊轩"为线索，有什么好处呢？请结合全文回答。好，今天的课就上到这里，下课。

师：老师再见！

生：同学们再见！

教学反思

聚焦核心素养，构建"三实"课堂

—— 我的《项脊轩志》课堂教学的演变

清代诗人张潮曾说："少年读书，如隙中窥月；中年读书，如庭中望月；老年读书，如台上玩月。"这句话说的是一个人随着年龄、身份、阅历的不同，往往对作品的解读也会不同。阅读是如此，我们备课上课也是如此。《项脊轩志》我不是第一次教了，几年间应该不下3次，可是，随着年龄的增长，时代的发展，教育理论的不断更新，我每讲一次，总用新方法；每教一次，总有新感觉。

1. "知识接受"式

20世纪八九十年代，大部分教师所采用的文言文教学方法比较固定：即介绍作者作品—讲解翻译课文—分析文章结构—说明写作手法—总结文章中心—进行强化训练。我第一次讲《项脊轩志》时，也是采用这样的方法，分3课时完成：

第一课时，介绍归有光生平，讲解翻译课文。我将归有光出生地、何时开始读书、何时丧母、何时娶妻、何时丧妻、何时中举、何时做官、何时做事通过表格方式一一列举出来，并介绍归有光的文学风格，其他文学评论家对他作品的评价。然后开始逐字逐句地翻译课文，简单的语段由学生自己翻译，重点的语段由我全权讲解。学生"老实"地在课本上做好各种颜色的标记，"乱花渐欲迷人眼"。我沉醉在这一片花海中，扬扬自得。

第二课时，分析文章结构，点明写作手法。课上读完课文，我请同学们找出文中直接表达情感的句子——"然余居于此，多可喜，亦多可悲"，然后让学生找出作者可喜的事情有哪些，为什么可喜，作者可悲的事情又有哪些，为什么可悲，以此总结出文章的结构为"一个阁子，两种情感，三个女人"。并进一步问学生，为什么这篇文章如此让人感动，在写作手法上有什么特点，以此推出"细节描写"在表现人物情感上的重要作用。学生频频点头，若有所思。我汪洋恣肆，对自己充满了崇拜。

第三课时，总结文章中心，进行强化训练。我总结出这篇文章以"项脊轩"为线索，通过对逝去的母亲、祖母和妻子的深深回忆，表达了作者对亲人深切的思念及有负所望的愧疚之情。最后对通假字、一词多义、古今异义、特殊句式进行总结归纳，巩固练习。学生埋头做题，抓耳挠腮。我心满意足，鹤立鸡群。

下课后，我来到同学们中间，问他们："你们读这篇文章的时候感动吗？"他们惊讶地说："啊，会感动吗？"这个问句问到了我的心坎里，让我陷入反思。

足足三节课的时间，我花费了足足一个星期备课，我精心设计每一句台词，细心计算每一个环节所用的时间，可是学生对这么感人的文章反应却是冷漠淡然。我深切感受到，我这种"一言堂"的教学方法是行不通的。

之所以运用这种方法是因为对于尚无教学经验的我来说，这种模式我自认为更容易操控，也能很好地展示我的学识学养，构建我在学生心目中的"权威"地位。可是，当我成为"权威"的时候，学生自己根本没有领悟，没有理解，他们与文本还保持着"最远的距离"，更别说领略文言文的魅力了。我得重新探索。

2. "文化探索"式

文言文是我们中华传统文化的缩影，如何才能发掘出每篇文言文背后深沉的文化意蕴？我认为这才是文言文相对于现代文的独特魅力，也是我认为的可以激发学生兴趣的一个"穴位"，拉近"最远的距离"的一座桥梁。想想我们丰厚的传统文化，犹如一座巨大的宝藏，立于寰宇，怎不会激发学生探索挖掘，为我所用？而这也正契合了"文化传承与理解"的核心素养要求。

此时的21世纪，语文学界的程少堂先生提出了"一语三文"的教学方法和教学目标，提出从"语言、文学、文章、文化"四个方面去解读文章，浙江的童志斌老师也就文言文教学提出了有异曲同工之妙的"一体四面"的教学方法，即"文言、文章、文学、文化"。也就是说，文化成了文言文教学最应植根的土壤，有了文化，才有了语境，才能消除学生的疏离和隔膜。于是我在新的理论指导下完成了《项脊轩志》的第二次探索。

这堂课我用一节课完成，把三节课压缩为一节课，我的心理压力相当大，不知道会上成什么样。可是我只能前行，没有退路，并请来了我的师傅何泗忠老师为我"坐镇"。

初读课文,品味《项脊轩志》的语言艺术。首先我让学生提出预习时不懂的字词,集体解决。然后由学生总结出这篇文章的语言特色,学生一般都能答出"质朴""真挚""简练"等词语,在学生回答的基础上总结为"平淡自然,言简义丰"。

再读课文,赏析《项脊轩志》的文学形象。这是一篇通过记叙人和事来表达情感的散文,请问从文章中你能看出归有光是一个怎样的形象?学生能答出"勤奋上进",因为文中"余自束发读书轩中""能以足音辨人""借书满架"都有所透露,也能答出"重情重义",文中对母亲、祖母、亡妻的思念可见其用情至深。

其后我在学生理解的基础上,出示了四个补充材料。分别是归有光个人档案,文章中省略的一段内容,还有《归氏世谱》《家谱记》中关于归家的介绍,《先妣事略》中回忆母亲的一件事,以及《请敕命事略》中对于亡妻的一些回忆。

这四则材料,因为都是文言材料,所以我还花了一些时间去解释,让学生明白其中的意思。然后告诉学生,既然文章前半部分是作者18岁所作,文章后半部分是作者34岁所作,那么我们可以将作者的形象分为两个阶段来总结,少年时期是怎样?中年时期又是怎样?学生一时语塞。

三读课文,探究《项脊轩志》的文章结构。文章如此多的人和事,是什么把文章内容凝聚起来的呢?学生都能答出以"项脊轩"为线索。由此出示我原创的一个高考模拟题:结合全文,谈谈"项脊轩"有什么含意。学生能想到从表层含义和深层含义来答,表层含义能够马马虎虎答出来,但是深层含义实在难以表达出来。

四读课文,挖掘《项脊轩志》的文化意蕴。其实,不仅归有光有项脊轩这样一个精神寓所,明清甚至近代的很多文人都有自己的书斋或书房,这就是明清盛行的书斋文化。由此引出书斋文化的解读,并做了曹雪芹在悼红轩中完成《红楼梦》、史铁生在地坛中体悟到死亡真谛的引中。

这一堂课下来,我自认为是一堂高容量、高效率的充实的课堂,层次鲜明,逻辑严密,也能明显地感觉到学生对这种解读文言文的方式很有兴趣,积极思考问题,积极回答问题,甚至在我上完这堂课后学生们由衷地为我鼓掌,有学生走到讲台上来对我说:"老师,您这堂课讲得太好了!"

就在我长吁一口气时,师傅走上前来,语重心长地对我说:"这堂课不能这么上,得改改。"我一时语塞,不知道平日和蔼的师傅为什么这次如此严厉。师傅把我引向他的办公室,我亦步亦趋地跟着师傅,心里却五味杂陈,就像一个受了委屈的小孩子一样,本来我想我如此"优秀"地完成了任务,师傅应该会大加肯定,不吝赞美,却不曾想,师傅否定了我的教学设计,我真的不

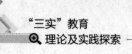

知道问题出在哪里。

当然，师傅并没有察觉我心里的"小委屈"，径直来到办公室，打开我的PPT，然后一页一页耐心地向我讲解我所存在的"严重"问题。师傅说，首先，整个设计拓展太多，游离在文本之外，应该根植于文本，挖掘文章本身的意蕴，这篇文章的"情"还是没有很好地挖掘出来。其次，整个设计的四个板块之间没有衔接，不连贯，不流畅。再次，文化意蕴所探讨的书斋文化定位不准。最后，整个课堂氛围还不是很活跃，没有高潮。不得不说，师傅真的是一位严师，把我说得心服口服，而且这三个问题也是我在设计教学环节时一直有所担心且未突破的地方，师傅一针见血，字字珠玑。

师傅思维非常活跃，当即给予了中肯的建议。对于我存在的问题，他建议以黄宗羲对归有光文章的评价"读之使人欲涕"中的"涕"作为突破口，设计一个"悬念"：老师第一次读这篇文章，也不禁潸然泪下，请同学们猜猜，老师是读到哪里流下眼泪的？为什么我会流下眼泪？学生此时一定像侦探福尔摩斯一般去文中寻找线索。如此一来，学生就会反复读文本，扣文本，解决了第一个问题；学生肯定会找到回忆母亲、祖母和妻子的文字，则设计分别从语言、文学形象和文化意蕴三个方面去深挖，解决了第二个问题；学生在猜测、争论中，课堂氛围骤然升温，解决了第四个问题。最后还剩一个问题，师傅说，这个文本主要体现的不是书斋文化，而是一种"望子成龙""夫妻和睦"的家族文化。

师傅一番建议，犹如醍醐灌顶，让我豁然开朗。这一"悬念"，如此神奇地解决了我所有的疑难，让我不自觉地去领悟它、运用它。

3. "悬念体验"式

师傅的"悬念教学法"其实就是采用"悬念"的方式让学生对语文课堂产生一种持久的兴趣，兴趣究竟是不是最好的老师？我不敢断然下结论，但是"悬念"引起的关注和渴望，我敢肯定地说，它可以拉近学生与文本之间"最远的距离"，就如同恋人一般，你渴望她，关注她，就会情不自禁地走近她，认识她，观察她，了解她，进而爱上她。这不正可以改变现如今很大一部分学生对文言文"生无可恋"的可悲状态吗？

这就要求我们老师既是教授知识的能手，又是洞察心理的高手。学生的情感深度、思维深度、心理特点全都要纳入教学设计中，这无疑是对上课老师更高的要求。

于是，我把"悬念教学法"融入已有的教学设计中，争取让我的《项脊轩志》魅力四射。

悬念投射。老师出示黄宗羲对归有光文章的评价："予读震川文之为女妇者，一往情深，每以一二细事见之，使人欲涕。盖古今来事无巨细，惟此可歌可泣之精神，长留天壤。"

悬念突破。学生根据导入时的情境悬念，按图索骥，会找到三处可能会让我流泪的地方，并说得头头是道。一个同学站起来就说，老师你肯定是读到"庭有枇杷树，吾妻死之年所手植也，今已亭亭如盖矣"这一句流下眼泪的，因为你会为归有光对妻子浓浓的思念之情而感动。另一个同学说老师肯定是在读到"吾妻归宁，述诸小妹语曰：'闻姊家有阁子，且何谓阁子也？'"而流泪的，如此鹣鲽情深的两夫妻，最终却阴阳两隔，老师会为这美好爱情的逝去而悲伤。接下来一个同学又说，我倒认为老师是读到"儿之成，则可待乎！"而欣喜流泪的，因为归家已经没落，亟待一位有成就的读书人来光耀门楣，祖母看到了勤奋读书的归有光，仿佛就看到了归家的希望，我觉得老师是为他们喜极而泣。后面又有一个同学说，我认为老师应该是读到"瞻顾遗迹，如在昨日，令人长号不自禁"这里而落泪的，祖母对归有光寄予厚望，可是归有光仕途坎坷，功业未就，这种对祖母对亲人的愧疚之情感染了老师，勾起了老师读书时的回忆。最后一个同学说，我觉得最让人感动的应该是对母亲的思念，归有光的母亲在他很小的时候就去世了，他对母亲的所有记忆都是通过旁人回忆得来的，当老妪说出"儿寒乎？欲食乎？"时，归有光对母亲的思念、对母爱的渴望全都通过眼泪倾泻出来，我相信所有人读到这里都会流泪的。

我没想到，我随便一言，学生对这个"悬念"突破得如此到位，并且脸上都浮现出名侦探柯南破案后的"迷之微笑"，这是我从未料想到的。"悬念"造就了课堂的精彩生成。

等相关学生发言完毕后，我只做适当的阅读引导。对回忆母亲的语段，我从语言方面突破，将"儿寒乎？欲食乎？"换成"儿寒邪？欲食邪"，通过虚词替换让学生感受母亲的关切。对回忆妻子的语段，我带领学生扣住"问""学""述"三个动词，归纳妻子的文学形象，让学生更深切地理解归有光对妻子的思念。对回忆祖母的语段，我对儒家文化中以"孝"为核心的家族文化稍做点拨，让同学们从文化视角来理解这篇文章的令人落泪之缘由。

整堂课既有情感的激荡，又有哲理的碰撞，这才是我憧憬的魅力课堂。这节课，很好地实现了高玉库校长提出的"三实"课堂理念，变讲堂为学堂，学生深度参与教学。

一堂好课，不是偶然相遇的，也不是一蹴而就的，必然是辛勤打磨出来的。打磨不仅是知识储备的夯实和教学能力的提升，更是一种对学术的敬畏。怀着这种敬畏，我三次教授《项脊轩志》，用了三种不同的方法，有了不同的教学体验，而我将继续探索第四种、第五种方法。我相信，这一次不是终止，而是一个崭新的开始。

❖《方山子传》"三实"课堂实践 ❖

霍梦园

霍梦园

霍梦园，河南省三门峡市人，现就读于深圳大学师范学院教育学部，教育学原理2016级研究生。2018年1月至9月，在深圳二高实习，师从语文特级教师何泗忠老师。

在读期间以第一作者身份在《中小学教师培训》（核心期刊）发表论文《翻转课堂培训模式在教师培训中的教育价值与实践策略》（2017年12月），并参与导师课题如下：

（1）广东省哲学社会科学规划课题"珠三角区域高校创业教育嵌入专业教育的运行机制研究"（课题编号：GD15YJY01）。

（2）参与广东省2016年高等教育教学改革项目"以审核评估为导向的大学生学习与发展研究"（粤教高函2016236号）。

（3）参与深圳大学2016年度教学改革研究项目"审核评估背景下的学生学习现状与改进策略研究"。

（4）参与深圳大学师范学院2017年学术型硕士探究性小课题"基于核心素养的课堂教学评价改革研究"。

【教学设计】

（一）指导思想

本文采用高玉库校长倡导的"三实"课堂理念，以问题诱导法来建构课堂设计环节，使学生在听课过程中产生一种关注、好奇、牵挂的心理，使教学过程成为师生不断想象、不断推理、不断思考、不断质疑、不断批判、不断发现、不断求证、不断享受的过程。

同时，在理解这篇散文的情感上，我着手于文言、文学、文章、文化四个维度来品读《方山子传》，解读文本的文言、文学形象、隐士文化和文章结构，让学生能够领悟方山子这位隐居士人背后的深层意蕴。

（二）背景分析

1. 教材分析

《方山子传》是人教版选修教材《中国古代诗歌散文欣赏》第四单元中的文本，在单元《创造形象、诗文有别》导语中提道："中国古代诗歌是一种高度凝练的艺术，常常'状难写之景如在眼前，含不尽之意见于言外'，而其中人物传记类散文的形象主要表现为生动传神的人物形象。"所以，理解《方山子传》文本中的人物形象将是教学设计的重点，也是难点。而我将形象的塑造贯穿于文章、文学形象和隐士文化的品读中，使人物形象具体化、立体化。

同时，这篇散文仅仅四百多字，作者仿佛信笔写来，不事雕琢，极其注重细节，主要是通过对几个生活中的典型片段的描述来塑造人物，写出了陈慥令人"耸然异之"的大半生，人物形象跃然纸上。在结构上独辟蹊径，巧妙布局，经纬错综，挪移变化，如同行云流水，秩序井然，颇具艺术匠心。所以，把握人物形象，鉴赏文章结构是本文的教学目标。

2. 学情分析

苏轼说自己"平生不为行状碑传"（《陈公弼传》），与韩愈不同，他很少做墓志铭等应酬文字，其所作传记多传古人，传当世之人的只有《陈公弼传》与《方山子传》两篇。其中《方山子传》短小精练，脍炙人口。我通过教学发现，学生虽能读懂这篇文言文的意思，却不能明白作者是如何刻画人物形象的，特别是传主归隐山林背后隐藏的原因文化，以及苏轼写这篇文章是否还具有别的意蕴。学生不深入文章中，就不能理解传主，品味不了作者立传的意图，更谈不上有所收获。因此，我在这次教学中于课前先印好预习提纲分发到学生的手中，要求学生借助工具书和课后注释，疏通文意，自行积累文言知识。然后在教学设计下明确本文教学的具体目标和教学内容安排。教学过程中着力体现"隐"字，让学生学会鉴赏人物形象、鉴赏文章行文特点，其叙事简略，而中间杂以议论描写，方山子之史事时隐时现，似断而实连，众多悬念，步步传神，有的地方以议论带出叙事，有些地方又以反诘句作结，在言外之意、弦外之音中理解文章。并通过对"这一篇"的鉴赏，能分析一类文章。所以，我将教学目标确定为一是学会刻画人物的形象，二是学会写人物传记的结构，类似散文一般的写作方法。

（三）教学目标

（1）知识与技能：①一读课文，从文言角度初步把握传记基本内容；②二读课文，从文学角度分析揣摩人物形象特征；③三读课文，从文化角度挖掘传主归隐山林之因；④四读课文，从文章角度探究行文令人惊异之妙。

（2）过程与方法：学会运用"悬念教学"的方法，深度探究苏轼笔下的人物传记。

（3）情感态度与价值观：①引导学生明确人物传记的基本内容，提高文言阅读能力；②引导学生把握方山子的人物形象，品味传记的独特写法，使学生熟悉人物形象刻画的基本写作手法；③引导学生掌握基本人物传记的写作结构，让学生接受启发，在写作过程中善于简化优秀文章的结构，让学生在自己写作的过程中尝试运用多种写作技巧。

（四）教学重难点

教学重点：围绕文章的文言、文学形象和文章结构，感受和理解传主与常人迥异的生命取向。

教学难点：挖掘文章中以"隐"为核心的隐士文化。

（五）教学过程

1. 导入

以近几年来高考文言文部分考试内容选择来看，考的都是相关的人物传记。（插入幻灯片）

年份	新课标卷1	新课标卷2
2012	萧燧传	
2013	马文升传	李揆传
2014	于休烈传	韩文传
2015	孙傅传	来护儿传
2016	曾公亮传	陈登云传
2017	谢弘微传	赵熹传
2018	鲁芝传	王涣传

因此，人物传记类文言文阅读在高考中占有重要的地位，今天我们也来看一下，同样是传记形式的《方山子传》。

设计意图：教育心理学中有一种驱动力为目标导向驱动力，与自身相关的教学能更充分驱动学生参与其中，从个体自身激发学习的动力。本篇课文属于鉴赏课文范围，开头引入与学生相关的高考考点，能在很大程度上提升学生对本篇文章的重视程度，调动学生参与到教师教学中的学习积极性，而这种积极性在很大程度上是由学生个体自发引起的。这一环节紧扣鉴赏人物形象这一教学重点，巧妙引导，预设悬念，让学生产生探究的欲望，整个课堂积极参与，合作共生。

2. 课堂生成，悬念突破

（1）一读课文，从文言角度初步把握传记的基本内容。请同学们根据他的传记，为方山子做一个人生履历表：

方山子档案					
姓名		字		号	
性别		年龄		籍贯	
出身					
个人资产					
成长历程					
爱好					

教师出示表格，让同学们在预习和熟读文本的基础上，从文章中找到相关原句，来填写表格。用设置悬念的方法，将课堂交给学生，让学生自己来讲，梳理关于传主自身细碎的知识点，不是教师全篇通讲，而是学生自己总结，同班同学进行相应补充，教师在旁边及时做出肯定与教学引导，充分进行师生合作学习，共同完成对文章基本内容的掌握。此外，在师生合作总结的基础上，教师要配合学生总结知识的速度，学生总结一步，教师出示相应的幻灯片，以此达到配合学生和总结知识的目的。

（2）二读课文，从文学角度分析揣摩人物形象特征。通过提问学生，教师设置悬念，引入人物的自画像：

刚才我们已经将方山子的档案填写完毕，同学们都填写得非常好，但是呢，同学们看一下相较于一个完整档案，这里缺少了什么部分呢？让学生发现缺少照片，作为人物形象的引入，在此基础上插入学生熟悉的苏轼的画像，一共有两部分。

首先，可以从苏轼的《水调歌头》《定风波》等作品看出来苏轼是一个拥有潇洒旷达、泰然处世的文人形象的人，而且我们都知道苏轼的文学造诣很高，他不仅用字准确、含蓄，字里行间饱含感情，而且在细节描写、形象描写方面独具匠心，具有言简意丰的艺术效果，非常擅长于让他笔下的人物自己讲话。接下来看看同学们能不能通过苏轼的讲述来将方山子的形象立体地呈现出来，为方山子补上他的照片。

方山子档案						
姓名	陈慥	字	季常	号	方山子	
性别	男	年龄	四十左右	籍贯	洛阳	
出身	世有勋阀，当得官；园宅壮丽与公侯等					
个人资产	1. 少时：河北有田，岁得帛千匹，亦足以富乐； 2. 当前：庵居蔬食，徒步往来山中；环堵萧然					
成长历程	1. 少时：少时慕朱家、郭解为人，闾里之侠皆宗之； 2. 稍壮：折节读书，欲以此驰骋当世，然终不遇； 3. 晚：乃遁于光、黄间；庵居蔬食，不与世相闻					
爱好	1. 少时：使酒好剑，用财如粪土； 2. 稍壮：纵马射雀，马上论用兵及古今成败； 3. 晚年：弃车马，毁冠服，徒步往来山中					

在这个过程中，教师引导学生对相关句子进行分析，当学生谈到相关句子的时候，教师要积极引导学生，尝试去挖掘句子背后隐藏的深层含义，着重于以下几个方面：

性格：如"俯而不答，仰而笑"，一"俯"一"笑"胜过千言万语，表现了方山子大彻大悟，看透人生和社会的心理。

神态：如"精悍之色犹见于眉间"，说明虽然方山子压抑着自己，但是这团火仍在眉宇间表现出来。这是对传主精神的刻画；"环堵萧然，而妻子奴婢皆有自得之意"，说明方山子的价值观得到了妻子、奴婢的认可，也从侧面折射出方山子邈远旷达的胸襟。

服饰：如方山子衣着服饰"方耸而高、毁冠服"，是方山子特立独行的性格特点，作者描写这样的"奇服"主要以比喻、象征和衬托手法表明自己高洁的品质和远大的志向，艺术地塑造了洁白清忠的人格个性形象，阐明了人的外在服饰与其内在精神是有密切关系的。

其次，在此基础之上，采用填空法，即_____的方山子，来进一步丰富方山子的形象，总结出这应该是一个自甘淡泊、不慕荣利、安贫乐道的方山子。

（3）三读课文，从文化角度挖掘传主归隐山林之因。这部分主要是通过提问法，设置悬念，一步一步引导学生从隐士文化出发去思考、总结方山子归隐山林之因，以及在此基础上，探究苏轼也就是作者和传主方山子的"隐"是否一样。

首先提问：方山子的一生可以用哪两个字来概括？在学生总结出"侠""隐"之后，继续提问：这样一个拥有侠士精神的方山子，为什么要隐居呢？以此来挖掘方山子隐居的原因，学生会说到他不遇，那就追问：方山子人生不遇，那么他有没有机会做官？有没有能力做官？方山子是有机会也有能力的，因为他家中有财产；他出生在功勋之家；他壮年时折节读书。学生回答以后再继续提问：他为什么不遇呢？我们能不能推测一下是什么原因呢？

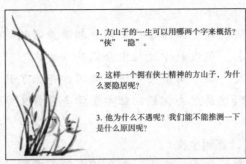

1. 方山子的一生可以用哪两个字来概括？
"侠""隐"。

2. 这样一个拥有侠士精神的方山子，为什么要隐居呢？

3. 他为什么不遇呢？我们能不能推测一下是什么原因呢？

通过逐步提问来开展这部分的教学，引导学生逐步挖掘出方山子归隐山林的双层原因，除了方山子人生不遇，还有就是因为方山子不愿改变自己，不愿与世俗同流合污，于是选择回归自然、回归心灵。

李泽厚《美的历程》认为，苏轼所塑造的方山子形象"就是苏轼理想化了的人格标本"，再通过此引入问题：方山子和苏轼是一样的吗？

方山子：不屈己志，归隐避世；

苏轼：不屈己志，坚持到底。

让学生进一步理解，尽管苏轼当时的思想感情错综复杂、矛盾交织，但面对着方山子，以及他的处世态度和人生哲学，苏轼的思想深处有愧悔、有矛盾，并没有"彻悟"，对陈季常其人有所敬佩、有所羡慕，但又不完全赞成，而且在他的其他著作中也能体现出他希望季常回归仕途之意。

（4）四读课文，从文章角度探究行文令人惊异之妙。通过文章的四个疑问句引入：

①曰："此岂古方山冠之遗象乎？"

②曰："呜呼！此吾故人陈慥季常也。何为而在此？"

③今几日耳，精悍之色犹见于眉间，而岂山中之人哉？

④皆弃不取，独来穷山中，此岂无得而然哉？

同学们看看两个好友重逢之时，方山子哪些地方的变化让作者感到惊异。同学们先自己总结一下，然后师生、生生合作，进一步总结出三惊：一惊：名字之惊；二惊：变化之惊；三惊：财富与生活条件之惊。

进一步提问：利用三个惊异将文章展开，这样写同学们可以看出本文在结构上有什么特点？

苏轼写《方山子传》，没有按照一般人物传记的写法去表现传主完整的一生，紧紧扣住方山子之不当隐而隐，重点叙述他抛弃功名富贵而自甘萧索这一方面。让同学们理解文章不是一览无余，而是有先后变化，用对比的手法，一步步揭示，彰显其异，最终，全方位地揭示谜底。全篇文字既精练生动，又笔致横溢。

设计意图：其实这篇文章的每一个部分都是紧密相关的，在分析文学形象的时候要层层紧扣，但在教学过程中分别从"文言""文学形象""文化意蕴"和"文章行文"四个角度去分析，只不过是为了让学生明白，要理解文学作品，可以从哪些角度去挖掘，让学生学会分析文章和人物形象的方法和策略。

（六）总结课堂，点明全文

今天我们从文言、文学、文化、文章四个角度学习《方山子传》，这篇文章仅四百多字，在结构上取顺叙与倒叙相结合，《古文眉诠》卷六九评："文章取势异，能使隐人亦异。"在内容上，本文并没有详细叙述传主的生平事迹，只是选了几件异乎常人的小事加以描写。《唐宋八家文读本》卷二十四评："生前作传，故别于寻常传体，通篇只叙其游侠隐沧，而不及世系与生平行事，此传中变调也。"在艺术手法上，全文既有叙述描写，又有议论说理，陶石篑评："效《伯夷屈原传》，亦叙事，亦描写，亦议论，若隐若现，若见其人与楮墨外。"

【教学实录】

导入：以近几年来高考文言文部分考试内容选择来看，考的都是传记。（插入幻灯片）

年份	新课标卷1	新课标卷2
2012	萧燧传	
2013	马文升传	李揆传
2014	于休烈传	韩文传
2015	孙傅传	来护儿传
2016	曾公亮传	陈登云传
2017	谢弘微传	赵熹传
2018	鲁芝传	王涣传

因此，人物传记类文言文阅读在高考中占有重要的地位，今天我们也来看一下，同样是传记形式的《方山子传》。接下来我们会从文言、文章、文学、文化四个角度来学习这篇课文，也就是这几个步骤（出示幻灯片）：

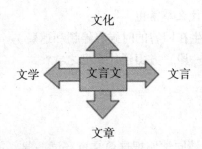

第一步，从文章的角度初步把握传记的基本内容。

一读课文，从文言的角度初步把握传记的基本内容

师：同学们已经预习过这篇文章了，我们在开始的时候先找一位同学来把这篇文章读一下，有谁自告奋勇来读一下？（这时有同学举手）

师：好，那你起来读一下。大家注意听，看字音正确不正确。

生1：方山子，光、黄间隐人也。少时慕朱家、郭解为人，闾里之侠皆宗之。稍壮，折节读书，欲以此驰骋当世，然终不遇。晚乃遁于光、黄间，曰岐亭。庵居蔬食，不与世相闻。弃车马，毁冠服，徒步往来山中，人莫识也。见其所著帽，方耸而高，曰："此岂古方山冠之遗象乎？"因谓之方山子。

余谪居于黄，过岐亭，适见焉。曰："呜呼！此吾故人陈慥（同学读出cāo，此音应读为zào）季常也。何为而在此？"方山子亦矍然，问余所以至此者。余告之故，俯而不答，仰而笑，呼余宿其家。环堵萧然，而妻子奴婢皆有自得之意。

余既耸然异之。独念方山子少时，使酒好剑，用财如粪土。前有十九年，余在岐山，见方山子从两骑，挟二矢，游西山。鹊起于前，使骑逐而射之，不获。方山子怒马独出，一发得之。因与余马上论用兵及古今成败，自谓一世豪士。今几日耳，精悍之色犹见于眉间，而岂山中之人哉？

然方山子世有勋阀，当得官，使从事于其间，今已显闻。而其家在洛阳，园宅壮丽与公侯等。河北有田，岁得帛千匹，亦足以富乐。皆弃不取，独来穷山中，此岂无得而然哉？

余闻光、黄间多异人，往往阳狂垢污，不可得而见。方山子傥（同学读出tì，此音应为tǎng）见之欤？

师：同学们，她读的好不好？她读的字音都正确吗？大家有没有认真听？（有同学点头说挺好的）

师：好，我看你有话说，那你来说一下。

生2：挺好的。

师：那我现在来考考你，我问你几个字啊。（学生发出轻笑声）

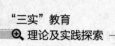

师："此吾故人陈什么季常也。"

生2：陈zào。（学生在回答的时候有停顿和迟疑）

师：嗯，好，最后一段，方山子什么见之欤？

生2：tì。

师：是这个吗？

生2：tǎng。

师：好，接下来，请同学们把这篇文章齐读一遍。（出示全文带个别字音的幻灯片）

生齐读全文。

师：同学们既然已经预习过这篇文章了，接下来我们一起来看一下今天的文章《方山子传》传记肯定是传主的人生经历，我们来看看这里的传主又是一个什么样的人。请同学们根据方山子的传记，为他做一个人生履历表。同学们记得从原文中找出相关语句。好，同学们可以先前后、左右讨论一下，再完成以下表格。（幻灯片出示方山子档案）

方山子档案					
姓名		字		号	
性别		年龄		籍贯	
出身					
个人资产					
成长历程					
爱好					

师：同学们已经注意到，方山子的人生肯定会随着他的经历不同而发生改变，在找的时候，你们要注意到这一点，进行有层次的分析。

（在同学讨论的时候，教师在教室里转着看看同学们填写的表格）

师：好，我刚才在下面转的时候，发现同学们填写得非常好。同学们自己先来推荐一名同学，来看看他完成得怎样。

（同学们一致推荐了一名同学）

师：好，既然大家一致推荐你，那就请你来说一下，他的姓名是什么？

生3：陈慥。

师：你是从哪里找出来的？同学们说的时候要直接告诉我你是从哪句话中

看出来的。

生3："此吾故人陈慥季常也。"

师：他的字呢？

生3：季常。

师：号呢？

生3：方山子，第一段开头"方山子，光、黄间隐人也"。

师：好，性别是什么？

生4：男。

师：为什么是男呢？文章中哪里体现了？

生4："妻子奴婢皆有自得之意。"

师：这里妻子是什么意思呀？

生4：老婆和孩子。

师：他的年纪是多大？

生4：年龄四十岁。

师：为什么是四十岁呢？你的依据是什么？也就是说你是从哪里找到的呢？

生4：猜到的。

师：同学们说说，文中有他年龄的依据吗？

生：没有。

师：既然大家说没有，那我问大家一句话，第三段，前有十九年，大家告诉我是什么意思。

生：十九年前。

师：你们看，少时见面是十九年前，再加上他少时的年龄，你们看他应该多大呢？

生5：三十。（同学们在下面说出不同的看法）

师：那他的少时会是十岁吗？

生6：四十。（同学略带迟疑说）

师：对，其实应该是四十岁左右的年纪。据说苏洵只比陈公弼晚生六七年，苏轼为苏洵之长子。而陈季常是陈公弼四子中之幼子。再据苏轼在凤翔见陈季常时已是二十八岁，从会见情况推测，陈季常年龄当小于苏轼或者与苏轼相仿。如果此说不谬，那么，苏轼谪黄州时为四十四岁。歧亭会面，陈季常亦不会超过这个年龄。他的籍贯是哪里？

生7：洛阳。

师：哪句话可以体现出来？

生7：第三句，"而其家在洛阳"。

师：好，那你继续说一下他的出身。

生7："世有勋阀，当得官；园宅壮丽与公侯等。"

师：好，个人资产呢？

生7："河北有田，岁得帛千匹，亦足以富乐。"

师：还有吗？有没有补充的？

生7：没有。

师：大家看，我刚才说过，他的人生肯定有不同的阶段，他的资产会不会随着人生变化而变化呢？

（学生在思考片刻后没有回答出来）

师：好，你先坐下来，其他同学有补充的吗？

生8：河北有田是之前的财产，现在应该是庵居蔬食；徒步往来山中；环堵萧然。

师：所以他的资产应分"少时"和"当前"两个阶段。（出示幻灯片）

师：接下来说下成长历程。

生9：少时："少时慕朱家、郭解为人，闾里之侠皆宗之"；稍壮："折节读书，欲以此驰骋当世，然终不遇，晚年时隐居"。

师：那你把晚年隐居的句子找出来。

生9："晚乃遁于光、黄间。庵居蔬食，不与世相闻。"

师：同学们，他说的对吗？

生：对。

师：好，接下来看一下爱好这一栏。

生10："少时使酒好剑，用财如粪土。"

师：晚年呢？

（学生没有回答出来）

师：那我提示一下在第一段。

生11："弃车马，毁冠服，徒步往来山中。"

师：那稍壮呢？

生12：折节读书。

师：好，"稍壮时，纵马射雀，马上论用兵及古今成败"。同学们很棒，现在我们一起完成方山子的档案。

106

方山子档案					
姓名	陈慥	字	季常	号	方山子
性别	男	年龄	四十左右	籍贯	洛阳
出身	世有勋阀,当得官;园宅壮丽与公侯等				
个人资产	1. 少时:河北有田,岁得帛千匹,亦足以富乐; 2. 当前:庵居蔬食;徒步往来山中;环堵萧然				
成长历程	1. 少时:少时慕朱家、郭解为人,闾里之侠皆宗之; 2. 稍壮:折节读书,欲以此驰骋当世,然终不遇; 3. 晚:乃遁于光、黄间。庵居蔬食,不与世相闻				
爱好	1. 少时:使酒好剑,用财如粪土; 2. 稍壮:纵马射雀,马上论用兵及古今成败; 3. 晚年:弃车马,毁冠服,徒步往来山中				

（出示幻灯片过程中，幻灯片上的内容，随着同学们的回答而逐步呈现，最后教师出示含有全部档案的幻灯片）

二读课文，从文学角度分析揣摩人物形象特征

师：刚才我们已经将方山子的档案填写完毕，同学们都填写得非常好，但是呢，同学们看一下相较于一个完整档案，这里缺少了什么部分呢？

生：照片。（学生发出笑声）

师：对呀，我们还没有给他的档案附上一张他的照片。我先问一下同学们，你们已经看过这篇文章，苏轼在这篇文章中有直接写方山子长什么样子吗？

生：没有。

师：那我们能不能通过这篇文章的讲述把方山子的画像给补充出来？虽然我们没有见过方山子这个人，但俗话说面由心生，就像……（插入其他诗人的画像作为例子）

师：这是谁呀？

生：苏轼。

师：嗯，对。

这也就是我们的下一步，请同学们再次认真读课文，把握方山子的形象，并给人物画像，说出你心中的方山子应该是什么样子。

（同学们开始讨论，教师在教室里转着看看同学们的情况）

（过了一会儿，教师走到一名同学旁边看他在画方山子的画像，学生不好意思地笑了）

师：没事，你继续画，你为什么要画这样的帽子呀？

生13：因为是方山帽。

他的衣服有什么特点呢？

师：除了帽子，还有吗？

生13：比较破。

师：为什么会是破的呢？

生13：人们都不认识他，他穿的衣服又不好。

师：那还有什么呢？如果你在画的时候会把他画成什么样子的呢？

生13：济公吧。

师：为什么是济公呢？你看他们神态一样吗？相由心生嘛，心理的一些东西会反应在脸上。

生13：长得比较精悍，精悍之色犹见于眉间，他的眉毛特别短。

师：他的眉毛特别短，这样子啊，那他性格怎么样？

（同桌商量起来）

师：弃车马，毁冠服，说明他是一个什么样的人啊？

生13：他就是不喜欢这些东西。

师：是不是特立独行呀？

生13：嗯，是。

师：那我再问你，你看他住得这么不好，他的神态会比较愁还是会比较平和？

生13：比较平和。

师：为什么呀？

生13：因为他是自愿的。

师：文章中哪里可以表现出来呢？

生13：他小时候就喜欢这样子的，少时慕朱家、郭解为人。

师：嗯嗯，很好。

（教师返回讲台附近）

师：大家想好了没有啊？

生14：想好了。

师：好，那你站起来说一下。

生14：他带着方山冠。

师：好，头戴方山冠，大家知道方山冠什么样子吗？大家一起来看一下，这个就是他所戴的帽子方山冠的一种。（教师走到讲台上播放幻灯片出示方山冠的样子，学生对着图片上的人物讨论）

方山冠：汉代祭祀宗庙时乐舞者所戴的一种帽子。唐宋时，隐者常喜戴之。

师：这不是方山子，方山子的照片是让你们来画的。好，他带着这样的帽子，然后呢？

生14：他的服饰很贵族化。

师：是贵族吗？

生：不是。

生14：文章刚开始说毁冠服，所以开始的时候他穿的衣服应该挺好的。

师：但是已经毁了嘛。

生14：没有毁。

师：是吗？

生14：嗯，毁过了，那衣服应该是破破的，宽松一些的。（同学又想了一下）

师：帽子是方山帽，衣服是宽松的，那"毁冠服"体现了方山子什么样的性格特点？

生14：特立独行。

师：对，"毁冠服"除了体现出方山子特立独行的性格特点，如果再扩大一点，就如屈原"余幼好此奇服兮，年既老而不衰"的诗句，"奇服"喻指作者高洁的品质和远大的志向。

师：还有吗？还能看出来他是一个什么性格的人呢？

生15：淡泊名利。

师：从哪里可以看出来？

生15：他出生在一个很有钱的家庭，却舍弃掉这些，居于山中。

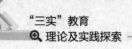
师：那他居于山中以后过得开心吗？

生15：开心，因为"环堵萧然，而妻子奴婢皆有自得之意"，而且"精悍之色犹见于眉间"。

师：为什么是这两句呀？

生15："妻子奴婢，有自得之意"说明不仅是方山子，而且妻子、儿子他们现在也很满足，如果不快乐的话，就不会再有精悍之色犹见于眉间，也从侧面说明了方山子的性格豁达。

师：也就是说方山子的价值观得到了妻子奴婢的认可，而且在方山子内心深处，燃烧着一团火。虽然方山子压抑着自己，但是这团火仍在眉宇间表现出来了。还有什么吗？刚才我们说了他外在的帽子、衣服，以及内在的性格，还能看出方山子的神态是什么样的？

生16：比较淡然。

师：文章中还有哪里体现了？

生16：余告之故，俯而不答，仰而笑，呼余宿其家。

师：这句话表现了方山子的什么特点？

生16：豁达的心态。

师：好，既然提到这句话，我问问大家，如果方山子回答了，他会回答一些什么呢？同学们联系苏轼写这篇文章时候的人生境遇想想看。

生17：他可能会安慰苏轼说其实人生就是这样，看淡就好了，不要太在意。

生18：他可能会劝苏轼放弃官位，在隐居过程中追寻自己内心的自由。

生19：我感觉其实方山子不说话会更好一点，因为他们是朋友，也是知己，很多时候，朋友之间对于一些话不用言明，就已经尽在不言之中了。

师：嗯嗯，同学们说得很好，这句话重点在"一俯一仰，笑而不答"。先"俯"后"笑"，"俯"是在思考，思考世道，思考苏轼的遭遇，联想自己的经历；"笑"是思考之后的结果，他理解苏轼的遭遇，世道就是这样，不值得大惊小怪，这样也好，远离官场、小人，落得个心灵自由。一"俯"一"笑"胜过千言万语，表现了方山子大彻大悟，看透人生和社会的心理。苏轼借"一俯一仰""不答而笑"委婉地表现出"人生不遇"之际。

师：好，同学们，我刚才在下面的时候看到有很多同学画出来了方山子的肖像，大家一起来看一下。大家已经勾画出来一个头戴方山帽，衣服宽松，精悍之色处于眉间，淡然、豁达的方山子画像。（教师从同学那里将画像拿到讲台上，举起来让大家一起看，同学们发出感叹声，调动了大家的上课情绪）

　　师：大家都很厉害，画出了你们心目中的方山子。接下来，我们一起为方
山子的档案附上一张照片，这样他的简历就完整了。（教师出示空缺照片的档
案，然后再补上照片，学生看到方山子像发出笑声）

方山子档案					
姓名	陈慥	字	季常	号	方山子
性别	男	年龄	四十左右	籍贯	洛阳
出身	世有勋阀，当得官；园宅壮丽与公侯等				
个人 资产	1.少时：河北有田，岁得帛千匹，亦足以富乐； 2.当前：庵居蔬食，徒步往来山中；环堵萧然				
成长 历程	1.少时：少时慕朱家、郭解为人，闾里之侠皆宗之； 2.稍壮：折节读书，欲以此驰骋当世，然终不遇； 3.晚：乃遁于光、黄间。庵居蔬食，不与世相闻				
爱好	1.少时：使酒好剑，用财如粪土； 2.稍壮：纵马射雀，马上论用兵及古今成败； 3.晚年：弃车马，毁冠服，徒步往来山中				

　　师：好，既然同学们已经在心中对方山子的形象有一个大体的掌握了，
接下来，就请同学们运用填空法，丰富方山子的形象，即＿＿＿＿＿＿＿＿的
方山子。

　　生20：安贫乐道、随性。

　　师：还有吗？

　　生21：乐观豁达。

　　师：嗯，乐观豁达。

　　生22：淡泊名利。

　　师：嗯。

　　生23：追求自由。

　　师：嗯，大家说得都很好。（幻灯片出示如下内容）方山子形象总结：苏轼
给我们塑造了一个鲜明的形象——自甘淡泊、不慕荣利、安贫乐道的方山子。

三读课文，从文化角度挖掘传主归隐山林之因

　　我们接下来从隐士文化的角度来挖掘传主归隐山林之因。

师：文章在描写传主的时候，主要突出传主的什么特点？请用一个字概括。

生24："隐"。

师：嗯，"隐"是这篇文章的重点，文章中哪些地方体现出"隐"了？

生24：首先，"晚乃遁于光、黄间，曰岐亭。庵居蔬食，不与世相闻。弃车马，毁冠服，徒步往来山中。"

师：这是什么意思？

生24：对方山子的隐居生活做了初步的交代。

师：还有呢？

生24："呼余宿其家，环堵萧然；而妻子奴婢，皆有自得之意。"

师：这句话表现了什么？

生24：说明方山子生活得挺好。

师：嗯，这句话具体刻画了方山子安于隐士生活的陶然情态。家徒四壁，而妻奴自乐，两相映衬，倍觉入情。

师：还有吗？

生24："皆弃不取，独来穷山中，此岂无得而然哉？"

师：这又体现了方山子"隐"的什么？

生24：描写了方山子隐居山林的自得，写出了方山子的隐居之乐。

师：嗯，说得很好，文章一共分了三层来写方山子的"隐"。

第一层："晚乃遁于光、黄间，曰岐亭。庵居蔬食，不与世相闻。"主要是点明之所以称为"方山子"的缘由；也顺而对方山子的隐居生活做了初步的交代。

第二层："呼余宿其家，环堵萧然；而妻子奴婢，皆有自得之意。"深入一步，具体刻画了方山子安于隐士生活的陶然情态。家徒四壁，而妻奴自乐，两相映衬。

第三层："皆弃不取，独来穷山中，此岂无得而然哉？"转而描写方山子隐居山林的自得之意，坐实方山子隐居之乐。

师：我问大家一个问题，方山子为什么要隐居呢？有没有同学思考过这个问题？

生25：文章中有写方山子"欲以此驰骋当世，然终不遇"。说明方山子怀才不遇，所以选择隐居。

师：嗯，"驰骋"和"终不遇"暗示方山子怀才而不遇，报国而无门，所以选择了隐居。方山子人生不遇，那么他有没机会做官？还有没有能力做官？

生25：他是有能力的，也有机会，文章中说"然方山子世有勋阀，当得官，使从事于其间，今已显闻"。说明他家中有财产，然后出生在功勋之家，再加上前面说他壮年时折节读书。

师：这样看来，他家有财产，还出生于功勋之家，而且肯折节读书。那他为什么隐居在山林中了呢？我们能不能推测一下是什么原因？

生26：文中有"用财如粪土""皆弃不取，独来穷山中，此岂无得而然哉"这些文字说明方山子是一个蔑视富贵之人，虽然人生不遇，但是方山子不愿改变自己，不愿与世俗同流合污，于是选择回归自然、回归心灵。

师：这个同学总结得很好，所以方山子的"隐"主要表现在两个方面，（出示幻灯片）第一层："驰骋"和"终不遇"暗示方山子怀才而不遇，报国而无门，所以选择了隐居。第二层："用财如粪土""皆弃不取，独来穷山中，此岂无得而然哉"这些文字说明方山子是一个蔑视富贵、超尘拔俗的隐者，虽世道浑浊，人生不遇，但方山子不愿改变自己，不愿与世俗同流合污，于是选择回归自然、回归心灵。

师：（出示幻灯片内容如下）李泽厚《美的历程》认为，苏轼所塑造的方山子的形象"就是苏轼理想化了的人格标本"。我想问大家，方山子的隐和苏轼的隐一样吗？

生27：不一样。

师：为什么呀？

生27：方山子是自愿的，而苏轼是怀才不遇、被贬的。

师：我们刚才也说过，方山子稍壮折节读书，然终不遇，所以在怀才不遇以后就归隐山林了，但是苏轼是在黄州事件以后，他和方山子一样吗？大家认为两者之间隐的区别是什么？

生28：方山子是自愿的，而苏轼，虽然被贬，怀才不遇，但还是有那种壮志的，文章中说他谪居于黄，已经被贬很多次了，如果他心中没有壮志就可能会像方山子一样隐居了，但他并没有因为怀才不遇而隐居。

师：嗯嗯，说得很好，其实就是……（出示幻灯片，内容如下）

方山子：不屈己志，归隐避世

苏轼：不屈己志，坚持到底

师：大家能不能分别举出与他们相似的人？

生：方山子是陶渊明，苏轼是杜甫。

师：嗯，说得很好。所以这里只是隐约折射。作者结合自己当时被贬黄州的处境，于文字之外，又寓有自己之情，是借他人之酒杯浇自己胸中之块垒。写方山子的怀才不遇，又写自己的诗文被祸，不直言，于是隐约其词，语多委婉。

四读课文，从文章角度探究行文令人惊异之妙

师：朱文华曾指出："比之其他内容题材的文章，传记写作更重视谋篇布局。"接下来请同学们四读文本，探究文章的行文之妙。我先问同学们一个问题，文章中两个好友重逢，作者一共有几句发出惊异之声呢？

生：四句。

师：都有什么？

生："此岂古方山冠之遗象乎？""呜呼！此吾故人陈慥季常也。何为而在此？""今几日耳，精悍之色犹见于眉间，而岂山中之人哉？""皆弃不取，独来穷山中，此岂无得而然哉？"

师：好，接下来我们一起看一下，看看两个好友重逢之时，方山子哪些地方的变化让作者感到惊异。同学们先自己总结一下。

生29：名字变化让苏轼惊异，文章中有："此岂古方山冠之遗象乎？"

师：嗯，一惊名字之惊，还有呢？

生30："呜呼！此吾故人陈慥季常也。何为而在此？"说明苏轼对于方山子为什么在这里感到惊奇。

师：嗯，还有呢？

生30：还有就是："今几日耳，精悍之色犹见于眉间，而岂山中之人哉？"应该是方山子现在表现出来的状态让苏轼感到惊异。

师：嗯，说得挺好的，那我问一个问题，第二、三自然段是写今昔两次相遇，两次相遇所见有何不同？用文中原话说出来。

生30：第一次："因与余马上论用兵及古今成败，自谓一时豪士"；第二次："俯而不答，仰而笑"。

师：嗯，这些表现出方山子什么特点啊？

生31：少年时血气方刚、一身侠气，晚年时却选择隐居山林。

师：我们可以将这些概括为不同时期方山子的什么呢？

生31：变化吧。

师：嗯，那我们就将这个总结为二惊，即变化之惊。接下来还有什么？

生31：还有财产状况之惊。因为文中提到，方山子"皆弃不取，独来穷山中，此岂无得而然哉？"，就像之前说的财产状况一样，少时："河北有田，岁得帛千匹，亦足以富乐"。当前："庵居蔬食；徒步往来山中；环堵萧然"。所以应该是财产之惊。

师：嗯，同学们都很厉害，总结得很好，所以文章中一共有三处令苏轼感到惊异，即一惊：名字之惊；二惊：变化之惊；三惊：财富与生活条件之惊。这样写的好处是什么？

生：制造悬念。（同学们各自说出自己的想法）

师：（出示幻灯片）就像同学们说的那样，大家齐读一下。

生：这样的文章读起来不是一览无余，而是有先后变化的，用对比的手法，一步步揭示，彰显其异，最终，全方位地揭示谜底。

师：明代学者茅坤对《方山子传》这样评价："'奇颇跌宕'处似司马迁；'烟波生色'处往往令人涕洟。"我们今天学的这篇文章仅四百多字，但是在结构上取顺叙与倒叙相结合。在内容上，本文并没有详细叙述传主的生平事迹，只是选了几件异乎常人的小事加以描写。通篇只叙其游侠隐沦，而不及世系与生平行事。在艺术手法上，全文既有叙述描写，又有议论说理，亦叙事，亦描写，亦议论，若隐若现。今天的课就讲到这里。

（下课后有同学拿着他画的小画像来到教师身边）

📝 教学反思

教学反思是指教师对自己教学前、教学中或教学后的经验或行为加以审视、分析、批判和调整，并改进自己的教学，以期达到更好的教学效果，进而促进自身专业成长的过程，它是一个理念与行动相互统一的进程。美国心理学家波斯纳（G.J.Posner）提出教师的成长公式为"成长＝经验＋反思"；我国著名心理学家林崇德提出了"优秀教师＝教学过程＋反思"的观点；叶澜教授则指出：一个教师写一辈子教案难以成为名师，但如果写三年反思则有可能成为名师。

（一）理论支撑时期，经验式引导，传统式教学

其实，《方山子传》对我而言是一篇完全崭新的课文，在开始准备这节课的时候，我的实习老师也就是我的师傅何泗忠先生，让我自己先去看文章，并对我说，你拿到一篇课文的时候，要学会先什么资料都不去查，不借助任何资料，只是单纯地去看这篇文章，看你对这篇文章有什么体会与把握，看准字词、字音，把握好文章的基本内容，也就是逐渐锻炼一下自己素读文本的能

力，然后再告诉我，你对这篇文章的感受是什么，准备如何切入进行教学，以及怎么进行教学设计，把握教学的重点、难点，并从文学文化的角度进行初步分析。

1. 教学不足与反思

在课程方面，很多教师刚开始由于受固有传统认知思维的影响，认为有组织的学习内容、固定的学习计划、简单的教学方法的运用，以及预设式的学习结果有助于促进学习者的知识理解，在实际教学过程中经常会以不变的教学材料、统一的教学模式和固定的学习程序作为课程设计的主要特点。其实，这是一种静止、封闭的课堂教学模式，无法真正地与学习者建立起内在的学习关系。对学生和课堂的认识仅限于旁观者的身份，也就是杜威所说的"旁观者式的认识论"，即"被知的东西是先于观察与探究的心理动作而存在的，而且它们完全不受这些动作的影响。所有的认识都是出自理论过程与旁观者的理解及对其的预先设定"。在课程的认识方面，虽然我在老师的指导下很好地避免了简单教学方法的运用，以及会初步合理地组织教学内容，但是在对于学生的认识和课堂实际教学的认识上，依旧处于认识的初期，不能做到很好地分析教材，认识学生个体性特征。在教师指导之前，我对教材的把控和设计主要是根据前期跟着老师实习的学习经验积累。

在课堂教学认识上，"课堂教学认识论根植于课堂教学活动中，它不仅决定着理解和处理教学问题的方式、广度与深度，而且也决定着教师把教学理念转化为教学行为的具体方案与措施"。但是，由于缺乏教学经验，我认为学生在身体"缺场"的情况下，依然能有效地学习，结果忽视了身体的经验、体认和参与在课堂教学中的重要价值与作用，造成课堂教学中的身心、主客、知行分离，并过分倚重理论教学和普适性知识的传授，忽略了教学情境在教学中的价值，使实践教学和学生的个人知识未能得到充分的应用。

在教案设计方面，这是我自己第一次设计教案，进行教学设计，我按照之前老师教授文本的方法，对文本进行解读。我自己的安排是按照语言—文学—文章—文化四个角度进行分析，因为我的老师是一个很有教学经验的教师，在我准备进入班级教授课文之前，老师已经教导我在看到一篇文章时应该具有的基本能力，首先就是素读文本的能力，从语言、文章、文学、文化四个角度出发，对文章进行分析；然后是悬念设计能力，这是在上课之前就应该具有的能力。

首先，我在设计课堂导入的时候，想着这只是一篇介绍方山子的人物传记，就选择了与其相关的苏轼其他作品中的方山子形象，像"河东狮吼"及苏轼《临江仙》中方山子的形象，以此作为切入点，让同学们探究这篇文章中人物的形象究竟是什么样子的。我只是考虑到了文本的设计，却忽略了教学课时的安排，内容安排过多，导入特点不鲜明，不能很快地抓住学生的注意力。老师就提出建议让我以与学生密切相关的高考文言部分人物传记考试出现频率较高的表格来作为导学的切入点。

其次，我第一次设计的教案，教学的四个过程主要表现在以下四个方面：

（1）文言部分让同学自己读，然后梳理文章的字音、字词。

（2）掌握文学形象。这部分我是看到文章中有一句话"耸然异之"，就想通过提问，让学生回答什么样子的方山子让好友重逢的苏轼感到惊异。接下来，通过分析文章中哪些是方山子异于常人的句子，让学生逐步来分析、总结，这应该是一个什么样子的方山子，即完成＿＿＿＿＿＿的方山子填空，然后和学生从中探讨作者也就是苏轼对此所持的态度。

（3）从文章角度出发，对文章结构进行分析。提问：如果让你给大家介绍一个好朋友或者历史人物，你会从哪些方面入手，从哪些角度去安排文章？让同学们自己形成写人物传记的结构框架；然后和同学们一起分析苏轼在《方山子传》中是如何进行布局安排文章的，以此形成对照，借此领略苏轼写作的惊异之处，让同学们掌握新的写人物的方法。

（4）从文化角度出发，分析作者写作此文的目的。提问：苏轼写作此文仅仅是为了写方山子这个老友吗？从方山子的人生经历引入隐士文化，进一步分析苏轼对方山子隐居在光、黄之间所持有的态度。

教育所面对的对象是一个个活生生的具体人，是复杂而又完整的独立个体。在设计教案的时候，我发现自己很大程度上还是偏重于知识的提升和教学技能方面的设计，缺乏对学生心理、身体的思考，而且教案的实际可操作性方面存在很大问题，细节化处理不到位，而且趋于保守型设计，只是简单地设计课文，在创新性方面存在很大的不足，不能很好地做到预先设计学生的问题与回答。

2. 教学反思与改进

老师在我对文章独立思考的基础上，给予我教学指导，提出来很多宝贵的意见。

首先，在教学准备过程中，老师会给我一些经验，比如要多考虑学生的特点，一方面将自己当老师，同时反过来将自己当学生，两方面进行设计，防止自己将课程教学变成流程演练。其次，关于教学内容方面，老师会提醒我一些细节点，很多都是我之前在进行文章解读的时候考虑不到的地方，比如说提醒我在分析人物形象的时候，要注意区别传主在不同时期形象是不一样的，文本分析要注意进行有层次的分析。

　　然后，在教学设计方面，要注重教学悬念的运用，老师会给我一些我之前完全没有想到的、很有意思的上课教学安排，使我更加注重对学生个性的思考，调动学生全身心参与到教学过程中，而不是仅仅局限在文言知识中，比如可以通过给人物建立档案的方式，将文章中关于传主的信息进行统一整理，以及通过让学生自己对人物进行自画像，让方山子的形象在学生的心里立体、明朗起来，等等。在老师给予第二次指导后，我的教学安排便更改为文言—文学—文化—文章四个角度。

　　（1）一读课文，从文言的角度初步把握传记的基本内容。

　　设计方山子的个人人生档案。

　　（2）二读课文，从文学角度分析揣摩人物形象特征。

　　① 再读课文，给人物画像。

　　② 运用填空法，丰富方山子的形象，即_____的方山子。

　　（3）三读课文，从文化角度挖掘传主归隐山林之因。

　　（4）四读课文，从文章角度探究行文令人惊异之妙。

　　这样的文章不是一览无余，而是有先后变化的，用对比的手法，一步步揭示，彰显其异，最终，全方位地揭示谜底。

　　（二）实践锻炼期，流程式推进，预设性教学

　　实践中的教学问题是教师反思的基础和前提，教师的教学反思有赖于教学中的"问题"。

　　在第一次教学活动中，我可能还是更倾向于根据预设的教学方法向学生输入知识或相关课程内容，让这些知识内容在学生大脑中得到表征和加工，并最终使其做出相应的行为反应，完成输出。虽然自己知道在教学过程中要善于运用交互、合作式的教学方法，来进行师生之间平等的交流与互动，但由于缺乏课堂实践经验，教学活动主要还是通过预先设定教学目标、教学内容、教学方法和教学过程，来引导学习者被动进行信息加工和知识匹配，以期产生预期的教学结果。首先，我忽视了教学的情境性与学生的多变性，如第一节课，二读课文，从文学角度分析揣摩人物形象特征的自画像部分，由于还是受到之前教学预设的安排，我只是想到了让同学们根据文章中的句子，来描写一些方山子的特征，像是带着方山冠那样高耸的帽子，以及通过毁冠服和环堵萧然等句子得到现在的服饰信息等，并没有预想到学生会，运用绘画能力，很有创造力和表现力地将方山子的人物肖像画了出来，导致我在教学过程中在一定程度上阻碍了教学环节的创造性设计和对学生理解知识的协作性建构。

　　其次，是在生成性过程中对教学时间及教学进度的把控不足。教师教学

过程中应该注重教师与学生知识的生成性。在教学第一步，从文言角度初步把握传记基本内容和从文学角度分析揣摩人物形象特征的过程中，由于按照预设是在这两个部分和同学们一起挖掘隐藏在句子后面的深层含义，如"毁冠服"除了体现了方山子特立独行的性格特点，如果再扩大一点，就如屈原"带长铗（jiá）之陆离兮，冠切云之崔嵬。余幼好此奇服兮，年既老而不衰"的诗句，"奇服"喻指作者高洁的品质和远大的志向；"环堵萧然，而妻子奴婢皆有自得之意"则从侧面折射出方山子邈远旷达的胸襟，也把作者对陶渊明人格的向往之情含蓄地诉诸笔端，等等。在和同学们对话的过程中，我没有控制好时间，导致第一节课的教学内容没有按照课时计划完成。

作为"悬念语文教学法体系"的创建者与实践者，我的老师何泗忠先生不仅是一位对教学充满热情的优秀教师，而且是一位对教学十分负责任的教师，在我进入班级讲课的时候，老师就会和我一起进入教室，在班级后面对我的实际教学情况进行观察，并在我讲课完成后，针对细节化问题提出建议，针对我上课的具体问题加以指导，尤其是在很多细节方面都给出了宝贵的建议。之前我讲课的时候，时间总是把握不好，老师就建议我，你在第一部分适合安排多长时间，以及我在讲一些知识点的时候如何更加调动学生的积极性并激发学生的发散性思维。第二部分在对方山子进行自画像的时候，会提到一处细节描写"余告之故，俯而不答，仰而笑"，我本来是想在学生提到这句话的时候，再分析背后的含义，而老师则建议我要善于利用悬念进行提问。此外，老师建议我在下次上课的这一周时间内，可以针对自己的讲课及时地进行课后自我总结分析和教学反思，反思自己在整个教学及学习过程中，与学生相互引导的实际过程或启发的形成，以及收获了哪些新概念、新知识、新感悟、新体验等，再对这些内容进行整理和分析，以便进行自我消化。

（三）反思提升期，善于设置课堂悬念，实现"三实"教学互动

从先验到对话，倡导"悬念式"的教学方法。在教学过程中，教师还应该充分调动学生的情绪，进而让学生产生对知识学习的热情，实现高玉库校长提出的"三实"互动：从教师的讲解精彩度转变为学生的参与度；从教学环节的完整性转变为教学结构的合理性；从课堂教学的活跃度转变为每个学生真正进入学习状态的参与度。

第一，教学导入方面要更加与学生的课程情境相关联。教学关注的焦点是让学生将学习内容与学习的文化环境相关联，即实现课程的情境化设计。老师建议我以与学生密切相关的高考文言部分人物传记考试出现频率比较高的表格来作为导学开始，设置悬念，引发学生对文章的关注，而且这样有助于让学生在学习鉴赏类课文的时候也可以和高考文本之间形成有效的融合，从而让学习

内容与学习情境相互映射。这样设计能在开始的时候就抓住学生的注意力，而且简洁，符合高中教学特点。

第二，教学更加注重悬念的设置。在第一部分从文言角度初步把握传记的基本内容的教学中，删掉之前设计在方山子档案右上角的照片栏，变成在学生根据文本填写方山子基本信息以后，让同学们自己去思考相对于一份真正的档案来说，少了什么，以此进行悬念设计，在同学们回答照片的时候，再引入下一部分内容，对方山子进行人物的自画像。同时，要善于利用图文对照法设置悬念，即根据课文内容设置课堂悬念，引领学生领悟课文内容所蕴藏的内涵。教学过程中，在开始方山子自画像之前，我先利用大家熟悉的苏轼的文章，出示苏轼的画像，让同学们根据苏轼的画像来描绘方山子的画像。

第三，在教学课堂调控方面更加注重与学生的对话。第二部分从文学角度分析揣摩人物形象特征，在对方山子进行自画像的时候，我会提到一处细节描写，如"余告之故，俯而不答，仰而笑"，其重点在于分析"一俯一仰，不答而笑"，这个时候，利用老师所提倡的问题诱导法，进行悬念式教学，在这个过程中用问题设置悬念，当同学们利用这句话分析方山子神态的时候，借助问题让学生思考，如果方山子这时回答了，会说一些什么？利用问题，增加与学生之间的对话，激发学生的思考，让学生成为传中人，深入文章中，在教学情境中进行思考，以此来突显方山子在此时是一位看淡仕途、具有邈远旷达胸襟的隐士。

然后，在教学过程中更加注重与学生进行情感的交流。真正的课堂应该是知识与情感俱在，知识是教师所具有的对课堂真实情境的多维认知，是教师教育教学经验的积累，如教师在教学中运用教育机智妥善地处理教学事件等。以情感和知识为基础的教学存在不仅有助于教师在课堂上可以有计划地干预教学过程，而且可以提高学生从教学内容中进行联系和创造意义的能力。在吸取了上次上课经验的基础上，在这次上课时，我观察到学生们依然在自画像部分将方山子的人物画像画了出来，但这次在讲的过程中，我将同学们画的肖像拿到讲台上让同学们一起参与进来，这时的课堂气氛就会变得比之前高涨起来，学生充分参与到课堂中，真正实现了从教师的讲解精彩度转变为学生的参与度；从教学环节的完整性转变为教学结构的合理性；从课堂教学的活跃度转变为每个学生真正进入学习状态的参与度。

"三实"教育在英语学科中的课堂实践

◆◆《英语作文讲评》"三实"课堂实践 ◆◆

张美华

张美华

　　张美华，湖南师范大学教育硕士，英语高级教师，市级学术带头人后备人员，市级骨干教师，深圳市第21期赴英海培学员，深圳市高考学科先进个人。多年担任高三英语备课组长，高考教学经验丰富，成绩突出。

【教学设计】

（一）考情分析

　　2018届1、2班学生高三正式开始训练应用文写作，按照建议信、求助信、慰问信、通知等不同类型分项进行。作文指导和周测月考出题、考后讲评结合，约两周进行一个项目，耗时2课时。本堂课的任务是讲评学生第三次月考作文题。原题如下：

　　假定你是李华，你校英国交换生Alice想在暑假期间来中国旅游，想了解更多的中国文化。她发邮件请你推荐暑假旅游的目的地。请你回复她的邮件，内容包括：
　　（1）推荐旅游目的地：北京。
　　（2）推荐的原因。

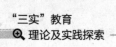
续 表

（3）注意事项：提前了解当地风俗。

注意：1. 词数100左右；2. 可适当增加细节，使内容连贯。

建议信是高考书面表达常考项目之一。从阅卷情况来看，经过四个月的训练，学生能够做到卷面比较整洁，信件格式和结构也能较好把握。影响作文得分的主要问题在于体现内容要点——推荐理由的核心词汇和句型使用错误较多，另外也出现了不少思维方面的问题，如所列举的理由与文化旅游之间的关联性值得怀疑，或者所列理由与文化旅游之间虽存在关联，但陈述时未能有效阐述，以及几个理由间逻辑混乱等。

（二）指导思想

从"有效课堂""高效课堂"到"三实"课堂，我校师生不断摸索前进。"三实"课堂要求如下：

（1）课堂目标要具体，不要漫无天际，要能够在本堂课里真正得到落实。

（2）课堂内容选材要符合学生真实需求、充分联系真实生活。老师不能只顾着自己讲得漂亮，要从追求教学环节的完整性转化到注重教学结构的合理性，要注重教学生成，学生真正学有所获。

（3）教学方法上强调朴实、自然，一切方法都是为传递内容服务的，不要为形式而形式，要从关注课堂的活跃度转变为关注每个学生真正进入学习状态的参与度。总而言之，就是课堂目标、内容和方法的设计都要"实"，不为"高大上"而"假大空"。

本堂课我集中复现学生习作中普遍出现的问题作为学习材料，分语言和关联两个维度进行推敲改善，根据学习难易程度不同采用或自查自纠、或小组讨论互查互学、或集体赏析的教学手段，以达到巩固和强化地域文化介绍语言的目的。

（三）教学目的

（1）规范建议信的通用语言表述。

（2）巩固关于地域文化介绍的核心语言表达。

（2）理清有关地域文化介绍的逻辑关联。

（四）教学重难点

（1）巩固有关地域文化介绍的核心语言表达。

（2）理清有关地域文化介绍的逻辑关联。

（五）教学设计

课前准备：教师批阅学生作文，对学生个别性的错误分别提示或纠正。对一些共性错误，老师做记录，分语言和逻辑关联两大块进行归类、整理，并形成学案，以方便学生课堂纠正和扩充语料库。

活动一：自查自纠建议信写作基本规范

学案呈现：

Part 1. 对照自己的作文，自查自纠推荐信写作基本规范。

★自查字数、书写、自我介绍、分段、首尾段要点等。

★写信因由和目的参照句式：

1. In your letter，you said... and asked me... So I'm writing to recommend you...

2. Glad to receive your letter，from which I learned that... I'd like to recommend...

3. Learning/Knowing/Learning that...，I'm very glad and I think... is a good choice for you.

★表达期盼和祝愿的参照套用句：

1. Looking forward to your coming and wish you a pleasant holiday in Beijing!

2. I'm sure you will have a wonderful time in Beijing and don't forget to share your experience with me. Best wishes.

活动说明：在建议信作文指导课上，老师强调关于字数、书写、人称、段落架构等方面的基本要求学生已有学习，在此，老师通过提问引导学生以快速自查的形式来做一个回顾和加强。这里要说明的是考卷上要求是100~120词，事实上改卷时优秀卷往往突破了120词，达到了130词左右。所以字数少了是不行的，字数多了，要求可以稍微放松些，以把意思表达清楚为重。同时，学案中也提供了信件首尾段的常用套句供学生方便参考和自我纠正。老师在引导学生自查常用套句时，提醒learn/know/heard是谓语还是非谓语形式，以及连词的使用情况，这是一个常见错误点。

本部分没有难度挑战，采取老师问学生自由回答的形式完成即可。

活动二：检查和巩固有关地域文化介绍的核心语言表达

学案呈现：

Part 2. 写出下面所列词汇和词块的英语，自查有关地域文化介绍的语言积累。

故宫	京剧	胡同	小吃
当地的	推荐	民俗风情	
了解中国文化		体现审美情趣	
经历复杂的变迁		有厚重的文化积淀	

活动说明：这部分词汇和语块是学生习作主体段关于文化介绍方面使用频率高、同时错误比较集中的一些表达。老师点四名学生上台写出相对应的英语，一方面提醒学生这些常用词汇错误，另一方面也提醒学生从中选用一些语言素材充实到语料库中。其中recommend 的用法，learn about与learn的甄别是最容易出错的地方，要提醒学生们特别关注。

采取老师点学生书写作答的形式完成。出现错误时，其他学生改进直至拿到正确答案。

活动三：分组讨论，改正或完善学生习作中句子或句群的典型错误

学案呈现：

Part 3. 下面所列出的是同学们习作中出现的典型错误，请小组讨论并改正。

1. 典型语用错误：

（1）Beijing is a good place for you to travel.

（2）Beijing is the most symbolic city of China.

（3）I wish you can have a wonderful time in Beijing.

2. 典型句子结构及内部逻辑错误：

（4）Beijing, the capital of China, which has many places of interest.

（5）Hearing you are planning to visit China, it's my honor to recommend Beijing to you.

（6）To make your trip in Beijing a pleasant one, my suggestions are as follows.

3. 典型中式英语：

（7）If you love eating, Beijing is your heaven.

（8）... I think Beijing is a good place.

（9）Climbing the Great Wall makes you have a better understanding of Chinese history.

4. 典型行文关联问题：

（10）From your letter I know you have great interest in Chinese culture. I recommend Beijing to you.

（11）There is a variety of traditional Chinese food in Beijing. You can enjoy delicious food beside the street and have a conversation with local people.

（12）...（第二段结束）By the way, you'd better learn about some local customs, such as how to use chopsticks.

活动说明：以上12个句子或句群是学生习作中的典型错误，有些来自学生的原句，有些经过组合，稍有改编。老师将这些句子大致从语用、句法结构、逻辑关联几个方面对错误进行分类标注，以便学生在改正错误的同时能快速锁定错误方向，提高效率。

本部分任务具有一定的挑战性，由学生小组讨论完成，这样解题思维过程可以得到充分展开，以便学生互相学习和提醒。最后老师点学生代表作答。

活动四：赏析学生习作中的优秀例句和段落

学案呈现：

Part 4. 赏析学生习作中的优秀例句和段落，观察并指出好在哪里。如果有不足或错误，也请指出、完善。

1. Learning that you are planning to travel in China during this summer vacation, I've some suggestions for you. 庄树发

2. How surprised and pleased I'm to receive your email today! You'd like to travel in China during your vacation so that you can learn more about Chinese culture. My suggestions are as follows. 古芯莹

3. What's important, you'd better learn about local customs before you visit Beijing so that you can avoid some embarrassments caused by culture differences. 唐铭列

4. Having been the capital of China for hundreds of years, Beijing is a combination of modern and tradition. 钟浩铭

5. Glad to have received your letter, in which you said you desired to travel in China during summer vacation with the purpose of gaining some knowledge of Chinese diverse culture. 朱青青

6. The destination I recommend is Beijing. As you know, Beijing used to be home to royal families in ancient China, so you can gain rich knowledge of traditional Chinese culture. 方圆

7. To begin with, as the capital of China for hundreds of years, Beijing has abundant historic architectures for you to visit, such as the Forbidden City, the Alleys and the Palaces. It's also a wonderful experience to walk on the Great Wall while enjoying the beautiful scenery. Secondly, Beijing is rich in traditional Chinese food. Take a bite of the Beijing Roast Duck and I'm sure you will love it! However, one thing I want to remind you is that you should learn about some local customs before travelling. 李文轩

活动说明：这7个句子或段落是学生习作中比较有代表性的优秀范例，入选的理由有些是因为表达规范，有些是因为某个词用得新颖、恰到好处，还有的是因为逻辑清晰明了。篇幅所限，不是所有的优秀句子都能出现在这里，如果学生发现自己的句子跟优秀范例很吻合，也可以得到印证。为了保证榜样的真实性和说服力，这些优秀范例是学生的原句，老师不做任何改动，所以有些范例难免会有错误，但瑕不掩瑜。因此，学生既要能够赏析范例好在哪里，也要能够识别它的不足或者错误之处。

本活动由老师点名学生单独回答的形式完成。

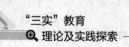
活动五：赏析范文

学案呈现：

Part 5. 下面是Seven老师写的范文，请大家赏析：

Dear Alice,

I am Li Hua. Imagine my excitement to know your intention to travel around China and your desire to learn more about Chinese culture! I hope you will find my following suggestions helpful.

I strongly recommend you visit Beijing, the capital of China, where you can pay a visit to a number of places of interest such as the Summer Palace and the Great Wall etc., all of which are considered great achievements in the history of architecture. Besides, you can also acquaint yourself with Beijing Opera, an artistic form which has fascinated people from different countries with its unique appeal. Before you set off, make sure to learn some local customs so that you will have a better experience and avoid putting yourself in awkward positions.

I wish you will have a wonderful time. Don't forget to share your experiences with me! I am looking forward to it.

活动说明：范文多采用本年级老师的答题卷或从学生的优秀习作改编而来，因为学生总是对自己的老师和同学，尤其是自己的老师，写出来的作文充满了好奇心。老师在要求学生赏析时要注意把自己认为用得好的词或词块画出来，收集到语料库中。另外，同样重要的一点，学生要仔细体会，文中每一句话的价值和意义在哪？能不能省去？在回答这些问题的同时，学生自然而然地就分析了作文的架构和思维。

本部分给同学们较大的自由度，可以两人一组，也可以独自学习范文。最后，同学们齐读范文，要求课后熟悉并默写。

📖 教学反思

对高三作文讲评的思考

写作是语言运用能力的重要表现形式，英语高考应用文写作中所要用到的沟通能力、语言表达能力和叙事思维品质是一个学习者的基本能力。此方面的缺陷短期内影响的是高考分数，长期来看必然成为学生终生能力发展的一大桎梏。

现实情况则是，写作训练未能得到与之地位和难度相匹配的重视。毋庸置疑，写作是语言学习最难的部分。写作能力的培养涉及范围非常广，学生投入了时间，效果却不一定能立刻显现，很多老师和学生认为练作文不如做点阅读题来分快。另外，课时紧，老师们往往忙着赶进度，作文训练经常是练习多指导少，能够分类型、循序渐进进行系统性训练的就更少了。讲评环节，作为教学指导的深化和继续，课时得不到保证，随意性太大也就见怪不怪了。

事实上，在讲评环节，学生反思和归纳总结经验得失是作文训练的深化和继续，是提高下一次同类作文起点的必要途径。正因为时间有限，有效讲评作文可以让学生练一项得一项，少走弯路。那么，如何才能做到有效讲评，讲有所获？针对教学现实中普遍存在的几个问题，老师在讲评时应该注意加强以下四个意识，才是做好有效讲评的前提：

1. 针对意识

批改作文时，许多老师"错无巨细"一把抓。对一些典型的共性错误未能做好记录和分类，导致讲解的针对性大打折扣，学生的错误未能有效纠正，这次错了下次还错。针对这一问题，老师对学生的错误处理要区别对待。要对涉及信件类型的通用表达句式，涉及信件要点内容的核心词汇、句型等方面的错误进行突出纠正；另外，120个左右的词汇，考生要在10~12个句子内把一件事情条理清晰、有一定创造性地（因为要补充一些细节）、高浓缩地讲清楚，对信件内容的关联性和连贯性必须有较高要求，优秀作文必然要有简洁缜密的思维品质做支撑。这是学生们感觉最难的地方，也是书面写作作为思维训练的重要意义所在。老师讲评时要特别关注细节材料是否恰当、材料组织是否明晰得当，一篇作文要"有颜值、有内涵"才会有分值。

2. 引导意识

大部分老师都会让学生背诵范文。模仿优秀作文是一个有效的办法，但如果仅限于机械背诵，学生对范文精华的吸收则相当有限。老师要引导学生对优秀例句、优秀习作、范文进行赏析：欣赏它的好，好在哪个词汇和结构？每一句话的价值和意义在哪里？识别它的不足，该如何完善？比较和赏析同考题的不同优秀作文，学生更能体会到合理选材、灵活选词和行文连贯方面的精巧。

3. 语料库意识

因为缺乏系统意识，老师们讲评时常常是错误纠过就算了，没有把讲评当成学生积累相关语言的素材，使学生失去建立和充实相关语料库的机会。对错误讲评往往将关注点集中在对一个词深挖上，把一些不常用的用法挖出来，事实上，学生也记不住。建立在语料库意识上的作文讲评，关注的是话题核心语言词汇、结构的积累及同一层意思的多种灵活表达，关注的是话题核心观点、依据、事实材料的积累。腹有诗书气自华，积累多了，学生碰到同类型作文时自然就有话可说，有话会说。

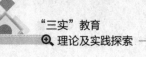

4.巩固意识

作文训练是一个不断学习、实践、调整和提高的过程。经过讲评之后的反思和矫正，其学习成果应该及时得到巩固。二次作文是巩固语言知识和写作经验的一个有效方法。二次作文可以是原题，也可以是同类型的作文命题。二次作文的另一个好处是，时间付出相对较少，但学生写作时操作意识和能力更强，因而它是一个不断体验进步与成功、不断建立自信、不断促进语言综合能力发展的一个过程。

不是每个同学都有写作天分，但是只要训练得法，肯花一定的时间精打细磨，每个同学都完全有能力达到使用正确的语言把一件事情、一个道理讲清楚、讲明白这个目标。现实和目标之间的距离并不遥远，而一旦达到，同学们将终身受益，我们还有什么理由不去努力实现呢？

❖◆《非谓语动词在英语写作中的妙用》"三实"课堂实践◆❖

郑育华

郑育华

郑育华，黑龙江省五常市人，20世纪80年代初毕业于哈尔滨师范大学英语系，从事高中英语教学工作31年，中学英语高级教师。在过去30年的重点高中从教经历中，带了20届高三，所教的学生超千人升入国内外重点名牌大学，其中北大、清华、复旦、交大、中科大等名校学生超过100人。

【教学设计】

（一）指导思想

"三实"课堂教学理念是本节课的教学指导思想。所谓"三实"，就是我们的课堂教学要做到真实、扎实、朴实。真实，即与事实相符。课堂要符合学生的接受能力，所教授的内容是学生希望得到的东西，教授的内容要真实有效、不浮夸；扎实，即要求教学目标明确，其内容不在多而在精，重在落实、重在理解、重在掌握；朴实，就是注重以形式的互动为切实需要，不是流于形式，不在流光溢彩，而在朴实。以学生为中心，让学生多想点、让学生多做点。

（二）背景分析

1. 教材分析

作文在广东省高考中占25分，它是最有区分度、最容易拉开差距的题型，同时，写作也是高中英语学习的一个"痛"点。学生写作文要么简单句太多，要么从句太多；单调、乏味、冗长、不上档次。如何解决这个"痛"点，进而使学生的作文简明扼要、色彩斑斓、充满活力呢？我认为，最好的方法就是恰当地使用非谓语动词。

2. 学情分析

我们学校的学生在整个深圳市属于中等偏上水平，基本的接受能力和学习能力还是不错的。本节课是高三语法复习已经完成后的一节写作课，所以，绝大多数学生对非谓语动词的理解不会有太大的障碍。

（三）教学目标

（1）知识与技能：理解和掌握非谓语动词，并在英语写作中恰当地应用。

（2）过程与方法：呈现、认知、操练、掌握、应用，由浅入深，由表及里，由部分到整体，由句子到篇章。

（3）情感态度与价值观：通过由浅入深、由表及里、由部分到整体、由句子到篇章循序渐进的方式，使学生进一步掌握非谓语动词的相关用法，并且恰当地应用到英语作文中，克服写英语作文的畏难情绪，进而增强英语学习的成就感与愉悦感。同时，潜移默化地渗透一些赞美二高和深圳的素材，使学生更加热爱二高、热爱深圳、热爱中国。

（四）教学重、难点

教学重点：理解和掌握非谓语动词，并在英语写作中恰当地应用。

教学难点：在写作中恰当地使用非谓语动词。

（五）教学过程（说明设计意图）

导入新课：

（1）给学生2分钟，小组讨论学案上的关于非谓语动词的高考选择题。

（2）2分钟有奖竞答：每个小组选代表报答案，并说明理由。

（3）PPT呈现本节课的标题：非谓语动词在英语写作中的妙用。

（六）非谓语动词在英语写作中的妙用

1. 非谓语动词作定语

（1）给学生2分钟，小组讨论学案上非谓语动词的句子转换题。

（2）2分钟有奖竞答：每个小组另选代表报答案，并说明理由。

2. 非谓语动词作状语

（1）给学生4分钟，小组讨论学案上非谓语动词的句子转换题。

（2）3分钟有奖竞答：每个小组另选代表报答案，并说明理由。

3. 非谓语动词作主语

（1）给学生4分钟，小组讨论学案上非谓语动词的句子转换题。

（2）3分钟有奖竞答：每个小组另选代表报答案，并说明理由。

4. 非谓语动词用于语篇

（1）给学生4分钟，小组讨论学案上非谓语动词的篇章转换题。

（2）3分钟有奖竞答：每个小组另选代表报答案，并说明理由。

5. 翻译以下段落，尽可能多地使用非谓语动词

（1）给学生8分钟，小组讨论学案上的翻译材料。

（2）8分钟投影展示：每个小组另选代表展示，其他小组点评，教师点拨。

附：学案

Warming up

Multiple Choice（two-minute discussion and two-minute prize-giving quiz）.

1. Mrs. White showed her students some old maps _____ from the library.（2010全国I）

A. to borrow   B. to be borrowed

C. borrowed   D. borrowing

2. Reading is an experience quite different from watching TV； there are pictures _____ in your mind instead of before your eyes.（2004全国III）

A. to form   B. form   C. forming   D. having formed

3. His first book _____ next month is based on a true story.（2010陕西）

A. published   B. to be published

C. to publish   D. being published

4. With Father's Day around the corner， I have taken some money out of the bank _____ presents for my dad.（2010全国I）

A. buy   B. to buy   C. buying   D. to have bought

5. _____ by the beauty of nature，the girl from London decided to spend another two days on the farm.（2004辽宁）

A. Attracting   B. Attracted

C. To be attracted   D. Having attracted

6. Though _____ to see us，the professor gave us a warm welcome.（2010全国II）

A. surprising   B. was surprised

C. surprised   D. being surprised

7. Lots of rescue workers were working around the clock，_____ supplies to Yushu, Qinghai province after the earthquake.（2010福建）

A. sending   B. to send   C. having sent   D. to have sent

8. The news shocked the public，_____ to great concern about students'safety at school.（2010重庆）

A. having led   B. led   C. leading   D. to lead

9. _____ the programme，they have to stay there for another two weeks.（2004广东）

A. Not completing   B. Not completed

C. Not having completed   D. Having not completed

（七）非谓语动词在英语写作中的妙用

I. Attribute

Fill in the blanks（two-minute discussion and two-minute prize-giving quiz）.

1. 会议正在举行。它非常重要。

The meeting is being held at present. It is very important.

→The meeting _____ at present is very important.

2. 会议将在下周举行。它非常重要。

The meeting will be held next week. It is very important.

→ The meeting _____ next week is very important.

3. 会议上周举行。它非常重要。

The meeting was held last week. It is very important.

→ The meeting _____ last week is very important.

4. 华为是深圳的一家公司。年产数以百万计的手机。

Huawei is a company in Shenzhen. It produces millions of cellphones every year.

→ Huawei is a factory in Shenzhen，_____ millions of cellphones every year.

5. 我们班所有的学生都喜欢这本书。它是莫言写的。

All the students in our class like the book. It is written by Mo Yan.

→ All the students in our class like the book _____ by Mo Yan.

6. 这是深圳市第二高级中学，每年培养大量的优秀毕业生。

This is Shenzhen Second Senior High School, which produces many excellent graduates every year.

→This is Shenzhen Second Senior High School, _____ many excellent graduates every year.

7. 每年培养大量优秀毕业生的深圳第二高级中学非常漂亮。

Shenzhen Second Senior High School that/which produces many excellent graduates every year is very beautiful.

→ Shenzhen Second Senior High School _____ many excellent graduates every year is very beautiful.

8. 深圳第二高级中学是一所现代化的寄宿制学校，建于2007年。

Shenzhen Second Senior High School is a modern boarding school, which was built in 2007.

→ Shenzhen Second Senior High School is a modern boarding school, _____ in 2007.

9. 建于2007年的深圳第二高级中学位于深圳南山区。

Shenzhen Second Senior High School which/that was built in 2007 is situated in Nanshan District, Shenzhen.

→ Shenzhen Second Senior High School _____ in 2007 is situated in Nanshan District, Shenzhen.

II. Adverbial

Fill in the blanks（Four-minute discussion and three-minute prize-giving quiz）.

1. 昨天我在街上走，我看见一个老头。

I walked in the street yesterday, I saw an old man.

→ _____ in the street yesterday, I saw an old man.

2. 完成作业后，我出去和同学们踢足球。

After I finished my homework, I went out to play football with my classmates.

→ _____ my homework, I went out to play football with my classmates.

3. 在梧桐山顶上看，深圳看起来更美。

When it is seen on the top of Mount Wutong, Shenzhen looks more beautiful.

→ _____ on the top of Mount Wutong, Shenzhen looks more beautiful.

4. 天气/时间允许，我将去参观清华。

If weather/time permits，I'll visit Tsinghua University.

→Time/Weather _____ , I'll visit Tsinghua University.

5. 因为今天是周六，所以我们没有课。

As it is Saturday today，we have no class.

→It _____ Saturday today, we have no class.

6. 各方面考虑起来，你最好上北大。

After all things have been considered，you'd better go to Peking University.

→All things _____ , you'd better go to Peking University.

7. 为了在高考中取得好成绩，王伟竭尽全力地学习，再也不玩电脑游戏了。

Wang Wei makes every effort to study without playing computer games any more so that he can get high marks in the college entrance examination.

→Wang Wei makes every effort to study without playing computer games any more _____ get high marks in the college entrance examination.

8. 每年深圳都栽种很多树，这美化了环境。

Every year people in Shenzhen plant lots of trees, which has beautified the environment.

→Every year people in Shenzhen plant lots of trees, _____ the environment.

9. 随着时间的推移，我越来越喜欢深圳。

As time goes on，I like Shenzhen more and more.

→With _____ , I like Shenzhen more and more.

III. Subject

Fill in the blanks（Four-minute discussion and three-minute prize-giving quiz）.

1. 眼见为实。

To see is to believe.

→ _____ is believing.

2. 吸烟对我们有害。

Smoking is harmful to us.

→It is harmful for us _____ .

3. 教师应该在教学中培养学生的创造性思维。它是必要的。

Teachers should develop students' creative thinking in their teaching. It is necessary.

→ _____ students' creative thinking in their teaching is necessary.

（*v*-ing）.

→ _____ students' creative thinking in teachers' teaching is necessary.（不定式）

4.高中生如何提高英语写作水平是个难题。

How senior high school students improve their English writing is a difficult problem（主语从句）

→It is a difficult problem _____.
（作真正的主语）

→ _____ senior high school students' English writing is a difficult problem.
（作主语）

→ A difficult problem is _____ senior high school students' English writing.
（作表语）

5.卡尔·马克思对如何学好外语给了我们一些建议。

Karl Marx gave us some advice on _____.（作介词宾语）

6. 随着中国经济的快速发展，我认为高中生讲一口流利的英语是非常重要的。

With the fast development of Chinese economy，I think it is very important that senior high school students speak English fluently.（that从句作真正的主语）

→With the fast development of Chinese economy，I think it is very important _____.（不定式作真正的主语）

→With the fast development of Chinese economy，I think it very important _____.（不定式作真正的宾语）

IV. Passage Transformation

（Four-minute discussion and three-minute prize-giving quiz）.

Rewrite the underlined parts using non-finite verbs.

Shenzhen，my second hometown, which is situated immediately north of Hong Kong，is the first special economic zone in China. Shenzhen has undergone tremendous changes since China began to reform and open in 1978 and it is not only the Silicon Valley in China but also a financial, trade and traffic center. Shenzhen，which has 10 districts at present，was originally a poor fishing village 40 years ago. As economy develops prosperously and technology is improved, Shenzhen has now become one of the four first-tiest cities in China.

→Shenzhen，my second hometown, _____ immediately north of Hong Kong，is the first special economic zone in China. _____

tremendous changes since _____ in 1978, Shenzhen is not only the Silicon Valley in China but also a financial, trade and traffic center. Shenzhen, _____ 10 districts at present, was originally a poor fishing village 40 years ago. With _____, Shenzhen has now become one of the four firsttiest cities in China.

V. Passage Translation

（Eight-minute discussion and eight-minute display by projector）.

Translate the Chinese passage about Shenzhen into English using as many non-finite verbs as possible.

深圳摩天大楼越来越多，价格持续走高。一方面，很多人无房居住；另一方面，大量房子却卖不出去。一些名牌大学毕业生即使举三代人之力买了一套房子，恐怕也要一辈子辛辛苦苦工作来还银行贷款，这严重地影响了他们的日常生活。幸运的是，深圳市政府正在采取进一步有效措施，关心这些与高房价相比收入很低的英才。

Classroom Teaching Record（English）

Time：The second class in the morning on Dec.28th, 2010.

Place：Class 6, Senior Grade Three, Shenzhen Second Senior High School.

Teacher：Class begins.

Monitor：Stand up!

Teacher：Good morning classes.

Students：Good morning teacher.

Teacher：Sit down, please!

Warming up（Two-minute discussion and two-minute prize-giving quiz）

Teacher：Please discuss the 9 multiple choice exercises on non-finite verbs on the handout in groups within 2 minutes, and then one representative for each group will give the answer and the reason.

Teacher：Time is up. Which group would like to be the first one? Hands up. Group 9, OK.

Cheng jie from Group 9：The answer is C because the word ***borrowed*** here is used as attribute to express past and passive.

Teacher：Clever boy! You have got a point for your group. The next one. Oh, Yin Zheng, Group 1.

Yin Zheng from Group 1：The answer is B, for there is no predicate in the sentence. Here the word ***form*** is used as predicate.

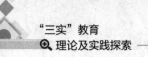

Teacher: Boys and girls, do you agree with him?

Sun Yi from Group 2: No, sir. The answer should be A because here *to form* is used as attribute and the word *are* is predicate.

Teacher: Is Sun Yi right?

Shaodong from Group 3: Absolutely not. The answer should be C because the word *forming* here is used as attribute to express active and present while an infinitive expresses future when it is used as attribute. *Form and having formed* mustn't be used as attribute.

Teacher: Excellent! Group 3 has got a marvelous point, and Group 1 and Group 2 lost a point separately.

All the other students: Wow!

Teacher: How about the third question? Yingying, Group 5.

Yingying from Group 5: The answer is B because *to be published* here followed by adverbial **next month** is used to express passive and future.

Teacher: Nice girl! Your group won a point. Question 4? Shaotao, Group 8.

Shaotao from Group 8: The key is B because *to buy* here is used as adverbial of purpose.

Teacher: Good boy! One point to Group 8. Next question. Fu Yu, Group 4.

Fu Yu from Group 4: The answer is B. Here the past participle *Attracted* followed by *by the beauty of nature* is used as adverbial to express a passive subject while an infinitive can only be used as subject and adverbial of purpose when it is at the beginning of a sentence. As for A and D, they express an active subject.

Teacher: Magic girl! Group 4 earned a point. Question 6. Yutong, Group 6.

Yutong from Group 6: The key is C to express the state the professor was in. In fact, the adverbial clause should be *Though the professor was surprised to see us*, and here the subject **the professor** and the predicate *was* in the adverbial clause were omitted at the same time because the subject is the same as the subject in the main sentence.

Teacher: Fantastic! Another magic girl! Group 6 got a point. Next question, Group 7? Xiaolong, brave boy!

Xiaolong from Group 7: The answer is A. Here the present participle *sending* is used as adverbial of accompaniment.

Teacher: Handsome boy! One point to Group 7. Now, only two questions are left. Group 1 and Group 2, do you want to get another opportunity to catch up?

OK，Xiaocheng，Group 2.

Xiaocheng from Group 2：C is the key because here *leading* is adverbial of result.

Teacher：Correct. Group 2 got a hard point. The last question. Group 1，do you want to take the chance to make up for the lost point? Luyi wants to make contribution to her group.

Luyi from Group 1：The answer is C because here *Not having completed* is used as adverbial to express a negative action happening before the predicate *have to stay* in the main sentence and the word *not* must be in front of all the other words.

Teacher：Wonderful! Group 1 won a point by hard work.

Teacher：So much for the multiple choice. Now boys and girls，for infinitive，*v.*-ing and past participle，we call them non-finite verbs and they are very useful in English writing. This class we are going to deal with the very topic（The teacher plays the topic *How to use non-finite verbs wisely in English writing* on PPT）.

How to use non-finite verbs wisely in English writing

I. Attribute（Two-minute discussion and two-minute prize-giving quiz）.

Teacher：Rewrite the nine sentences on the handout using non-finite verbs as attribute. First discuss them in groups within 2 minutes，and then another representative for each group will give the answer and the reason.

Teacher：Time is up. Hands up. Yiping，Group 1.

Yiping from Group 1：The key is *being held* because it is followed by the adverbial *at present* and also used to express passive.

Teacher：Very good! One point to Group 1. Next sentence? Yetong.

Yetong from Group 2：The answer is *to be held* because of the adverbial *next week*，so *to be held* here is used to express future and passive.

Teacher：Smart girl! Group 2 won a point. Sentence 3? Yanlin，Group 9.

Yanlin from Group 9：The answer is *held* because of *last week* and *held* here is used to express past and passive.

Teacher：Excellent! Yanlin has earned a point for Group 9.Sentence 4? Wenqian，Group 8.

Wenqian from Group 8：The key is *producing* because here it is used to express active and present.

Teacher：Smart girl again! Group 8 got another point. Next sentence? Nana. Group 3.

Nana from Group 3：The answer is *written* because here it is only used to

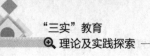
express passive.

Teacher：Correct! Another point to Group 3. Sentence 6?

Yuyu from Group 4：The answer is ***producing*** because there is a comma in front of it. Here it is used as non-restrictive attribute to express active and present.

Teacher：Good boy! One point to Group 4. Sentence 7?

Jionglong From Group 7：The answer is ***producing***. Here ***producing*** is used as restrictive attribute to express active and present.

Teacher：Clever boy again! Group 7 got a point. Next sentence?

Yanfei from Group 6：We should use ***built*** because it is followed by ***in 2007*** and there is a comma in front of it. Here it is non-restrictive attribute to express past and passive.

Teacher：Smart girl again! Another point to Group 6. The last sentence?

Xinhua from Group 5：Also ***built*** and the only difference from Sentence 8 is that here ***built*** is restrictive attribute.

Teacher：Excellent! One point to Group 5 and so much for attribute. Now let's turn to adverbial.

II. Adverbial（Four-minute discussion and three-minute prize-giving quiz）.

Teacher：Rewrite the nine sentences on the handout using non-finite verbs as adverbial. First discuss them in groups within 4 minutes，and then another representative for each group will give the answer and the reason.

Teacher：Time is up. Hands up，please. Xueling，Group 9.

Xueling from Group 9：***Walking***. Here ***Walking*** is adverbial to express the action happening at the same time with the predicate **saw** and the subject of the main sentence is active.

Teacher：Very good! Another point to Group 9. Sentence 2? Yuanyuan. Group 8.

Yuanyuan from group 8：***Having finished***. Here ***Having finished*** is adverbial to express an active action happening before the predict **went out**.

Teacher：Excellent! One point to Group 8. Sentence 3? Wenshuang. Group 7.

Wenshuang from Group 7：***Seen***. Here ***Seen*** is adverbial to express the passive subject of the main sentence.

Teacher：Nice girl! Group 7 got another point. Next sentence?

Haixin from Group 6：The answer is ***permitting***. Here ***permitting*** is adverbial with its own separate logical subject ***Time/Weather*** to express active.

Teacher：Fantastic! One point to Group 6. Sentence 5? Group 5.

Weiwei from Group 5：The key is ***being***. Here ***being*** is also adverbial with its own separate logical subject ***It*** to express state and reason.

Teacher：Correct! Another point to Group 5. Sentence 6？Yike，Group 4.

Yike from Group 4：The answer should be ***are considered*** to express passive.

Teacher：True or false?

Yufei from Group 1：False! The answer should be ***considered***. Here ***considered*** is adverbial with its own separate logical subject ***all things*** to express passive.

Teacher：Marvelous answer! One point to Group 1 and Group 4 lost a point. Sentence 7？Lin Yi. Group 3.

Lin Yi from Group 3：The answer is ***to*** and ***to get*** is adverbial of purpose.

Teacher：Correct! Any other answer?

Yanhua from Group 2：***So as to/in order to***.

Teacher：Right! Another point to Group 3 and Group 2 separately. Sentence 8？

Ziyu from Group 2：***Beautifying***. Here it is used as adverbial to express result and active.

Teacher：Right! One more point to Group 2. The last sentence？Ruiyao. Group 1.

Ruiyao from Group 1：The answer is ***time going on*** to express accompaniment.

Teacher：Wonderful! One point to Group 1. Now let's deal with **subject**.

III. Subject（Four-minute discussion and three-minute prize-giving quiz）.

Teacher：Rewrite the six sentences on the handout using non-finite verbs as subject. First discuss them in groups within 4 minutes，and then another representative for each group will give the answer and the reason.

Teacher：Time is up. Hands up! Jiajia. Group 1.

Jiajia from Group 1：***Seeing***. Here ***seeing*** is subject while **believing** is predicative.

Teacher：Correct! Another point to Group 1. Sentence 2?

Qianqian from Group 2：***to smoke***. Here ***to smoke*** is the real subject while ***It*** is the formal subject.

Teacher：Excellent! Qianqian has got a point for Group 2. Next sentence? Group 4.

Ziying from Group 4：The first blank is ***Teachers' developing***. Here ***Teachers'*** is the logical subject of the word ***developing***.

Teacher：Perfect! Group 4 got two points because this is a difficult blank. The next blank.

Donglei from Group 3： *To develop*.

Teacher： Group 3 got a point. Sentence 4. The first blank.

Yijia from Group 5： *How senior high school students improve their English writing*. Here it is the real subject.

Teacher： Perfect answer. One more point to Group 5. The second blank? Zixuan. Group 6.

Zixuan from Group 6： *How to improve*.

Teacher： Very good! Another point to Group 6. The third blank?

Yujing from Group 7： *How to improve* used as predicative.

Teacher： Clever girl! One point to Group 7. Sentence 5?

Xinyi from Group 8： *How to learn foreign languages well*.

Teacher： wonderful! One more point to Group 8. Sentence 6? The first blank.

Xinrui from Group 9： *For senior high school students to speak English fluently* is used as real subject here.

Teacher： Excellent! Another point to Group 9. The second blank?

Xiaolin from Group 3： *For senior high school students to speak English fluently* is used as real object here.

Teacher： Correct! One more point to Group 3. Now boys and girls，let's deal with next part.

IV. Passage Transformation（Four-minute discussion and three-minute prize-giving quiz）.

Teacher： Rewrite the underlined parts on the handout using non-finite verbs. First discuss them in groups within 4 minutes，and then another representative for each group will give the answer and the reason.

Teacher： Time is up. The first one. Hands up，please! Group 9.

Zeng Yun from Group 9： The answer is *situated* used as attribute.

Teacher： Correct! One more point to Group 9. The second one? Group 1.

Jiahao from Group 1： *Having undergone* is the answer used as adverbial to express an active subject and an action happening before the predicate *is* in the main sentence.

Teacher： Fantastic! Two points to Group 1 because of a difficult task. The next one?

Zhengyang from Group 2： *The beginning of Chinese reform and opening*.

Teacher： Clever boy! Three points to Group 2 because it is very difficult and

140

the next one. Group 8.

Shenglin from Group 8: The key is *including* used as attribute here.

Teacher: Another point to Group 8. The last one? Group 7.

Wu Fan from Group 7: *Economy developing prosperously and technology improved* used as adverbial.

Teacher: Two point to Group 7 because it is relatively difficult. So much for the passage. Now, let's turn to passage translation.

V. Passage Translation (Eight-minute discussion and eight-minute display by projector).

Teacher: Translate the Chinese passage on the handout into English using as many non-finite verbs as possible. First discuss it in groups within 8 minutes, and then another representative for each group will display the translation by projector, followed by comments from other groups. Now start your work (The teacher walks around and gives some guidance when necessary).

Teacher: Now boys and girls, it's the time for your presentation. Hands up, please! Group 6.

Jiajian from Group 6: It's a great honor for me to display the translation on behalf of our group. Now let me show the great works written by our group.

Works by Group 6:

Shenzhen has more and more tall buildings and their prices are becoming more and more expensive. On one hand, there are many people *having no houses to live*. On the other hand, many apartments are hard *to be sold*. Even if some graduates from famous universities have bought an apartment by three generation efforts, I'm afraid they have to try *to pay off* the money *borrowed from the bank* by *working hard* all their life, and that will seriously influence their everyday life. Luckily Shenzhen Government is doing something more *to solve* the problem, *caring about* people with low income *comparing with* the high house prices.

Teacher: What do you think of the works by Group 6 and who'd like to make a comment? Xueyao, Group 3.

Xueyao from Group 3: Generally speaking, this translation is OK because it gives us some basic information connected with the Chinese origin, but there are some mistakes. Firstly, *having no houses to live* should be *having no houses to live in* because here **live** is intransitive and mustn't be followed directly by an object. Secondly, *to be sold* should be **to sell** because in this sentence pattern the infinitive is used in active. Thirdly, *comparing with* should be *compared with*. Finally, *more and more expensive* should be *higher and higher* because of the subject *prices*, and **three generation efforts** should be **three-generation efforts**.

Teacher: Good comment! One point to Group 6 and Group 3 separately. Next presentation. Which group? Group 5.

Taozi from Group 5: Let me display our group translation and I think it is a much better one.

Translation by Group 5:

There are more and more high buildings in Shenzhen and at the same time the prices are going up constantly. On one hand, there are a lot of people without any house *to live in*. On the other hand, a great number of apartments are difficult *to sell*. Even though some graduates from well-known universities have bought an apartment with the efforts of their grandparents, parents and themselves. I'm afraid they have to try their best to *pay off the money* they have borrowed from the bank by *working* like a donkey all their life, *having a serious effect* on their daily life. Fortunately the city government of Shenzhen is taking further measures effectively *to deal with* the house problem, and show concern for the graduates *making less money compared with* the high housing prices.

Teacher: How do you like the translation by Group 5? Minghao, Group 4.

Minghao from Group 4: This is a much better translation just like what Taozi said because of fewer grammatical mistakes, but there are still some places where we can use non-finite verbs. First *Even though some graduates from well-known universities*... should be *Even though some students graduating from well-known universities*... Next *the money they have borrowed from the bank* should be *the money borrowed from the bank*... Then *and show concern* should be *showing concern* because we want to use as many non-finite verbs as possible. So much.

Teacher: Excellent comment! Another point to Group 5 and Group 4 each. Any more presentation? No more? OK. So much for your presentation because the end is coming for this class. Now please have a look at my presentation.

The teacher's translation:

There are more and more skyscrapers/high-rise buildings in Shenzhen *with their prices going up* steadily/continuously. On one hand, there are a large number of people *having* no houses *to live in*. On the other hand, many apartments are hard *to sell out*. Even if some students *graduating from* famous universities have bought an apartment with three-generation efforts of their family members, I'm afraid they have to try to pay off the money *borrowed from* the bank by *working hard* all their life, *severely affecting* their daily life. Fortunately Shenzhen Municipal Government is taking further effective measures *to solve* the *housing* problem, *showing* great concern for the talents/graduates *making* less money *compared with* high housing prices.

Teacher：How do you find my translation? Hands up! Group 4.

Zihao from Group 4：From the point of non-finite verbs, it is absolutely an excellent job, but we should combine non-finite verbs with all kinds of clauses and sentence patterns when we write a composition. Just like our food, it will not taste good if we always eat the same things for our three meals.

Teacher：Absolutely marvelous comment and two points to Group 4! Which group got the highest marks? Group 2, but all you guys are winners because you are so enthusiastic in my class. Thank you very much, boys and girls! Class is over and see you next time.

【教学实录】

上课时间：2010年12月28日上午第二节。

上课地点：深圳市第二高级中学高三（6）班。

师：上课。

班长：起立。

师：同学们好!

学生：老师好!

师：同学们请坐!

（一）导入新课/热身

（2分钟讨论，然后2分钟有奖竞答）

师：同学们，请小组讨论学案上关于非谓语动词的高考选择题，然后进行2分钟有奖竞答。每个小组选代表报答案，并说明理由。

师：时间到。哪个小组先来? 举手。承杰，第九组。

承杰（第九组）：答案是C。因为此处borrowed作定语，表示完成和被动。

师：聪明! 给你们组赚了一分。下一题。殷政，第一组。

殷政（第一组）：答案是B。因为句子没有谓语，所以form在这里作谓语。

师：孩子们，你们同意他的说法吗?

孙怡（第二组）：不同意，老师! 答案应该是A。因为to form在这里是定

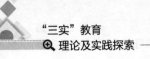

語，而are是谓语。

师：孙怡的说法对吗？

少东（第三组）：绝对不对！答案应该是C。因为forming在这里作定语，表示主动和现在，而不定式作定语时表示将来。Form 和 having formed不可以作定语。

师：太好了！第三组获得精彩的一分，第一组和第二组各减一分。

其他两组学生：哇！

师：第三题呢？莹莹，第五组。

莹莹（第五组）：答案是B。因为to be published后有状语next month，表示被动和将来。

师：好姑娘！你们组得一分。第四题。绍韬，第八组。

绍韬（第八组）：答案是B。因为to buy 在这里是目的状语。

师：好孩子！第八组加一分。下一题。付煜，第四组。

付煜（第四组）：答案是B。在这里，后面接了by the beauty of nature的过去分词attracted作状语，表示句子主语被动。而不定式位于句首时，通常只能作主语和目的状语。A和D表示主语主动。

师：太聪明了！第四组得一分。第六题。羽彤，第六组。

羽彤（第六组）：答案是C，表示主语所处状态。事实上，这个状语从句应该是Though the professor was surprised to see us。在这里，状语从句的主语the professor和谓语was同时省略。因为从句的主语和主句的主语相同，并且从句中的谓语是be动词。

师：太精彩了！又一个神奇女孩！第六组得一分。下一题。第七组？小龙，勇敢的孩子！

小龙（第七组）：答案是A。sending在这里是伴随状语。

师：好孩子！第七组加一分。还剩两个题。第一组和第二组，你们想追上来吗？好的，筱澄，第二组。

筱澄（第二组）：答案是C。这里leading作结果状语。

师：正确。第二组艰难地追上一分。最后一题。第一组，想要追上分数吗？璐怡要为小组做贡献。

璐怡（第一组）：答案是C。这里Not having completed作状语，表示一个否定动作发生在主句谓语动词have to stay之前。否定词not必须在最前面。

师：太棒了！第一组努力追上了一分。

师：孩子们，选择题就到这里。不定式、v.-ing 和过去分词，我们统称为非谓语动词，它们在英语写作中非常有用。这节课我们重点涉及这个话题。

（老师在PPT上展示这个话题：非谓语动词在英语写作中的妙用）

（二）非谓语动词在英语写作中的妙用

1. 定语（2分钟讨论，然后2分钟有奖竞答）

师：用非谓语动词作定语改写学案上的句子。首先小组讨论2分钟，然后进行2分钟有奖竞答。每个小组另选代表报答案，并说明理由。

师：时间到。举手。一平，第一组。

一平（第一组）：答案是being held，因为其后跟随了状语at present，表示被动动作正在进行。

师：很好！第一组加一分。下一个句子。业桐，第二组。

业桐（第二组）：答案是to be held，因为后面跟随状语next week。所以to be held在这里表将来和被动。

师：聪明！第二组加一分。第三个句子。言霖，第九组。

言霖（第九组）：答案是held。因为后接last week，所以held在这里表示过去和被动。

师：非常好！言霖为第九组挣了一分。第四个句子呢？雯芊，第八组。

雯芊（第八组）：答案是producing，表主动和现在。

师：又一个聪明的女孩！第八组又得一分。下一个句子。娜娜，第三组。

娜娜（第三组）：答案是written，这里仅表被动。

师：对！第三组又得一分。第六个句子。

豫裕（第四组）：答案是producing。因为它前面有逗号，所以是非限制性定语。表主动和现在。

师：好孩子！第四组加一分。第七个句子呢？

炯龙（第七组）：答案是producing。限制性定语，表主动和现在。

师：又一个聪明的男孩！第七组得一分。下一个句子呢？

颜菲（第六组）：答案应该是built。因为后面有时间in 2007，并且前面有逗号，所以是非限制性定语，表过去和被动。

师：聪明女孩！第六组再得一分。最后一句。

心华（第五组）：答案也是built，限制性定语。

师：太好了！第五组得一分。定语就这么多。下面我们来讲一下非谓语动词作状语。

2. 状语（4分钟讨论，然后3分钟有奖竞答）

师：用非谓语动词作状语改写学案上的句子。首先小组讨论4分钟，然后进行3分钟有奖竞答。每个小组另选代表报答案，并说明理由。

师：时间到。请举手。雪玲，第九组。

雪玲（第九组）：Walking。作状语，表示Walking动作与主句谓语动词saw所表动作同时发生，且主句主语主动。

师：很好！第九组再加一分。第二个句子呢？圆嫒，第八组。

圆嫒（第八组）：答案是Having finished。这里Having finished作状语，表示一个主动动作发生在谓语动词went out之前。

师：太棒了！第八组加一分。第三个句子呢？汝霜，第七组。

汝霜（第七组）：答案是Seen。作状语，表主句主语被动。

师：好姑娘！第七组又得一分。下一个句子呢？

海欣（第六组）：答案是permitting。独立主格结构，作状语。此处permitting表主动，并且拥有自己独立的逻辑主语Time/Weather。

师：太神奇了！第六组得一分。第五个句子。

蔚蔚（第五组）：答案是being。独立主格结构，作状语。

师：对！第五组再得一分。第六个句子呢？怿可，第四组。

怿可（第四组）：答案是are considered表被动。

师：对不对？

育妃（第一组）：不对！答案应该是considered。独立主格结构，作状语，表被动。

师：棒极了！第一组加一分，第四组减一分。第七个句子呢？林艺，第三组。

林艺（第三组）：答案是to，to get是目的状语。

师：正确！有其他答案吗？

燕华（第二组）：so as to/in order to。

师：对！第三组和第二组各加一分。第八个句子呢？

梓瑜（第二组）：答案是beautifying，作结果状语，表主动。

师：对！第二组再加一分。最后一句。睿瑶，第一组。

睿瑶（第一组）：答案是time going on，作伴随状语。

师：太精彩了！第一组再得一分。接下来我们要处理非谓语动词作主语的问题。

3. 主语（4分钟讨论，然后3分钟有奖竞答）

师：用非谓语动词作主语改写学案上的句子。首先小组讨论4分钟，然后进行3分钟有奖竞答。每个小组另选代表报答案，并说明理由。

师：时间到。请举手。佳佳，第一组。

佳佳（第一组）：答案是Seeing。Seeing作主语，而believing作表语。

师：正确！第一组再得一分。第二个句子呢？

倩倩（第二组）：答案是to smoke，作真正主语；而It是形式主语。

师：太好了！倩倩为第二组得一分。下一个句子呢？紫莹，第四组。

紫莹（第四组）：第一个空是Teachers' developing。在这里Teachers'是developing的逻辑主语。

师：太完美了！这个空比较难，所以第四组得2分。下一个空。

冬蕾（第三组）：To develop。

师：第三组得一分。第四个句子，第一个空。

奕伽（第五组）：答案是How senior high school students improve their English writing，作真正主语。

师：非常完美！第五组再加一分。第二个空呢？子璇，第六组。

子璇（第六组）：答案是How to improve。

师：非常好！第六组再加一分。第三个空呢？

宇靖（第七组）：答案是How to improve。作表语。

师：聪明！第七组加一分。第五个句子呢？

心怡（第八组）：答案是How to learn foreign languages well.

师：精彩！第八组再加一分。第六个句子呢？第一个空。

心汭（第九组）：答案是for senior high school students to speak English fluently，作真正主语。

师：漂亮！第九组再加一分。第二个空呢？

晓琳（第三组）：答案是for senior high school students to speak English fluently，作真正宾语。

师：对！第三组再加一分。孩子们，我们来处理下一部分。

4. 篇章转换（4分钟讨论，然后3分钟有奖竞答）

师：用非谓语动词改写学案上画线部分。首先小组讨论4分钟，然后进行3分钟有奖竞答。每个小组另选代表报答案，并说明理由。

师：时间到。第一个。请举手。请！第九组。

曾芸（第九组）：答案是situated，作定语。

师：正确！第九组再加一分。第二个呢？第一组。

家豪（第一组）：答案是Having undergone，作状语，表动作发生在主句谓语is之前，且主语主动。

师：太棒了！这个问题较难，所以第一组得2分。下一个呢？

正洋（第二组）：答案是the beginning of Chinese reform and opening。

师：太聪明了！这个问题太难了，所以第二组加三分。下一个。第八组。

盛林（第八组）：答案是including，作定语。

师：第八组再加一分。最后一个呢？第七组。

吴凡（第七组）：答案是economy developing prosperously and technology improved，作状语。

师：第七组加2分，因为这个问题相对较难。这一部分就先到这里。接下来我们进行翻译练习。

5.翻译（8分钟讨论，然后8分钟投影仪展示）

师：翻译学案上的文章，尽可能多地使用非谓语动词。首先小组讨论8分钟，然后每个小组另选代表展示，其他小组评论。现在开始讨论（老师四处走动，必要时给予指导）。

师：孩子们，时间到，现在开始展示。举手。请！第六组。

嘉健（第六组）：很荣幸代表我们小组展示我们的翻译。现在我来展示我们组的伟大作品。

第六组的作品：

Shenzhen has more and more tall buildings and their prices are becoming more and more expensive. On one hand, there are many people **having no houses to live**. On the other hand, many apartments are hard **to be sold**. Even if some graduates from famous universities have bought an apartment by three generation efforts, I'm afraid they have to try **to pay off** the money **borrowed from the bank** by **working hard** all their life, and that will seriously influence their everyday life. Luckily Shenzhen Government is doing something more **to solve** the problem, **caring about** people with low income **comparing with** the high house prices.

师：你们觉得第六组的翻译如何？谁愿意评论？雪瑶，第三组。

雪瑶（第三组）：总的来说还可以，因为它给我们提供了一些和汉语原文相关的基本信息，但是有些错误。第一，having no houses to live 应该是 having no houses to live in，因为这里live 是不及物动词，不可以直接带宾语。第二，to be sold 应该是to sell，因为这是固定句型，不定式必须主动。第三，comparing with 应该是compared with。最后，more and more expensive应该是higher and higher，因为主语是 prices；three generation efforts应该是three-generation efforts。

师：好评论！第六组和第三组各加一分。下一个展示。哪个组？第五组。

桃子（第五组）：让我来展示我们组的作品，我觉得这个翻译要好得多。

第五组的作品：

There are more and more high buildings in Shenzhen and at the same time the prices are going up constantly. On one hand, there are a lot of people without any house **to live in**. On the other hand, a great number of apartments are difficult **to sell**. Even though some graduates from well-known universities have bought an apartment with the efforts of their grandparents，parents and themselves. I'm afraid they have to try their best to **pay off the money** they have borrowed from the bank by **working like a donkey** all their life，**having a serious effect** on their daily life. Fortunately the city government of Shenzhen is taking further measures effectively **to deal with** the house problem，and show concern for the graduates **making less money compared with** the high housing prices.

师：大家觉得第五组的翻译怎么样？明昊，第四组。

明昊（第四组）：正如桃子所说的，这是一份好得多的翻译，因为语法错误相对较少。但有几处可以用非谓语动词。首先，even though some graduates from well-known universities... 应该是even though some students graduating from well-known universities...。其次，the money they have borrowed from the bank should be the money borrowed from the bank...。再次，and show concern应该是showing concern。因为我们想要尽可能多地使用非谓语动词。

师：精彩！第五组和第四组各加一分。还有要展示的吗？没有？好的，因为要下课了，你们的展示就先到这里。现在看一下我的展示。

老师的作品：

There are more and more skyscrapers/high-rise buildings in Shenzhen **with their prices going up** steadily/continuously. On one hand，there are a large number of people **having** no houses **to live in**. On the other hand，many apartments are hard **to sell out**. Even if some students **graduating from** famous universities have bought an apartment with three-generation efforts of their family members，I'm afraid they have to try to pay off the money **borrowed from** the bank by **working hard** all their life，**severely affecting** their daily life. Fortunately Shenzhen Municipal Government is taking further effective measures **to solve** the **housing** problem，**showing** great concern for the talents/graduates **making** less money **compared with** high housing prices.

师：我的翻译如何？举手！第四组。

梓濠（第四组）：从非谓语动词的角度来讲，这绝对是好作品。但是当我们写作文时，应该把非谓语动词与各种从句和句型结合起来。正如我们的饮食一样，如果一日三餐吃同样的东西，肯定没有胃口。

师：绝对精彩，第四组加2分！孩子们，现在看一下哪个组分数最高？第二组。但我认为你们都是获胜者，因为在这节课上大家是如此激情四射。谢谢大家！下课，再见。

教学反思

1. 初出茅庐

记得20世纪80年代我刚从大学毕业教非谓语动词时，自己讲得滔滔不绝，上完课后，自我感觉良好，觉得一节课精心准备的内容全都顺利完成了，学生做相关内容选择题的正确率也达到90%。然而，有一天我在批改学生的作文时，却发现两个班没有一个学生运用非谓语动词。这让我有种挫败感，因为语言知识是要为语言运用而服务的。

2. 再遇非谓语动词

30年前的教育是看教师讲得是否精彩，对老师的评价主要是看学历和知识储量。而21世纪的教育主要是以学生为中心，强调学生的参与度，是师生之间、生生之间的有效互动。本节课主要是以"三实"课堂教学理念为教学指导思想，以学生为主体，注意培养学生的英语思维能力、语言实践能力和综合语用能力。在教学活动中，我仅以观众身份登场，适当加点小评论。本节课全班50人，每个人都参与到小组讨论、展示，以及评价的过程中，真正做到了全员有效参与，这是我最得意之处。但遗憾的是：由于时间有限，最后的翻译展示和评价仅仅进行了三组（包括我的翻译展示）。这可能是给我剩余几年的教学生涯留下的进步空间吧！

"三实"教育在健康学科中的课堂实践

◆◆《向左走，向右走》"三实"课堂实践 ◆◆

——文理分科"六个一"指导模式之心理研讨课

高 志

高 志

　　高志，深圳市第二高级中学心理教师。深圳中小学心理健康教育专业委员会委员，深圳市教科院特聘心理咨询专家组成员，深圳市教科院特聘生涯教育专家组成员，深圳市第二高级中学心理组组长，北京师范大学心理健康教育硕士，国家二级心理咨询师，国家高级家庭教育指导师，国家绘画投射分析师，国家生涯规划指导师，国家高级心理保健师，广东省心理学会会员，深圳市家庭教育讲师团成员，深圳市心理危机干预核心组成员，广东省中小学心理健康教师C证培训师，广东省首批心理骨干教师培训班成员，曾获深圳市直属学校心理教师技能大赛第一名，市总决赛第五名。

　　曾多次参与国家、省市级课题，并获一、二等奖。出版专著《为雨季撑一把伞》，参编《积极心理活动课操作指南》《尊重型德育理论与实践》《生涯规划》等三部著作。论文、心理剧剧本和课例等都曾多次发表或获奖。

　　因工作认真、专业扎实、业绩较突出，曾连续七年获得学校教书育人奖，其中银奖5次、金奖2次。深受学生、家长的信任和喜爱。

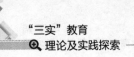
【教学设计】

（一）指导思想

整个课堂体现出快节奏、大容量的特点，更体现了"三实"课堂的理念与要求。课堂选题来自学生"真实"的现实困境——文理分科选择。在课前通过访谈教务处主任和班主任，了解到学生在文理选择时存在的困惑与问题，然后结合心理学与生涯规划的理论与技术进行辅导，可谓"扎实"。在课堂中，既有关于生涯规划理念的渗透，也能让学生充分参与其中，促进以学生为主体的工具使用与交流，使其贴近学生、深入推进，没有花架子，体现出"朴实"的风格。

（二）背景分析

高一上学期期末，学生面临文理分科的选择。许多学生从小到大，都成长在"过度保护""被动受控"的环境氛围中，较少有自由选择的机会，缺乏抉择策略指导与训练。在面对文理选择时，有的学生思考比较片面，考虑比较简单，甚至存在许多对文理科选择的误区，比如，受传统"学好数理化，走遍天下都不怕"的观念影响，普遍认为智力好、学习好的人应该选理科，只有学习差、智力差的人才学文科；又如，认为文科只要背诵就好；有的学生则畏惧选择，不知道该如何进行抉择；还有的学生在进行文理选择时，只是看文理科的成绩或喜好，而没有深刻地认识到文理选择可能产生的结果和影响。

针对学生的需求和困惑，我校进行了"生涯教育+文理抉择"的二高模式探索。其中"六个一"包括：

（1）年级指导大会：由教务处主任介绍文理分科的政策和情况，以及往届分科经验等。

（2）家长指导大会：家长会上，邀请专家对家长进行升学路径指导与分析、学校文理分科的情况等指导与分享。

（3）霍兰德职业测试：由心理组负责，测量学生职业倾向类型，作为学生抉择的参考因素。

（4）班主任文理分科研讨会：依据测试结果，心理老师与班主任共同研讨指导学生文理分科的基本原则和策略。

（5）采用文理科预报名策略，全面把握和提前收集学生的文理填报情况，及时进行针对性的团体和个体干预。

（6）心理研讨课：《向左走，向右走》，与学生探讨填报文理分科的心理策略与技术思考。

（三）教学目标

（1）认知目标：协助学生更加全面地思考和认识文理抉择对自己可能产生

的影响，理清自己进行文理选择时需要考虑的因素。

（2）情感态度与价值观：培养学生以为自己和未来负责任的心态，来开放交流、全面思考、理智抉择。

（3）过程与方法：带领学生使用生涯抉择平衡单来进行生涯抉择，运用蝴蝶模型来进行生涯适应性训练，使学生能掌握生涯工具来进行自我生涯抉择与调适。

（四）教学重难点

教学重点：①学会使用和掌握生涯平衡单和蝴蝶模型，并将其灵活运用于各种生涯抉择当中，提升自己的抉择能力与策略；②培养学生开放性思考与自我反思的能力，提升理性和科学抉择的概率。

教学难点：①学生广泛讨论与交流，并根据别人的观点，来反思自己的抉择；②纯属研讨新课，讨论和交流环节又比较多，时间比较难以把握。

（五）教学准备

课前调查、生涯抉择平衡单、蝴蝶模型图、视频。

（六）教学过程（说明设计意图）

1. 团体热身阶段

上课伊始，学生尚未有足够的情绪及精神准备，对主题和目标茫然无知，团体内开展互动、交流、分享的氛围尚未形成。通过团体热身，可以调动学生情绪，集中学生注意力。并通过紧扣主题的热身游戏，引出今天的辅导主题，一举两得。

教学步骤：热身游戏——抓与逃。

（1）左手抓，右手逃。

（2）抓逃交替。

通过引出文理分科的三种内在模型：

（1）双趋冲突：两个都想要（两利相权取其重）；

（2）双避冲突：两个都不想要（两害相权取其轻）；

（3）趋避冲突：想要其中一个，不想要另一个（毫无压力做选择）。

2. 团体转换阶段

班级团体辅导的团体转换期肩负由"团体凝聚力初步形成"向"运用团体动力解决团体共同关心的某一发展问题"转移的重要任务，这是一个创设情境、提出问题、激发成员探索成长困惑的欲求、逐步催化团体动力的过渡时期。这一时期的工作重点是"展开主题"。

通过观看视频，引发大家产生"选择有风险，抉择需谨慎"的意识，使其重新审视文理选择对于自己未来的影响和意义。

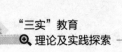
教学步骤：

（1）观看视频，视频内容是采访不同选错专业的大学生，让他们现身说法，告诫大家在进行文理选择时要谨慎而行。

（2）梳理文理科之间的差异与选择文理的误区。

3. 团体工作阶段

团体工作期是团体基本成熟后进入解决实质性问题的关键时期。这时的团体动力才真正开始有效运动，此时即可进入以"自我开放、面质、回馈"为基本要素的团体工作阶段，其重点是"问题探索"。

此阶段，重点指导学生结合自己的思考与分析，学习使用生涯抉择平衡单和蝴蝶模型图。并且进行"真诚、开放、分享"为特征的相互讨论与反馈。大家彼此借鉴与学习，不断提升自己的思考深度与广度。

教学步骤：

（1）理性抉择——生涯抉择平衡单。

考虑因素	加权（1~5倍）	文科	理科
学科兴趣（可细分）			
学科成绩（可细分）			
学科潜能			
兴趣特长			
高校专业			
未来职业			
父母意见			
性别原因			
……			

注意事项：每个项目之重要性因人、因时、因地而异。为它们乘上加权分数，加权范围由1~5分，计分范围由1~10分。乘上加权分数后使差距变大，有助于看出各方案在你心中的重要性排序。

"生涯抉择平衡单"可以帮助学生在进行职业选择时，将需要考虑的多方面因素，从一团乱麻中理出头绪来，帮我们梳理思路，客观、清晰地做出适合自己的选择。

（2）蝴蝶模型图。

蝴蝶模型源于生涯混沌理论，它认为个体生涯是一个动态开放、多因素交互作用的复杂系统，关注个体职业发展过程中环境变化、他人影响等各种意外事件的不确定影响。该模型可以帮助学生提升其生涯适应能力。

4. 团体结束阶段：故事分享与途径推荐

团体结束期的重点，是设置富有新意、余音袅袅的结束氛围，为本次主题探索画上一个圆满的句号。通过结尾的升华，鼓励学生将认知、经验加以生活化和行动化，使学生的收获向课外延伸。

教学步骤：

（1）哲学家芝诺用"大圈"与"小圈"来类比知识与困惑的比较，引导学生合理看待在这节课中所产生的疑惑。

理想圈　　意外圈

（2）探索职业与专业的方法介绍。

媒介探索法	人物访谈法	校园模拟法	现实实践法
书籍、报纸、杂志	问卷调查	生涯课程	参观目标大学
高校官网	职业生涯规划专家	生涯夏令营	参加目标企业
企事业单位官网	校内生涯导师	生涯主题活动	职业现场考察
社交媒体	父母、亲友	校内职业任务模拟	实习
生涯规划网站	大学生/家长	社团/学生组织	旁听大学课程
高考志愿填报指导网站	职场人士	学科创新竞赛	参加志愿活动
纪录片、访谈类节目	大学教师	高校说明会	参加行业论坛或展览活动
	行业达人	企业招聘会	参加专业学术论坛

（3）"趣"字解析：趣——唯有行动，才能真正找到。所以，参加我们的寒假社会实践吧！

【教学实录】

上课时间：2017年1月17日下午第1节。

上课地点：深圳市第二高级中学四楼教务室。

上课班级：高一（8）班。

师：上课。

生：起立。

师：同学们好！

生：老师好！

师：同学们请坐！

（一）游戏导入

（教师播放幻灯片，上面有热身游戏：抓与逃。第一关，左手抓，右手逃。第二关，抓逃交替）

师：请所有的同学起立，伸出你们的双手，左手的掌心向下，右手竖起食指向上。调整相互之间的距离，让右手的食指顶住右边同学的手掌心。接下来，当我数到"1"时，用你的左手去抓左边同学的食指，而你的右手则迅速逃离右边同学的"魔掌"。准备好，3、2、1.5……

（学生紧张中反应错误，全场大笑）

师：我说的是1.5，不是1。好，1。

（有尖叫，有大笑）

师：成功抓到了的同学请举手，成功逃脱的同学请举手。

（学生举手，逃脱的比抓到的多）

师：好像逃得比较快。接下来，第二关，抓逃交替。我解释一下，在每一组当中有两列，坐在左边这列为"1"，坐在右边这列为"2"。所有是"1"的同学，双手食指竖直向上，所有是"2"的同学，双手手掌向下。明白？所以，每一个同学都只有一个角色。

（有学生议论，想做"抓"的角色）

师：没办法，这是游戏的规划，也是"命运"的安排。3、2、1。

（快速行动）

师：抓到的同学请举手。

（有两名男生，一名女生举手）

师：好，有两名男生和一名女生成功抓住了，掌声。

（学生鼓掌）

师：刚刚在这个游戏中，大家有什么样的体验呢？这可能就是我们在选择当中，可能要面对的三种情况，来看一下（PPT翻页，①双趋冲突：两个都想要，两利相权取其重；②双避冲突：两个都不想要，两害相权取其轻；③趋避冲突：想要其中一个，不想要另一个，毫无压力做选择）。第一种情况，当我们刚才是"2"的同学，想两个手都抓住的时候，你的内心体验是什么样的？

生：紧张，想两个都抓住，又担心其中某个逃掉了。

比较项目	理科	文科	文理兼需
大致的霍兰德类型	实用型（R）	传统型（C）、艺术型（A）	研究型（I）、管理型（E）、社会型（S）、管理型（E）
主要对应专业	理学、工学、农学、医学	文学和历史学	哲学、经济、法学、教育学、艺术学、管理学
可能误区1	理科不用背？错！化学、生物、物理电磁学要背的多了	文科只要背？错！博古通今，更要有较强的分析问题能力和较广的知识面	
可能误区	"一二段考成绩还不错，对比高考一本理科录取线，感觉心里妥妥的。"错！告诉你一个"良苦用心"的"坑"。千万不要以为理科容易，只需要较强的逻辑思维能力，后面的挑战会很大！要有足够的心理准备！		
特殊情况	部分院校的个别专业会招收文科生，如广州中医药大学的中医学、农学中的园林、园艺等专业。理学类的心理学类，如北师大、西南师大也招文科。个别院校的工业设计、城市规划专业也会招文科生，如北京工业大学工业设计、华中科技大学的城市规划等		

师：当我们作为"1"的角色，两个手都想逃离的时候，我们将这种冲突称为"双避冲突"。就是两个都不想。第三种叫"趋避冲突"，也就是一个是你想要的，另一个是你不要想的，这种选择自然毫不费力。而我想，在最近的两个星期，我们班的同学也正经历或者已经经历过这当中的内心冲突之一。好，调查一下，当你在选择文理科的时候，觉得自己是文科厉害，理科更厉害，两个都想学，属于"双趋冲突"的，请举手。

（面面相觑，没人举手）

师：大家太谦虚了吧，一个都没有？

（学生反应比较冷淡，似乎承认"厉害"是件有风险的事）

师：好，有没有两个都不想选的，觉得无论文理都不是太喜欢。可能你主要是综合实力比较平衡。

（有两名学生举手）

师：这样看起来，大家做文理的选择不难嘛。那么大家就基本属于"趋避冲突"这一类了，现在请举手。

（大部分学生举手）

师：哦，恭喜你们！你们做这个选择确实比较轻松。但是大家做文理的选

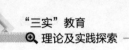

择，是不是一个很重要的选择？

（学生点头）

师：好，我来给大家播放一个视频。

（二）视频观看，思考文理选择的重要性

据《中国青年报》社会调查中心发起的一项调查显示（10 005 人参加），当初填报高考志愿时，67% 的人并不了解自己所选的专业，67.9% 的人承认自己在报考专业时是"盲目的"，71.2% 的人表示如果有可能，想重新选择一次专业。这不禁让人感叹："难道我们真的要用十年准备这一战，却用三天决定这一生？"该视频为腾讯采访，采访对象为大学生，内容是他们对于自己所选择的专业的满意度，还有当时自己是如何选择专业的，现在又有怎样的感悟和反思。

师：好，这个视频虽然谈的主要是高考志愿选择，其实大家选择文理时，是不是已经开始选择未来专业了呢？是的，因此"选择有风险，抉择需谨慎"。刚才视频里，那位大学生说自己只花了十分钟时间就做了选择，接下来我邀请大家，起码花二十多分钟的时间，来认真思考一下自己所进行的文理选择。好吗？

（学生点头示意）

师：我相信，经过再一次的思考，无论你的选择与之前是相同还是不同，都将会是更加有深度和更可靠的思考。接下来，我给大家展示一下，自己对于文理差异的一些分析。让我们一起来理清文理学科之间的差异。

（通过PPT展示）

师：请大家看一下这张表格。好，那么接下来，我邀请大家一起来回忆一下，当你面对文理分科选择的时候，你考虑了哪些因素呢？

（三）利用"生涯抉择平衡单"，理清思路，理性抉择

师：请大家看学习单上的"生涯抉择平衡单"，将自己选择文理时的考虑因素写在"考虑因素"这一列当中。

（学生在"学习单"上填写，时间为三分钟）

师：好，我看到有的同学写得比较多，有的同学写得比较少。那么，每个人写的只是他自己一个人的思考，大家一起分享能让我们从更广、更深的角度来思考。接下来，谁来分享一下，你考虑了哪些因素呢？

生1：学习成绩、兴趣。

师：好，这都非常重要，谁来继续补充。

生2：我会考虑以后的就业，因为我的父母都是文科的老师，所以我也想选文科，以后当老师。

师：好，我们将这位同学说的概括为，家庭因素和就业方向。

生3：我选择理科，是因为我很在乎跟八班同学之间的关系，希望可以继续跟大家在一起，甚至将来大家可以一起去相同的地方读大学。另外，我在初中的同学也很让我怀念，我很珍视这样的友谊，我希望将来考上一所好的大学能为我的初中学校增光添彩。

师：这位同学选择理科，是因为他很在乎跟大家之间的关系。有没有让你们感动？

（学生鼓掌）

师：嗯，我们称之为同伴关系吧。然后，他说到想让初中学校因他而骄傲，我觉得这个有点使命的感觉了。

生4：我的考虑是，理科的录取线比文科相对要低，相同的分数，理科能录取的学校比文科要好。

师：哦，所以你考虑的是录取概率。好，因为时间关系，我们就先分享到这里。老师这里也有一些因素，希望你们作为参考。（展示PPT）

各科因素权重表：

考虑因素	加权（1~5倍）	文科	理科
学科兴趣（可细分）			
学科成绩（可细分）			
学科潜能			
兴趣特长			
高校专业			
未来职业			
父母意见			
性别原因			
……			

师：接下来，请综合上面这些考虑因素，找出你自己觉得比较看重的，将它们写在你的"生涯抉择平衡单"上，2分钟左右的时间……好，接下来我们进行第二步，赋权。什么是"赋权"呢？其实就是指某项因素的重要性程度。比如同样是"父母期待"这个因素，A同学可能觉得它非常重要，重要到是其他因素的5倍，那我们就将这个因素的得分乘5。B同学也觉得重要，但不至于5倍那么多，差不多就是乘以2吧。也就是乘以的倍数就是其重要性程度的体现。好的，我讲明白了吗？接下来，请大家给自己所列举的因素给予不同的赋权吧。

（学生完成"生涯抉择平衡单"）

师：谁来分享一下，自己赋权最重要的因素是什么，为什么？

生5：我赋权最重要的是兴趣，因为兴趣是最好的老师。

师：嗯，这位同学认为兴趣最重要。好，大家赋权最低的因素是什么呢？有没有人愿意分享一下。

（没有人回应）

师：好的，接下来进行第三步，评分。请大家将自己所列举的每一个因素都评一个分数，总分是10分。然后将单项的评分乘以赋权的倍数，最后对比各因素在文理上不同的总分。

（学生计算）

师：好，算完的同学请举手。

（大部分同学都举手了）

师：现在看一下，你所量化算好的结果跟之前做的决定是一致的请举手。

（大部分学生都举手了）

师：好，我看到大部分同学是一致的。只有少数几位同学不是。没关系，教务处还有一个最后修改文理的日期（展示PPT，2月3号前，你仍有机会更改文理科，只需向教务处递交附有家长和班主任签名的书面申请），你可以在接下来的这段时间，再好好想一下这个问题，假如确定要修改，你可以通过书面申请的方式递交到教务处，来进行修改。

（四）蝴蝶模型，应对生涯变幻

师：俗话说，"理想是丰满的，现实是骨感的"。接下来，我们一起来学习一个帮助大家应对现实变化的生涯工具——蝴蝶模型。大家一起来看黑板（板书展示蝴蝶模型）。左边的圈代表理想圈，右边的圈代表意外圈。我们如何来使用呢？我来给大家讲解一下：

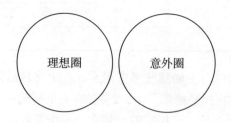

现在的情况是，我们的文理选好了，你是不是该想一下你的学习大计了？请看左边圆圈：

（1）在12点钟上，写上"就读文科（理科）"，表示你开始了文科生之旅。或者你加上（某某大学某某专业，因为这是你学习文科的未来目标）。

（2）在3点钟处，写下你一学期后的目标。

（3）在6点钟处，写下你一年后的目标。

（4）在9点钟处，写下你两年后的目标。

然而，计划总是赶不上变化。接下来，我们一起来看右边这个圈，这个叫意外圈。大家想一想，你有可能会遇到什么意外呢？

生6：原来理科没有"我以为"的简单——成绩下降，难度越来越大。

生7：发现了自己的"真爱"，但不是自己所选的科目。

生8：物理老师不是冯夏博士了。

师：好，那么大家可以根据自己的想象，在右边意外圈的6点钟上，写上某项"意外"，然后在其12点钟处，写上可能对原理想计划所产生的影响，更重要的是你自己应对的抉择。接下来，在其9点钟位置，也就是与理想圈的交汇处，做出目标变更调整。然后再顺时针调整理想圈的其他目标和计划。

（学生在自己"学习单"上进行书写）

师：由于时间关系，我们今天就不在课上分享。我想说的是，现实变化莫测，但是我们都能够从容应对，因为我们即使在无法改变的意外面前，也可以做最好的抉择与行动。

（五）故事分享与途径推荐

师：古希腊有位著名的哲学家，叫芝诺。一次，他的学生问他："您的知识这么渊博，可您为什么还是孜孜不倦地学习呢？"芝诺画了两个一大一小并在一起的圆圈，然后向他们解释说："大圈里面是我掌握的知识，小圈里面则是你们掌握的知识。显然我的知识比你们多，但是在这两个圈的外面，就是你们与我无知的部分。你们说，面对着浩瀚无比的海洋，我怎能不学习呢？"所以，讲完这节课，如果你的疑问更多了，那说明你的知识本领增强了！但是当我们的疑惑增强了，我们该如何去学习并解惑呢？我想给大家提供一些途径（展示PPT）。

媒介探索法	人物访谈法	校园模拟法	现实实践法
书籍、报纸、杂志	问卷调查	生涯课程	参观目标大学
高校官网	职业生涯规划专家	生涯夏令营	参加目标企业
企事业单位官网	校内生涯导师	生涯主题活动	职业现场考察
社交媒体	父母、亲友	校内职业任务模拟	实习
生涯规划网站	大学生/家长	社团/学生组织	旁听大学课程
高考志愿填报指导网站	职场人士	学科创新竞赛	参加志愿活动
纪录片、访谈类节目	大学教师	高校说明会	参加行业论坛或展览活动
	行业达人	企业招聘会	参加专业学术论坛

最后，我想跟大家一起来解读"趣"字。大家都希望生活有趣，有意思。那么，怎样才能做到呢？大家来看"趣"由"走"和"取"两个字组成，也就是说唯有行动，才能真正找到。那么这个寒假，我们将会做生涯社会实践。请大家关注，并积极参加我们的寒假社会实践。这节课上到这里，下课！

（该课例为市教科院生涯教育研讨示范课）

教学反思

1. 从学生的真实需求出发设计主题。

首先，心理辅导课没有固定的教材，于是课题选择便成为首当其冲的问题。心理教师是选择自己认为重要的问题、自己想讲的课题，还是从学生的需求出发，选择学生想要解决的问题呢？显而易见，只有以学生的需求为中心，心理课才能做到真正的有的放矢。我曾听过一节《谈死亡》的心理课。心理老师在讲台前大谈死亡的意义与价值、生命的脆弱与无常。这位心理老师还非常崇尚佛教，因而在课堂上还采用了一些佛教观想死亡的方法，来唤醒大家对于死亡的重视，理解生命的意义。然而，下面只是一群高一的新生，他们对于"遥远"抽象的死亡，并没有什么感觉。于是，这堂课基本上成了老师的"独角戏"。最让人担心的是部分学生还可能因此唤起对死亡的恐惧，造成了一些负面的情绪和不良影响。

其次，学生的需要有很多，哪些需要是心理课要解决的呢？比如玩笑和娱乐也是学生的需要，但这显然并非心理课的重点。所以，要分清什么是学生真实的需要，什么是他们在学习和生活中真实的困境。

最后，如何才能找到学生的真实需求呢？我认为可以从理论与实际相结合的角度来进行思考。理论，是指从各种心理学理论对各年龄阶段的特征和分析中获得指导，如埃里克森的社会心理发展理论分析的青少年自我同一性混乱的特征与困境。实际，是指从学生的实际学习和生活进行具体化思考，包括课前调查、班主任反馈、咨询中捕捉学生需求和学生关注的热点等。

《向左走，向右走》的选题就来自学生在高一上学期期末所面临的重要抉择与现实困惑。经过课前对学生和班主任的访谈，我们就会发现学生的选择存在诸多的误区和困惑。这部分内容在课堂上我们也有涉及。这样的选题，正好符合"三实"理念中"真实"的内涵——源于学生的真实需求与困惑。

2. 以科学的流程来保障课堂效果扎实有效。

心理辅导课应该怎样上才有效？许多专家和学者都提出了很多的教学模式，如案例教学模式、体验式学习模式和团体辅导流程模式等。根据不同的课程主题，选择不同的模式，以期达到最佳的效果。在《向左走，向右走》这堂课当中，我选择了心理特级教师钟志农老师所提出的团体辅导四流程模式，即团体暖身期、团体转换期、团体工作期和团体结束期。

团体暖身阶段的工作重点是"情绪接纳"，引导学生集中注意力，关注课堂主题。在本节课当中，我首先通过"抓与逃"的游戏，引发学生的兴趣与兴奋，增进学生之间、师生之间的信任感和凝聚力。并在此阶段中，教师通过幽默的调侃、肯定地点头反馈、积极的举手参与，来体现"尊重、接纳、关爱"的辅导态度。

团体转换期的工作重点是"展开主题"，通过创设情境、提出问题、激发成员探索成长困惑的动力，逐步催化团体动力。我在此通过腾讯采访视频和《中国青年报》的调查数据，引发学生的思考与重视。学生们在观看完"过来人"用泪水的忠告后，必然会对当下进行的文理选择更加慎重，思考也更加深入。这便是学生自我认识、自我反思、自我成长的开始。

团体工作阶段的工作重点是"问题探索与解决"，通过更加具体的学生困惑与问题，引导学生在参与活动的过程中进一步感受、体验和思考。鼓励班级成员之间进行不同的观点交换，相互分享、聆听和支持。我借助"生涯抉择平衡单"，指导和启发学生思考进行文理抉择时需要考虑的因素，以及各因素对于自己的主观重要性。学生们充分分享各自的思考与观点，彼此启发与支持，最后形成自己的结论。再借助蝴蝶模型，来预判和分析在进行文理抉择后，未来可能即将面对的变化与挑战。在这些假设的变化下，学生们又提出了自己的应对策略。

团体结束期的工作重点是"问题升华与拓展"，通过总结本次活动的收获，澄清团体经验的意义，并鼓励学生将认知、经验加以行动化，使自己的收获向课外扩展延伸。我通过分享芝诺的故事，启发学生重新认识困惑的价值与意义。通过途径介绍，让同学们知道有哪些途径可以来思考和解决自己的困惑，最后通过"趣"字的解析，鼓励同学们多多参与实践，不断自我提升与成长。

钟志农老师提出团体辅导的四个阶段，符合团体心理动力发展的规律，科学而有效。我所引入的"生涯抉择平衡单"和蝴蝶模型，针对性强又实用。整个辅导过程可谓"扎实"。

3. 教学语言仍需精练与朴实。

课堂教学语言表达是教学艺术的一个基本且重要的组成部分。正如著名教育家夸美纽斯所说"教师的嘴，就是一个源泉，从那里可以发出知识和溪流"。在课堂上，教师通过情趣盎然的表述、鞭辟入里的分析、恰到好处的点拨，把学生带进知识的海洋，开启他们的心智，陶冶他们的情操，使他们获得精神上的满足。因此，作为一名合格的教师，其课堂教学语言不但要力求规范清晰、准确严密、生动形象，而且还应该符合学生的接受心理，以激起学生学习的欲望和兴趣，从而达到调动学生学习积极性的目的。

在整理教学实录的过程中，我发现自己的教学语言尚有待精练和打磨。比如，我在询问学生"当你在选择文理科的时候，觉得自己是文科厉害，理科更厉害，两个都想学，属于'双趋冲突'的，请举手"时，学生反应比较冷淡，原因可能是"厉害"一词用得不妥。"厉害"一词有夸大学生的自我评价之嫌，同时也让他们担心举手之后，会招来其他同学的非议。这个年龄阶段的学生更容易趋同，避免与众不同带来的同伴压力。

另外，在学生发言后如何点评和反馈也非常重要。在心理课上，老师的点评与反馈，会直接反映老师的态度。如果教师的态度是开放、接纳和肯定的，那么学生的参与积极性就会不断提升。反之，如果教师的态度是评判和否定的，那么学生的参与积极性就会下降。我在观看教学录像中发现，学生回答问题时，我比较关注是不是我所期待的答案，却可能忽视了学生本人的感受与思考。而在肯定和鼓励学生回答问题方面，更需要注意和提升。因此，今后我要不断提升自己的课堂教学语言表达，力求朴实与精练。

总体来看，整个课堂体现出快节奏、大容量的特点，更体现了"三实"课堂的要求。课堂选题来自学生真实的选择难题。在课前通过访谈教务处主任和班主任，了解到学生在文理选择时存在的困惑与问题，然后再结合心理学与生涯规划的理论与技术进行辅导，可谓"扎实"。在课堂中，有关于生涯规划理念的渗透，更能让学生充分参与其中，促进以学生为主体的工具使用与交流，使其贴近学生、深入推进，没有花架子，体现出"朴实"的风格。这节课较好地实践了我校提出的"三实"教学理念。

"三实"教育在数学学科中的课堂实践

◆◆《等比数列》"三实"课堂实践 ◆◆

陈红明

陈红明

陈红明，中学数学高级教师，数学科组长；二高第一批创业者，历任我校2010届、2013届、2014届、2017届高三毕业班数学教师；深圳市教育局第十七期赴美海培学员，第五期"国培计划"学员；曾在湖北省黄冈中学任教14年。

【教学设计】

（一）教学目标

（1）知识目标：①正确理解等比数列的概念，明确一个数列是等比数列的条件，能根据概念判断一个数列是否是等比数列；②能运用等比数列的概念推导其通项公式；③掌握并能运用通项公式求等比数列的首项、公比、项数及指定的项。

（2）能力目标：让学生进一步体会类比、归纳的思维方法，运用化归的思想、方程的思想解决问题，培养学生的观察、概括能力。

（3）情感目标：通过教学，让学生进一步体验数学与实际生活的紧密联系，培养学生勤于思考、注重积累的人文精神及严谨务实和勇于探索的科学态度。

（二）教学重难点

等比数列的概念及通项公式。

（三）教学要求

1.教学用具

投影仪、多媒体；学生自带的科学计算器、矩形白纸。

2.教学方法

讨论法、启发法。

（四）教学过程

1.问题引入

请看下面几个实际问题：

（1）折纸游戏中的问题。

将一张矩形纸片反复沿对边中点对折。

若记开始时纸张所占面积为1，那么每次对折后纸张所占面积组成的数列为：

$$\frac{1}{2},\ \frac{1}{4},\ \frac{1}{8},\ \frac{1}{16},\ \frac{1}{32},\ \cdots;\ \cdots\cdots\cdots\cdots\cdots①$$

若记开始时纸张的厚度为1，那么每次对折后计算所得纸张的厚度组成的数列为：

$$2,\ 4,\ 8,\ 16,\ 32,\ \cdots;\ \cdots\cdots\cdots\cdots\cdots②$$

（2）中国古代《孙子算经》中的问题。

"今有出门望见九堤，堤有九木，木有九枝，枝有九巢，巢有九禽，禽有九雏，雏有九毛，毛有九色，问各有几何？"

$$9,\ 9^2,\ 9^3,\ 9^4,\ 9^5,\ 9^6,\ 9^7,\ 9^8。\ \cdots\cdots\cdots\cdots\cdots③$$

观察①②③这几个数列，归纳它们的共同特征。

2.讲解新课

（1）等比数列的定义。

请学生归纳数列①②③的共同特征，引导学生得出等比数列的定义。

定义：一般的，如果一个数列从第二项起，每一项与它的前一项的比等于同一个非零常数，那么这个数列就叫作等比数列。这个非零常数叫作等比数列的公比，常用字母q表示。

练习一：

请观察以下七组数列，根据给定的项，判断哪些是等比数列并求出其公比。

① -2，1，4，7，10，13，16，19。

② 8，16，32，64，128，256。

③ 1，1，1，1，1，1，1。

④ 2，0，0，0，0，0，0。

⑤ 1，–1，1，–1，1，–1。

⑥ 1，10，–100，1000，–10000。

⑦ 243，81，27，9，3，1，0。

根据以上练习归纳：

① 等比数列的公比可以表示为$q = \dfrac{a_n}{a_{n-1}}$（$n \in N^*$，$n \geq 2$，q为常数$a \neq 0$）。

② 等比数列的定义给出了如何判断等比数列的方法，即 $\{a_n\}$ 为等比数列

$\Leftrightarrow \dfrac{a_n}{a_{n-1}} = q$（$n \in N^*$，$n \geq 2$，$q$为常数且$a \neq 0$）。

③ 等比数列中的每一项与公比都不能为0。（等比数列与0无缘）

（2）等比数列的通项公式。

学生探索：若等比数列$\{a_n\}$的公比为q，那么其通项公式如何表示？

总结学生探索结果，得出：

若等比数列$\{a_n\}$的公比为q，那么其通项公式为：$a_n = a_1 q^{n-1}$（a_1，$a \neq 0$）。

除不完全归纳法外，还有累积法、迭代法等可以得出等比数列的通项公式。

归纳法：

由定义可知：$a_2 = a_1 q$，$a_3 = a_2 q = (a_1 q) q = a_1 q^2$，$a_4 = a_3 q = (a_1 q^2) q = a_1 q^3$，归纳得出$a_n = a_1 q^{n-1}$（$a_1$，$a \neq 0$）；

累积法：

由定义可知：$\dfrac{a_2}{a_1} = q$，$\dfrac{a_3}{a_2} = q$，$\dfrac{a_4}{a_3} = q$，$\cdots$ $\dfrac{a_{n-1}}{a_{n-2}} = q$，$\dfrac{a_n}{a_{n-1}} = q$，

以上$n–1$个式子相乘得 $a_n = a_1 q^{n-1}$（a_1，$a \neq 0$）；

迭代法：

$a_n = a_{n-1} q = (a_{n-2} q) q = a_{n-2} q^2 = a_{n-3} q^3 = \cdots = a_{n-(n-1)} q^{n-1} = a_1 q^{n-1}$。（用这些方法得出通项时应该说明首项$a_1$也符合通项）

例：培育水稻新品种，如果第一代得到120粒种子，并且从第一代起，由各代的每一粒种子都可以得到下一代的120粒种子，到第5代大约可以得到多少粒这个新品种的种子？（结果保留两位有效数字）

（到第5代大约可以得到2.5×10^{10}粒，如果50粒种子重约1g，那么2.5×10^{10}粒种子重约500 000 kg，即500吨）

注：运用化归思想和等比数列知识，利用通项公式可以求出数列的任意一项。

这里指出，在引例（1）中，设纸张的厚度为0.04 mm，并且纸张足够大，如果能对折28次，那么纸张将会有多高？（有10 737 m高，比珠穆朗玛峰的海拔高度还要高1 800多米！）

这些例子也说明了"滴水汇成江河，寸土堆积成山"这个道理。在我们学习知识的过程中，只要注重积累，长期坚持，我们就一定能获得成功。

练习二：

设$\{a_n\}$为公比为q的等比数列。若$a_9=\dfrac{4}{9}$，$q=-\dfrac{1}{3}$，求a_5。

变式：

（1）若$a_9=\dfrac{4}{9}$，$a_8=-\dfrac{1}{3}$，求a_1和q；

（2）若$a_9=\dfrac{4}{9}$，$a_7=-4$，求a_1和q；

（3）若$a_9=\dfrac{4}{9}$，$q=-\dfrac{1}{3}$，那么-108是这个数列中的项吗？

说明：

（1）等比数列的通项公式可以推广为$a_n=a_mq^{n-m}$（m，$n\in N^*$）；

（2）等比数列的通项公式中涉及四个量：a_1，q，n，a_n，已知其中任意三个量可以求出另一个量；（方程思想）

（3）已知等比数列中某一项和公比，或相邻两项可以唯一确定一个等比数列。

3. 小 结

知识内容	研究方法	思想方法
等比数列的概念和通项公式	归纳法、类比法等	方程思想、化归思想等

4. 探 究

前面讨论了等差数列与等比数列，能否类比定义等和数列与等积数列？并请给出这样数列的例子。

5. 作 业

课堂作业：P125 Ex1，2，4。

课后探究：等比数列对应的函数的单调性。

（本案例获第三届全国青年教师优秀课比赛湖北省一等奖，全国二等奖）

"三实"教育在生物学科中的课堂实践

◆◆《蛋白质合成过程中的有关计算》"三实"课堂实践 ◆◆

梁光明

梁光明

梁光明，特级教师、广东省名师工作室主持人、深圳市名师、国家级骨干教师、全国知识型职工先进个人、全国优秀科技辅导员；从教32年，有近30篇论文发表或获奖，主持或参与编写出版了20多部教育教学专著。

【教学设计】

（一）教学目标

（1）知识目标：①写出氨基酸脱水缩合形成二肽的过程；②识别肽链中肽键、氨基酸的数目及种类；③说明肽键数、脱去水分子数、肽链数、氨基酸数的关系；④说明蛋白质中游离氨基或羧基数与肽链数的关系；⑤说明蛋白质相对分子质量与氨基酸数、肽链数的关系；⑥说明氮、氧原子数与氨基酸数的关系。

（2）能力目标：①分析肽链结构，总结识别肽链中氨基酸种类、数目的方法；②分析实例，推导出肽键数、脱去水分子数、肽链数、氨基酸数的关系模型；③分析实例，推导出蛋白质中游离氨基或羧基数与肽链数的关系模型；④分析实例，推导出蛋白质相对分子质量与氨基酸数、肽链数的关系模型；⑤分析实例，推导出氮、氧原子数与氨基酸数的关系模型。

（3）情感目标：在讨论交流过程中学会尊重他人和虚心接纳他人。

169

（二）教学重难点

教学重点：数学模型的推导及应用。

教学难点：氮、氧原子数与氨基酸数的关系模型的推导及应用。

（三）教学手段

基于交互式电子白板的多媒体教学。

（四）教学设计思路

通过基础练习和实例情境来提出问题、搭建"脚手架"，引导学生主动建构数学模型，灵活运用数学模型解决复杂问题，从而高效突破有关蛋白质计算这一教学难点。

具体而言，采用了如下教学策略：

（1）"问题导学"策略：以情感为突破口，以问题为中心组织课堂内容，通过情感激励和任务驱动引导学生积极参与课堂学习，以思维为主线组织课堂活动，促进学生积极思考，相互交流。

（2）"最近发展区"策略：注重从学生已有的知识、浅显的问题入手，创设情境，搭好"脚手架"，由浅入深，层层递进。问题难度始终处于学生学习的"最近发展区"，不断激发学生学习的热情，使学生保持活跃的思维状态。

（3）模型建构策略：引导学生通过自主观察、分析，交流讨论，利用归纳法构建相关计算的模型。

（五）教学过程

教学环节1：构建肽键数与脱去水分子数的关系模型。

教师的组织和引导	学生活动	教学意图
1. 要求学生写出两个氨基酸脱水缩合成二肽的反应式。 2. 要求学生根据反应式说出肽键数与脱下水分子数的关系：脱去水分子数＝肽键数	学生自主书写和得出肽键数与脱去水分子数的数学关系模型	（1）检测上节课学习情况，矫正学生学习中存在的问题。 （2）通过反应式让学生直观地观察分析出肽键数与脱去水分子数的关系

教学环节2：构建肽键数、脱去水分子数、肽链数、氨基酸数的关系模型。

教师的组织和引导	学生活动	教学意图
1. 展示蛋白质中含有1条肽链的直观模型图，要求学生根据模型图分析说出肽键数、脱去水分子数、肽链数、氨基酸数的关系	学生观察、分析，写出蛋白质中含有1条肽链、2条肽链、n条肽链时，肽键数与脱去水分子数的关系模型	（1）先用简单直观的模型图供学生分析，然后逐渐增大难度，让学生循序渐进地分析问题

续 表

教师的组织和引导	学生活动	教学意图
2. 展示蛋白质中2条肽链的直观模型图，要求学生根据模型图分析说出肽键数、脱去水分子数、肽链数、氨基酸数的关系。 3. 如果蛋白质中有 n 条肽链，要求学生归纳说出肽键数、脱去水分子数、肽链数、氨基酸数的数学关系模型：蛋白质中肽键数＝脱去水分子数＝氨基酸数–肽链数		（2）培养学生运用数学归纳法构建数学模型

教学环节3：构建蛋白质中游离氨基或羧基数与肽链数的关系模型。

教师的组织和引导	学生活动	教学意图
1. 展示蛋白质中含有1条肽链的直观模型图，要求学生根据模型图分析说出蛋白质中至少含有的游离氨基酸、游离羧基数与肽链数的数学关系。 2. 展示蛋白质中含有2条肽链的直观模型图，要求学生根据模型图分析说出蛋白质中至少含有的游离氨基、游离羧基数与肽链数的数学关系。 3. 如果蛋白质中含有 n 条肽链，要求学生根据模型图分析说出蛋白质中至少含有的游离氨基、游离羧基数与肽链数的数学关系：蛋白质中至少含有的游离氨基或羧基数＝肽链数。 4. 由简单到复杂，出示3道练习题： （1）一条肽链共有肽键109个，则它含有的氨基和羧基的数目至少是（ ）。 A.110和110　　B.109和109　　C.9和9　　D.1和1 （2）人体免疫球蛋白中IgG由四条肽链构成，共有764个氨基酸，则该蛋白质分子中至少有游离的氨基和羧基数分别是（ ）。 A.764和764　　B.760和760　　C.762和762　　D.4和4 （3）现有氨基酸800个，其中氨基总数为810个，羧基总数为808个，则由这些氨基酸合成的含有两条肽链的蛋白质共有肽键、氨基和羧基的数目依次分别为（ ）。 A.798、2和2　　　　　　B.798、12和10 C.799、1和1　　　　　　D.799、11和9 要求学生通过练习总结出蛋白质中含有的游离氨基、游离羧基数与肽链数的数学关系：游离氨基或羧基数＝肽链数+R基中含有的氨基或羧基数	学生观察、分析并写出蛋白质中含有1条肽链、2条肽链、n 条肽链时，蛋白质中至少含有的游离氨基、游离羧基数与肽链数的数学关系模型。根据练习总结出蛋白质中含有的游离氨基、游离羧基数与肽链数的数学关系	（1）先用简单直观的模型图供学生分析，然后逐渐增大难度，让学生循序渐进地分析问题。 （2）培养学生运用数学归纳法构建数学模型。 （3）通过三道不同层次的练习题，结合蛋白质中至少含有的游离氨基、游离羧基数与肽链数的数学关系模型，分析说出蛋白质中含有的游离氨基、游离羧基数与肽链数的数学关系

教学环节4：构建蛋白质相对分子质量与氨基酸数、肽链数的关系模型。

教师的组织和引导	学生活动	教学意图
1. 出示练习： 现已知构成蛋白质的氨基酸共20种，它们的平均相对分子质量为128，由50个氨基酸形成的某一条多肽链的相对分子质量是（　）。 A. 6 400　　B. 2 560　　C. 5 518　　D. 2 218 要求学生求出相关蛋白质的相对分子质量。 2. 要求学生在练习的基础上总结出蛋白质相对分子质量与氨基酸数、肽链数的关系模型： 蛋白质相对分子质量=氨基酸数×氨基酸平均相对分子质量−（氨基酸数−肽链数）×18。 3. 要求学生进行拓展练习： 某蛋白质的相对分子质量为12 392，在合成这个蛋白质分子的过程中，脱水量为1 944，假设氨基酸的平均相对分子质量为128，则该蛋白质分子含有几条肽链（　）。 A. 2条　　B. 3条　　C. 4条　　D. 5条	（1）学生先进行简单练习。 （2）在练习的基础上总结出蛋白质相对分子质量与氨基酸数、肽链数的关系模型。 （3）进行拓展练习	（1）先用简单练习为学生建构模型提供支架。 （2）培养学生运用数学归纳法构建数学模型。 （3）培养学生运用数学模型解决问题的能力

教学环节5：总结识别肽链中氨基酸种类、数目的方法。

教师的组织和引导	学生活动	教学意图
1. 要求学生完成下面的练习： 多肽链 （1）上述结构中氨基是（+2）；羧基是（+2）；肽键是（+2）。 （2）该化合物由_____种氨基酸组成，该化合物称__+4__。 （3）形成该化合物的反应叫作__+4__，在这个过程中，相对分子质量减少了_____。 2. 要求学生总结识别肽链中氨基酸种类、数目的方法：先找肽键，再找中心碳原子，然后看R基团；一条肽链中氨基酸数=肽键数+1；氨基酸种类数=R基团种类数	（1）学生观察分析，完成练习。 （2）在练习的基础上总结识别肽链中氨基酸种类、数目的方法	（1）培养学生在复杂的肽链结构中识别出氨基、羧基、肽键和氨基酸的数目种类。 （2）培养学生根据具体实例抽象出一般方法的能力

教学环节6：氮、氧原子数与氨基酸数、肽链数的关系模型。

教师的组织和引导	学生活动	教学意图
1. 要求学生完成下面的练习（1）、（2）题： 多肽链 （1）在此多肽链中，不考虑R基，N有____个，与氨基酸数的关系是_____。 （2）当不考虑R基时，O有____个，与氨基酸数的关系是_____。 2. 总结出在不考虑R基上氮原子和氧原子的前提下，氮、氧原子数与氨基酸数、肽链数的关系模型： 氮原子数＝氨基酸数 氧原子数＝氨基酸数+肽链数。 3. 再要求学生完成练习（3）、（4）题： （3）在此多肽链中，考虑R基，N有____个，与氨基酸数的关系是_____。 （4）当考虑R基时，O有____个，与氨基酸数的关系是_____。 4. 要求学生总结出在考虑R基上氮原子和氧原子的前提下，氮、氧原子数与氨基酸数、肽链数的关系模型： 氮原子数＝氨基酸数+R基上氮原子数 氧原子数＝氨基酸数+肽链数+R基上氧原子数	（1）学生观察分析，完成练习。 （2）在练习的基础上总结氮、氧原子数与氨基酸数、肽链数的关系模型	（1）先以直观的一条肽链结构图供学生观察分析。然后在此"脚手架"上要求学生分析多条肽链构成的蛋白质中，在不考虑R基上氮、氧原子的前提下，氮、氧原子数与氨基酸数、肽链数的关系。最后拓展到在多肽链构成的蛋白质中，在考虑R基上氮、氧原子的前提下，氮、氧原子数与氨基酸数、肽链数的关系。一环扣一环，层层深入，不断提升学生的思维。 （2）培养学生根据具体实例，运用数学归纳法抽象出数学模型的能力

"三实"教育在化学学科中的课堂实践

◆◆《盐类的水解》（第一课时）"三实"课堂实践 ◆◆

王艳丹

王艳丹

王艳丹，2008年到2014年连续5次获得国家公开课大赛一等奖和两次二等奖，其教学录像多次出版并在全国公开发行；2009年，被深圳市教科院聘为"市骨干教师培训主讲教师"；2011年，被评为"深圳教育系统高考先进个人"；2012年，获得"教学质量金奖"；2013年，获得国家级说课大赛特等奖；2013年，主编的南方新课堂金牌学案——《化学与生活》在广东教育出版社出版；2014年，获得"全国基础教育化学新课程实施优秀个人"荣誉称号；2015年，获得学校"优秀共产党员"荣誉称号。

【教学设计】

（一）教学目标

（1）知识目标：①理解盐类水解的实质、过程、一般规律；②了解影响盐类水解平衡的条件；③了解盐类水解对水电离的影响；④学会盐类水解离子方程式的书写；⑤了解盐类水解的应用。

（2）能力目标：①盐对水的电离程度的影响做定性判断或定量计算；②盐溶液蒸干灼烧后产物的判断；③pH大小的判断；④离子浓度大小的比较等。

（3）情感态度与价值观：从生活中的灭火器引入话题，把化学与生活紧密地结合起来，让学生学懂化学并能在生活中为我所用。

（二）教学过程

引入：泡沫灭火器里的物质是$NaHCO_3$溶液和$Al_2(SO_4)_3$溶液，内筒外筒分别放的是什么？写出双水解的离子方程式：_____。

学生练习、自检，教师纠正。

知识梳理。深度思考：以醋酸钠在溶液中的变化为例子引出盐类水解的定义和实质。

1. 定义

在溶液中盐电离出来的离子跟水电离产生的____或____结合生成____电解质的反应。

2. 实质

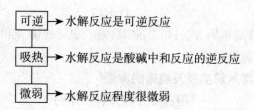

破坏了____的电离平衡→水的电离程度____→$c(H^+) \neq c(OH^-)$→溶液呈碱性或酸性。

板书：

盐类的水解：

（1）定义。

（2）实质。

教师引导：水解是中和的逆反应，所以水解吸热，从而引出水解的特点，并且用具体的例子让学生总结水解反应的规律。

3. 特点

可逆——→水解反应是可逆反应

吸热——→水解反应是酸碱中和反应的逆反应

微弱——→水解反应程度很微弱

4. 规律

有____才水解，越_____越水解；谁强显谁性，同强显_____性。

板书：

（3）特点。

（4）规律。

教师介绍：

5. 表示方法——水解离子方程式

（1）一般来说，盐类水解的程度不大，应该用可逆号"$\rightleftharpoons$"表示。盐类水解一般不会产生沉淀和气体，所以____符号"↓"和"↑"表示水解产物。

（2）多元弱酸盐的水解是____进行的，水解离子方程式要分步表示。

（3）多元弱碱阳离子的水解简化成____步完成。

（4）水解分别是酸性和碱性的离子组由于相互促进水解程度较大，书写时要用"$==$""↑""↓"等，如$NaHCO_3$与$AlCl_3$混合溶液反应的离子方程式。

练习：

写出下列物质水解的离子方程式：

① $FeCl_3$ ② Na_2CO_3

③ NH_4Cl ④ $Fe(HCO_3)_3$

反思归纳：熟记下列因双水解不能大量共存的离子组合。

（1）Al^{3+}与HCO_3^-、CO_3^{2-}、AlO_2^-、SiO_3^{2-}、HS^-、S^{2-}、ClO^-。

（2）Fe^{3+}与HCO_3^-、CO_3^{2-}、AlO_2^-、SiO_3^{2-}、ClO^-。

（3）NH_4^+与SiO_3^{2-}、AlO_2^-。

难点突破：单水解、完全双水解和双水解。

深度思考：

（1）酸式盐溶液一定呈酸性吗？举例说明。

（2）物质的量浓度相同的下列溶液中，含离子和分子种类最多的是（   ）。

A. $CaCl_2$ B. CH_3COONa

C. 氨水   D. K_2S

（3）怎样用最简单的方法区别NaCl溶液、氯化铵溶液和碳酸钠溶液？

（递进题组，思维建模）

题组一：对盐类水解实质及规律的考查

NH_4Cl溶液呈_____，用离子方程式表示原因_____。

常温下，pH＝11的CH_3COONa溶液中，水电离出来的$c(OH^-)=$_____，在pH＝3的CH_3COOH溶液中，水电离出来的$c(H^+)=$_____。

题组二：对盐类水解实质及规律的考查

1. 有四种物质的量浓度相等且都由一价阳离子A^+和B^+及一价阴离子X^-和Y^-组成的盐溶液。据测定常温下AX和BY溶液的pH＝7，AY溶液的pH＞7，BX溶液的pH＜7，由此判断不水解的盐是（   ）。

A. BX　　　　　B. AX　　　　C. AY　　　　D. BY

2.有①Na_2CO_3溶液、②CH_3COONa溶液、③NaOH溶液各25 mL，物质的量浓度均为0.1 mol·L^{-1}，下列说法正确的是（双选）（　　）。

A. 三种溶液pH的大小顺序是③＞②＞①

B. 若将三种溶液稀释相同倍数，pH变化最大的是②

C. 若分别加入25 mL 0.1 mol·L^{-1}盐酸后，pH最大的是①

D. 若三种溶液的pH均为9，则物质的量浓度的大小顺序是②＞①＞③

板书：

影响盐类水解平衡的因素：

（1）浓度。

（2）温度。

（3）外加酸或碱。

（4）盐。

教师讲解：

（1）浓度：盐浓度越小，水解程度越_____，盐浓度越大，水解程度越_____。（相比之下，还是浓溶液中微粒个数多，稀释促进水解）

（2）温度：水解是_____过程，所以升高温度盐类水解程度_____。

（3）外加酸或碱：对强碱弱酸盐，如CH_3COONa加酸_____水解，加碱_____水解。

对强酸弱碱盐，如NH_4Cl加酸_____水解，加碱_____水解。

（4）盐：水解情况相同的离子，如$(NH_4)_2Fe(SO_4)_2$的水解相互_____。

水解情况相反的离子，如$(NH_4)_2CO_3$的水解相互促进（双水解）。

练习并且提问：$CH_3COO^- + H_2O \rightleftharpoons CH_3COOH + OH^-$

改变条件	平衡移动	$c(CH_3COO^-)$	$c(OH^-)$
加入固体CH_3COONa			
通入HCl			
升温			
加水			
加NaOH			
加CH_3COOH			
加NH_4Cl			

深度思考:

向 $0.1\ mol\cdot L^{-1}$ 的氢氧化钠溶液中加入少量的氯化铵固体,溶液的pH值如何变化?为什么?在化学研究中,为了验证我们提出的假设是否合理,我们通常请"实验"来帮忙,即实验探究,验证哪一种假设合理。下面,请大家设计实验,探究哪一种解释合理。

回答一:因为氯化铵固体溶于水后水解显酸性,中和氢氧化钠溶液的碱性,所以溶液的碱性减弱,pH值变小。

回答二:因为氯化铵固体溶于水电离出 NH_4^+, NH_4^+ 和 OH^- 结合生成弱电解质一水合氨, OH^- 浓度下降,所以溶液的pH值变小。

思考:大家都认为溶液的pH值变小,但解释各不相同,而且都有道理。怎么办?

学生分组讨论:提示醋酸铵溶液是中性的。

(学生边做实验边演示)

解释:向 $0.1\ mol\cdot L^{-1}$ 的氢氧化钠溶液中加入少量的醋酸铵固体,测量溶液pH值的变化。若溶液的pH值不变,说明第一种解释合理,醋酸铵固体溶于水显中性,不会中和氢氧化钠溶液的碱性。若溶液的pH值变小,说明第二种解释合理,因为醋酸铵固体溶于水显中性,只能是 NH_4^+ 和 OH^- 结合生成弱电解质一水合氨, OH^- 浓度下降,所以溶液的pH值变小。

(递进题组,思维建模)

题组一:判断盐溶液的酸碱性及其强弱

$25\ ℃$浓度均为 $1\ mol\cdot L^{-1}$ 的下列溶液中:

①NH_4Cl　②NH_4HSO_4　③CH_3COONH_4　④(NH_4)$_2Fe$(SO_4)$_2$,

c(NH_4^+)由大到小的顺序是:_____(填序号)。

题组二:判断盐溶液的酸碱性及其强弱

相同温度相同物质的量浓度的几种溶液:

①NH_4Cl　②$NaHSO_4$　③$NaCl$　④Na_2CO_3　⑤$NaHCO_3$　⑥CH_3COONa
⑦苯酚钠,其溶液的pH值由小到大的顺序是:_____。

板书:

盐类水解的应用。

深度思考:

1.泡沫灭火器,为什么不能用溶解度大的 Na_2CO_3 代替 $NaHCO_3$?

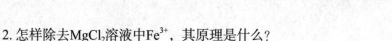

2. 怎样除去$MgCl_2$溶液中Fe^{3+}，其原理是什么？

探究高考，明确考向：

广东五年高考：

1. 判断正误，正确的画"√"，错误的画"×"。

（1）将0.1 mol氯化铁溶于1 L水中，所得溶液含有$0.1n$个Fe^{3+}（　　）。（2009·广东，6D）

（2）向0.1 mol·$L^{-1}Na_2CO_3$溶液中滴加酚酞，溶液变红色（　　）。（2012·广东理基，33A）

（3）在$NaHCO_3$溶液中加入与其等物质的量的NaOH，溶液中的阴离子只有CO_3^{2-}和OH^-（　　）。（2008·广东，17B）

（4）10 mL 0.10 mol·$L^{-1}CH_3COOH$溶液加入等物质的量的NaOH后，溶液中离子的浓度由大到小的顺序是：$c(Na^+)>c(CH_3COO^-)>c(OH^-)>c(H^+)$（　　）。（2008·广东，17C）

2.（2011·广东理综，11）对于0.1 mol·$L^{-1}Na_2SO_3$溶液，正确的是（　　）。

A. 升高温度，溶液pH降低

B. $c(Na^+)=2c(SO_3^{2-})+c(HSO_3^-)+c(H_2SO_3)$

C. $c(Na^+)+c(H^+)=2c(SO_3^{2-})+2c(HSO_3^-)+c(OH^-)$

D. 加入少量NaOH固体，$c(SO_3^{2-})$与$c(Na^+)$均增大

3.（2013·海南，9）下列溶液中，各组离子可能大量共存的是（　　）。

A. pH=7的溶液中：K^+、Fe^{3+}、Cl^-、NO_3^-

B. 强酸性溶液中：Cu^{2+}、ClO^-、Cl^-、Ba^{2+}

C. 0.1 mol·L^{-1}的$NaHCO_3$溶液中：K^+、Al^{3+}、Fe^{3+}、NO_3^-

D. 由水电离出的$c(H^+)=10^{-13}$ mol·L^{-1}的溶液中：Al^{3+}、K^+、NO_3^-、SO_4^{2-}

练出高分：

例：已知H_2O_2、$KMnO_4$、$NaClO$、$K_2Cr_2O_7$均具有强氧化性。

将溶液中的Cu^{2+}、Fe^{2+}、Fe^{3+}沉淀为氢氧化物，需溶液的pH分别为6.4、9.6、3.7。现有含$FeCl_2$杂质的氯化铜晶体（$CuCl_2·2H_2O$），为制取纯净的$CuCl_2·2H_2O$，首先将其制成水溶液，然后按图示步骤进行提纯：

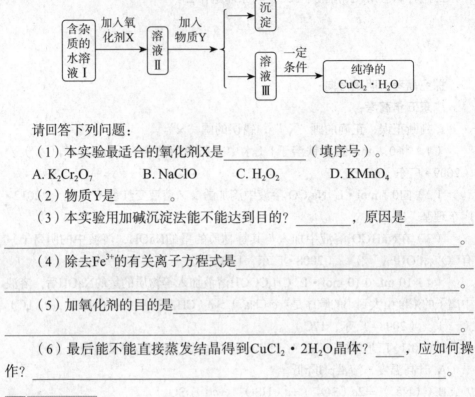

请回答下列问题：

（1）本实验最适合的氧化剂X是_____（填序号）。

A. $K_2Cr_2O_7$　　　　B. NaClO　　　　C. H_2O_2　　　　D. $KMnO_4$

（2）物质Y是_____。

（3）本实验用加碱沉淀法能不能达到目的？_____，原因是_____

_____。

（4）除去Fe^{3+}的有关离子方程式是_____

_____。

（5）加氧化剂的目的是_____

_____。

（6）最后能不能直接蒸发结晶得到$CuCl_2·2H_2O$晶体？____，应如何操作？_____。

📝 教学反思

　　盐类的水解是精心设计和考虑过的，这部分内容难度比较大，开头用泡沫灭火器引入，贴近生活，能够吸引学生。我觉得这节课要解决的难点有三个：第一个是盐类水解的概述，包括盐类水解的本质、特点、规律、水解方程式的书写，然后组织学生书写水解的离子方程式，之后反思归纳，然后是深度思考，题组训练；第二个是影响盐类水解的因素，包含浓度、温度，外加酸、碱或盐等，然后是训练和深度思考，学生分组讨论；最后是盐类水解的应用，讲解了明矾的净水，热碱性去油污，然后题组训练，最后设计了一个问题——泡沫灭火器为什么不把物质换为Na_2CO_3。我觉得这节课的优点是：首尾呼应，开头结尾都提到了泡沫灭火器，讲解比较清晰，题组设计有梯度，深度思考能锻炼学生的思维，学生活动整体比较多，学生参与度比较广，现场发学案，能比较灵动地生成知识。

❖◆《影响化学反应速率的因素》"三实"课堂实践 ◆❖

左建辉

左建辉

左建辉，2005年本科毕业，多次带毕业班；曾获"深圳市高考学科先进个人""罗湖区优秀班主任"荣誉称号。

【教学设计】

（一）教材分析

《影响化学反应速率的因素》是人教版高中化学选修四第二章第二节的教学内容，主要学习影响化学反应速率的外界因素及其影响规律和理论解释。本节内容是对刚学过的化学反应速率知识的提升，同时也是后面学习化学反应限度概念的基础。

（二）三维目标

1. 知识与技能

（1）知道浓度、温度对化学反应速率的影响规律。

（2）运用控制变量法通过实验探究浓度、温度对化学反应速率的影响。

2. 过程与方法

（1）通过实验探究浓度、温度对化学反应速率的影响。

（2）通过对实验现象的观察、总结，培养学生从感性认识到理性认识、透过现象看本质的能力。

3. 情感态度与价值观

（1）通过实验培养学生勇于探究的科学态度。

（2）通过探究激发学生的学习热情，加深学生对知识的理解。

（三）教学重难点

教学重点：浓度、温度对化学反应速率影响的一般规律。

教学难点：运用控制变量法通过实验探究浓度对化学反应速率的影响。

（四）教学方法

教法：实验法、启发法、讲授法。

学法：探究学习法、合作学习法。

（五）实验准备

仪器：试管、烧杯。

试剂：$0.01\ mol \cdot L^{-1}$的$KMnO_4$酸性溶液、$0.2\ mol \cdot L^{-1}H_2C_2O_4$（草酸）溶液、蒸馏水、热水。

（六）教学过程

教学环节	教师组织与引导	学生活动	设计意图
导入	播放图片：播放与反应速率有关的图片。通过观看图片，思考它们涉及的反应中速率是否相同。生活中，我们常希望食物腐败得慢一点，白色垃圾降解得快一点，所以我们有必要探究有哪些因素影响化学反应速率。 结合课件图片的引导，明确影响化学反应速率的因素分为内因和外因，本堂课重点探究外因中浓度、温度对化学反应速率的影响	观看PPT，根据生活经验得出常见的影响化学反应速率的因素	从生活现象入手，激发学生的学习兴趣。 明确本堂课学习任务
思考	（1）对于一个化学反应，我们可以通过哪些现象来判断化学反应进行得快慢？ （2）如果要探究某一因素的影响，在实验过程中应当注意哪些问题？ 方法指导：由于影响化学反应速率的因素是多方面的，在探究时应采用单一法变量——保持其他变量相同，探究某一因素的影响	根据平时经验得知：判断反应进行得快慢，可以通过沉淀生成快慢、气泡的产生快慢、颜色变化快慢和温度变化快慢等	培养学生分析、归纳、总结的能力
讨论	探究一：各小组通过给定的仪器和试剂，设计出两种影响化学反应速率因素的方案	结合反应原理，提出判断该反应进行快慢的现象；控制的变量及操作的步骤	解决探究中的关键问题，为成功探究做好准备

续 表

教学环节	教师组织与引导	学生活动	设计意图
实验	探究二： （1）浓度对反应速率的影响。 （2）温度对反应速率的影响。 实验原理： $2KMnO_4+5H_2C_2O_4+3H_2SO_4=K_2SO_4+2MnSO_4+10CO_2\uparrow+8H_2O$ 实验结束	小组合作，展开探究实验	让学生动手实验，积极参与课堂活动，并培养学生操作能力
展示	小组展示所记录的现象和得出的结论。 教师引导：通过实验探究，得出结论 （1）增大反应物浓度，会加快化学反应速率。 （2）升高温度，会加快化学反应速率	小组展示记录的现象和得出的结论	培养学生的表达能力
检测	1.决定化学反应速率的主要因素是（　） ①温度　②压强　③催化剂　④浓度　⑤反应物本身的性质 A.①②③④⑤　　　　　　　　B.⑤ C.①④　　　　　　　　　　D.①②③④ 2. 把下列4种碳酸钠溶液，分别加入4个盛有10 mL 2 $mol \cdot L^{-1}$盐酸的烧杯中，并加水稀释到50 mL，此时X与盐酸缓缓地进行反应，其中反应速率最大的是（　）。 A.20 mL，3 $mol \cdot L^{-1}$ B.20 mL，2 $mol \cdot L^{-1}$ C.10 mL，4 $mol \cdot L^{-1}$ D.10 mL，2 $mol \cdot L^{-1}$ 3.下列反应中产生气泡速率最快的是（　　） <table><tr><th>选项</th><th>温度</th><th>浓度</th></tr><tr><td>A</td><td>25 ℃</td><td>2 mL 5% H₂O₂</td></tr><tr><td>B</td><td>35 ℃</td><td>2 mL 8% H₂O₂</td></tr><tr><td>C</td><td>25 ℃</td><td>2 mL 5% H₂O₂</td></tr><tr><td>D</td><td>25 ℃</td><td>2 mL 8% H₂O₂</td></tr></table> 4. 100 mL 6 $mol \cdot L^{-1}$的H_2SO_4溶液与足量的锌粉反应，在一定温度下，加入下列物质，试将对v（H_2）和n（H_2）的影响（增大、减小、不变）填入下表中：	学生运用本堂课所学知识去解决生活中的实际问题	迁移运用，培养学生灵活变通的能力

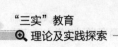
教学环节	教师组织与引导			学生活动	设计意图
检测	加入物质	对$v(H_2)$的影响	对$n(H_2)$的影响		
	Na_2CO_3固体				
	K_2SO_4溶液				
	通入一定量HCl气体				
	$NaNO_3$固体				
结课	课堂小结			小结	培养学生的归纳能力

作业：步步高P105—P106。

📝 教学反思

这周我上了一节公开课——《影响化学反应速率的因素》，上完后，感触颇多，这节课的反思如下：影响化学反应速率的因素这一部分，需要学生掌握温度、浓度、压强、催化剂等条件对化学反应速率的影响，本堂课主要探究温度和浓度对化学反应速率的影响。在设计这节课时，我认为实验是很好的教学资源，引入与生活相关的问题，使学生较好地理解了温度和浓度对化学反应速率的影响。

我觉得本节课的成功之处在于：

（1）较好地设计了各个环节的衔接并在教学中顺利实施。例如，结合之前做的实验和生活中的几幅图片了解。

（2）我让同学们通过给定的仪器自己设计实验方案，并进行实验探讨，然后得出结论，让学生直观的感觉温度和浓度对化学反应速率的影响。

当然，本节课也存在着不足，就是练习不够，学生只是在理论层面上理解了温度和浓度因素对化学反应速率的影响，但不会应用于具体的解题环境中去，这需要在后续课中再选择有针对性的习题加以巩固。

不理想之处：

（1）实验做完一个总结一个，效果会更好。

（2）学生的语言表述不够准确，思维的灵敏度还需要加强。

通过本节课的教学，我深切地感受到："新课程"要求改变教师的角色和教学方式。教师要想与"新课程"同行，就必须成为学生学习的组织者、参与者、辅助者、引导者、促进者，成为课程的研究者、开发者、决策者；充分认识到，课堂不是对学生训练的场所，而是引导学生发展的场所，不是教学模式、动作化的场所，而是教师智慧展现的地方。教师要学会关爱，学会理解，学会宽容，学会给予，学会分享，学会选择，学会激励，学会合作，学会创新，在课程改革中不断实现自我更新的专业发展。

"三实"教育在物理学科中的课堂实践

◆◆ **2018届二轮复习《原子物理》"三实"课堂实践** ◆◆

李明波

李明波

　　李明波，中学一级教师，曾获"湖北省高中物理青年教师优质课竞赛"一等奖，"湖北省优秀自制教具比赛"一等奖，"全国高中应用物理知识竞赛"优秀指导教师奖等荣誉；进入深圳二高后连续5年被评为优秀班主任。

【教学设计】

（一）考什么——明确考纲要求

原子与原子核			
主题	内容	要求	说明
原子结构	氢原子光谱	1	
	氢原子的能级结构、能级公式	1	
原子核	原子核的组成、放射性、原子核的衰变、半衰期	1	
	放射性同位素	1	
	核力、核反应议程	1	
	结合能、质量亏损	1	

续 表

主题	内容	要求	说明
原子核	裂变反应和聚变反应，裂变反应堆	1	
	射线的危害和防护	1	
波粒二象性	光电效应	1	
	爱因斯坦光电效应方程	1	

（二）怎么考——知道常考点

高考题型	典型试题	难度
1. 光电效应、波粒二象性	2017·全国Ⅲ卷T$_{19}$	★★★
	2016·全国Ⅰ卷T$_{35(1)}$	★★☆
	2015·全国Ⅱ卷T$_{35(1)}$	★★☆
2. 核反应方程	2017·全国Ⅱ卷T$_{15}$	★★★
	2016·全国Ⅲ卷T$_{35(1)}$	★★★
3. 核能的计算	2017·全国Ⅰ卷T$_{17}$	★★☆

1.［多选］（2017·全国Ⅲ卷T$_{19}$）在光电效应实验中，分别用频率为v_a、v_b的单色光a、b照射到同种金属上，测得相应的遏止电压分别为U_a和U_b、光电子的最大初动能分别为E_{ka}和E_{kb}。h为普朗克常量。下列说法正确的是（　　）。

A. 若$v_a > v_b$，则一定有$U_a < U_b$

B. 若$v_a > v_b$，则一定有$E_{ka} > E_{kb}$

C. 若$U_a < U_b$，则一定有$E_{ka} < E_{kb}$

D. 若$v_a > v_b$，则一定有$hv_a < E_{ka}$，$hv_b < E_{kb}$

2.［多选］［2016·全国Ⅰ卷T$_{35(1)}$］现用某一光电管进行光电效应实验，当用某一频率的光入射时，有光电流产生。下列说法正确的是（　　）。

A. 保持入射光的频率不变，入射光的光强变大，饱和光电流变大

B. 入射光的频率变高，饱和光电流变大

C. 入射光的频率变高，光电子的最大初动能变大

D. 保持入射光的光强不变，不断减小入射光的频率，始终有光电流产生

E. 遏止电压的大小与入射光的频率有关，与入射光的光强无关

3.［多选］［2015·全国Ⅱ卷T$_{35(1)}$］实物粒子和光都具有波粒二象性。下列事实中突出体现波动性的是（　　）。

A. 电子束通过双缝实验装置后可以形成干涉图样

B. β射线在云室中穿过会留下清晰的径迹

C. 人们利用慢中子衍射来研究晶体的结构

D. 人们利用电子显微镜观测物质的微观结构

E. 光电效应实验中，光电子的最大初动能与入射光的频率有关，与入射光的强度无关

4.（2017·全国Ⅱ卷T$_{15}$）一静止的铀核放出一个α粒子衰变成钍核，衰变方程为$^{238}_{92}U \rightarrow ^{234}_{90}Th + ^4_2He$。下列说法正确的是（　　）。

A. 衰变后钍核的动能等于α粒子的动能

B. 衰变后钍核的动量大小等于α粒子的动量大小

C. 铀核的半衰期等于其放出一个α粒子所经历的时间

D. 衰变后α粒子与钍核的质量之和等于衰变前铀核的质量

5.［多选］［2016·全国Ⅲ卷T$_{35（1）}$］一静止的铝原子核$^{27}_{13}Al$俘获一速度为1.0×10^7 m/s的质子p后，变为处于激发态的硅原子核$^{28}_{14}Si^*$。下列说法正确的是（　　）。

A. 核反应方程为p+$^{27}_{13}Al \rightarrow ^{28}_{14}Si^*$

B. 核反应过程中系统动量守恒

C. 核反应过程中系统能量不守恒

D. 核反应前后核子数相等，所以生成物的质量等于反应物的质量之和

E. 硅原子核速度的数量级为10^5 m/s，方向与质子初速度方向一致

6.（2017·全国Ⅰ卷T$_{17}$）大科学工程"人造太阳"主要是将氘核聚变反应释放的能量用来发电。氘核聚变反应方程是：$^2_1H + ^2_1H \longrightarrow ^3_2He + ^1_0n$。已知$^2_1H$的质量为2.013 6 u，$^3_2He$的质量为3.015 0 u，$^1_0n$的质量为1.008 7 u，1u=931MeV/c^2。氘核聚变反应中释放的核能约为（　　）。

A.3.7 MeV　　　　B.3.3 MeV　　　　C.2.7 MeV　　　　D.0.93 MeV

（三）如何备考——构建知识网络

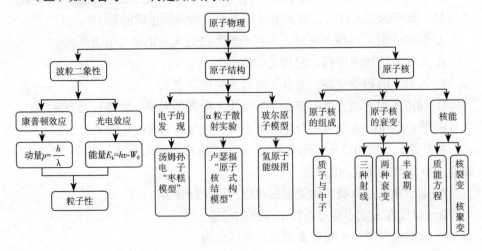

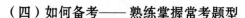

（四）如何备考——熟练掌握常考题型

题型（一）光电效应、波粒二象性

高考定位：常考题型。

解题关键：重在对光电效应现象的理解，正确区分"四组概念、四类图像"。

1. 光电效应中应区分的四组概念

（1）光子与光电子。光子指光在空间传播时的每一份能量，光子不带电；光电子是金属表面受到光照射时发射出来的电子，其本质是电子；光子是光电效应的因，光电子是果。

（2）光电子的初动能与光电子的最大初动能。光照射到金属表面时，金属中的电子吸收光子的能量，可能向各个方向运动，除了要克服逸出功外，有时还要克服原子的其他束缚，剩余部分为光电子的初动能；只有金属表面的电子直接向外飞出时，只需克服原子核的引力做功，才具有最大初动能。光电子的初动能小于或等于光电子的最大初动能。

（3）光电流和饱和光电流。金属板飞出的光电子到达阳极，回路中便产生光电流，随着所加正向电压的增大，光电流趋于一个饱和值，这个饱和值是饱和光电流，在一定的光照条件下，饱和光电流与所加电压大小无关。

（4）入射光强度与光子能量。入射光强度指单位时间内照射到金属表面单位面积上的总能量。光子能量即每个光子的能量。光的总能量等于光子能量与入射光子数的乘积。

2. 四类图像对比

图像名称	图线形状	由图线直接（间接）得到的物理量
最大初动能 E_k 与入射光频率 v 的关系图线		①极限频率：横轴截距。②逸出功 W_c：纵轴截距的绝对值。③普朗克常量 h：图线的斜率
遏止电压 U_c 与入射光频率 v 的关系图线		①截止频率 v_c：图线与横轴的交点。②遏止电压 U_c：随入射光频率的增大而增大。③普朗克常量 h：等于图线的斜率与电子电量的乘积，即 $h=ke$（注：此时两极之间接反向电压）

图像名称	图线形状	由图线直接（间接）得到的物理量
颜色相同、强度不同的光，光电流与电压的关系图线		①遏止电压 U_c：图线与横轴的交点。②饱和光电流 I_m：电流的最大值。③最大初动能 $E_{km}=eU_{km}$
颜色不同时，光电流与电压的关系图线		①遏止电压 U_{c1}、U_{c2}。②饱和光电流。③最大初动能 $E_{k1}=eU_{c1}$，$E_{k2}=eU_{c2}$

演练冲关:

1.［多选］（2017·云南部分名校模拟）关于光电效应和康普顿效应的规律,下列说法正确的是（　　）。

A.在光电效应中,金属板向外发射的光电子又可以叫光子

B.用光照射金属不能发生光电效应,是因为该入射光的频率小于金属的截止频率

C.石墨对X射线散射时,部分X射线的散射光波长会变大,这个现象称为康普顿效应

D.康普顿效应说明光具有粒子性

2.［多选］（2018届高三·河南天一大联考）1905年,爱因斯坦把普朗克的量子化概念进一步推广,成功地解释了光电效应现象,提出了光子说。对于与光电效应有关的四个图像,下列说法正确的是（　　）。

A.图1中,当紫外线照射锌板时,发现验电器指针发生了偏转,说明锌板带正电,验电器带负电

B.图2中,从光电流与电压的关系图像中可以看出,电压相同时,光照越强,光电流越大,说明遏止电压和光的强度有关

C.图3中,若电子电量用e表示,v_1、v_c、U_1已知,由U_c-v图像可求得普朗克常量的表达式为$h=\dfrac{U_1 e}{v_1-v_c}$

D.图4中,由光电子最大初动能E_k与入射光频率v的关系图像可知,该金属的逸出功为E或hv_c

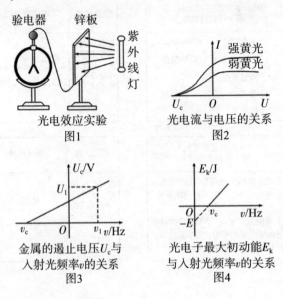

光电效应实验
图1

光电流与电压的关系
图2

金属的遏止电压U_c与
入射光频率v的关系
图3

光电子最大初动能E_k
与入射光频率v的关系
图4

3.［多选］（2017·河北保定模拟）如图所示为一个研究光电效应的电路图，下列有关叙述中正确的是（　　）。

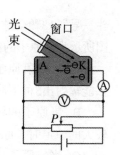

A. 只调换电源的极性，移动滑片P，当电流表示数为零时，电压表示数为遏止电压U_c的数值

B. 保持光照条件不变，滑片P向右滑动的过程中，电流表示数将一直增大

C. 不改变光束颜色和电路，增大入射光束强度，电流表示数会增大

D. 阴极K需要预热，光束照射后需要一定的时间才会有光电流

题型（二）玻尔理论氢原子能级

高考定位：预测题型。

解题关键：重在理解氢原子能级跃迁原理。

1. 氢原子的能级跃迁

（1）氢原子从低能级向高能级跃迁：吸收一定频率的光子，当光子的能量满足$h\gamma=E_{末}-E_{初}$时，才能被某一个原子吸收，否则不吸收。

（2）氢原子从高能级向低能级跃迁：以光子的形式向外辐射能量，所辐射的光子能量恰等于发生跃迁时两能级间的能量差。

2. 电 离

当光子能量大于等于原子所处的能级的能量值的绝对值时，也可以被氢原子吸收，使氢原子电离，多余的能量作为电子的初动能。

3. 光谱线条数

一群氢原子处于量子数为n的激发态时，可能辐射出的光谱线条数为$N=\dfrac{n（n-1）}{2}$。

4. 激发跃迁

氢原子还可吸收外来实物粒子的能量而被激发，由于实物粒子的动能可全部或部分地被原子吸收，所以只要入射粒子的能量大于或等于两能级差，均可使原子发生能级跃迁。

5. 跃迁时电子动能、原子电势能与总能量变化

当轨道半径减小时，库仑引力做正功，原子电势能减小，电子动能增大，原子总能量减小；反之，轨道半径增大时，原子电势能增大，电子动能减小，原子总能量增大。

演练冲关：

4.（2018届高三·第二次全国大联考Ⅲ卷）预计2018年，我国将完成"北

191

斗三号"18颗全球组网卫星发射,采用星载氢原子钟。如图所示为氢原子的能级图,以下判断正确的是( )。

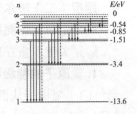

A. 大量氢原子从 $n=3$ 的激发态向低能级跃迁时,最多能辐射出3种不同频率的光子

B. 氢原子的核外电子从半径较小的轨道跃迁到半径较大的轨道时,原子的能量减小

C. 当氢原子从 $n=5$ 的能级跃迁到 $n=3$ 的能级时,要吸收光子

D. 从氢原子的能级图可知原子发射光子的频率也是连续的

5.（2017·广元检测）如图所示为氢原子的能级示意图,一群氢原子处于 $n=3$ 的激发态,在向较低能级跃迁的过程中向外辐射出光子,用这些光子照射逸出功为2.49 eV 的金属钠。下列说法正确的是( )。

A. 这群氢原子能辐射出3种不同频率的光子,其中从 $n=3$ 跃迁到 $n=2$ 所辐射出的光子波长最短

B. 这群氢原子能辐射出2种不同频率的光子,其中从 $n=3$ 跃迁到 $n=1$ 所辐射出的光子频率最低

C. 金属钠表面辐射出的光电子的最大初动能为9.60 eV

D. 金属钠表面辐射出的光电子的最大初动能为11.11 eV

题型（三）核反应方程

高考定位:常考题型。

解题关键:重在掌握"四种核反应",会写核反应方程。

题型（四）核能计算

高考定位:常考题型。

解题关键:重在理解质能方程,会求比结合能。

📕 **教学反思**

　　二轮复习到底怎么讲?是专门讲题还是讲知识点?这一直是我思考的一个问题。既然是二轮复习,肯定要有别于一轮复习,如果只是将一轮复习重新讲一次,学生很难拔高。本专题在高考中每年都是考一个选择题（6分）,但它涉及的知识点很多,覆盖教材波粒二象性、原子结构、原子核三部分内容。本节课设计意图主要想让学生对本专题有一个比较全面的了解,教师通过提前把题目布置给学生做,然后在课堂上引导学生做好总结、归纳工作,以期待学生以点带面,形成知识网络。

首先第一部分是告诉学生考什么，让学生明确高考"考纲"要求，我首先把"考纲"抛给学生：

原子与原子核			
主题	内容	要求	说明
原子结构	氢原子光谱	1	
	氢原子的能级结构、能级公式	1	
原子核	原子核的组成、放射性、原子核的衰变、半衰期	1	
	放射性同位素	1	
	核力、核反应议程	1	
	结合能、质量亏损	1	
	裂变反应和聚变反应，裂变反应堆	1	
	射线的危害和防护	1	
波粒二象性	光电效应	1	
	爱因斯坦光电效应方程	1	

"考纲"只是知识点的呈现，高考中具体怎么考，还得让学生知道常考题型，所以我做了一项工作——将近三年全国卷中的这部分考题做了一个知识的分类和难度的划分，把这些题目快速地给学生做一个讲解，让学生快速了解常考点。

高考题型	典型试题	难度
1. 光电效应、波粒二象性	2017·全国Ⅲ卷T_{19}	★★★
	2016·全国Ⅰ卷$T_{35(1)}$	★★☆
	2015·全国Ⅱ卷$T_{35(1)}$	★★☆
2. 核反应方程	2017·全国Ⅱ卷T_{15}	★★★
	2016·全国Ⅲ卷$T_{35(1)}$	★★★
3. 核能的计算	2017·全国Ⅰ卷T_{17}	★★☆

有了上面两个关键环节，接着学生就该问：怎么备考？这是本节课的根本问题。备考不能简单等同于做题，二轮复习应该引导学生构建知识网络，所以我要求所有学生都做了自己的思维导图，并且在课堂上有所展示。

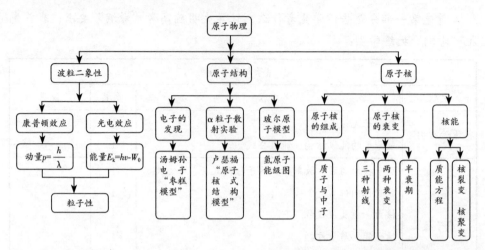

本节课堂最后一个环节就是按知识点分类来落实"考纲"要求，我挑选了四类题型：题型（一）光电效应、波粒二象性；题型（二）玻尔理论氢原子能级；题型（三）核反应方程；题型（四）核能计算。每类题型我都挑选了几个题目。当然在一节课上要把这些题目全部搞懂肯定不现实，所以本节内容还将延续到下节课。

本节课也有不足之处。学生对于光电效应题目感到困难，课堂回答问题出现错误，考虑到时间关系和本节课主要结构设计，我没有仔细讲解，造成部分学生没有听懂。课堂应该根据实际有所调整，满足学生需求。

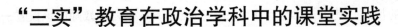

"三实"教育在政治学科中的课堂实践

◆《中美贸易战》"三实"课堂实践 ◆

杨士柱

杨士柱

杨士柱，华中师范大学哲学系硕士研究生毕业，现为深圳市第二高级中学政治教师，获得"优秀班主任""学生最喜爱的老师"等称号，并获"教书育人金奖"。

【教学设计】

（一）教学目标

（1）知识目标：通过教学，使学生掌握高考热点——中美贸易战的起因、影响、措施。

（2）能力目标：①从具体材料入手，提高学生归纳与分析能力；②提高学生自主学习、合作学习和初步探究学习的能力；③能够学会用唯物辩证的思维来观察问题、认识问题。

（3）情感、态度、价值观目标：感受中美贸易战的剑拔弩张，并以此激发学生参与政治生活、热爱祖国的热情。

（二）教材分析

2018年3月22日，美国总统特朗普签署总统备忘录，宣布对中国部分商品提高关税，自此中美贸易战拉开序幕。贸易战的起因、影响和应对措施都会成为

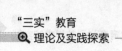
高考热点问题，因此有必要对此进行分析概括和总结。

（三）学情分析

首先，学生已经掌握相关经济学、政治学知识，这对学生学习本节内容有很大的帮助。其次，学生自主学习的积极性不是很高，教师应该设置一些学生感兴趣的话题或活动，引导学生学习。最后，本班的人数较多，这更有利于教师组织学生参与课堂活动。

（四）教学重难点

教学重点：中美贸易战带来的影响。

教学难点：中美贸易战应对措施。

（五）教研课题

"新课程"下如何使政治教学回归社会生活。

（六）教学方法

典型事例法、搜集资料法、辩论讨论法。

（七）教学过程

1. 学生自学反馈

《中美贸易战》这一课的内容对于高三学生来说比较理论化和抽象化，所以我要求学生提前预习并查阅相关资料。根据我校"三实"课堂课程理念，我要求学生讨论辩论以激发学生的积极性与创造性。

2. 教师课堂总结，明确影响范围

首先，组织学生分组辩论以提高学生主动参与的积极性。其次，针对学生在课上的讲解展示，我找出存在的问题并加以讲解让学生明确本节重难点。

3. 阶段小结

学生通过自主讲解，认识到中美贸易战的实质，明白中美贸易战不仅是贸易战更是产业战。我设置这一环节，是对本课内容教授的补充说明，是鼓励学生参与社会公共管理的需要。

4. 教师讲解贸易战的影响

我通过一张表格，分析讲解中美贸易战带来的影响，并将材料带进课堂进行展示和分析，这材料可以是一张照片、一段录像、一则新闻、一张报纸……学生通过自我动手搜集资料及课堂讲解，能够巩固对课堂内容的理解。此环节目的在于贯彻新课改精神，让学生进行自主探究，培养学生学会关注生活、理论联系实际的能力。

5. 评议政府，回归社会生活

根据"新课标"的要求，考虑到课堂时间的分配，我设置了课后评议环节，要求学生与家人或朋友一起，对中美贸易战进行评议。

（八）教学板书

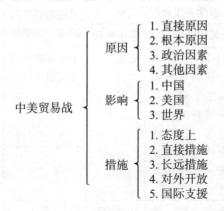

附：学案

1. 背景

2018年3月，美国对中国掀起贸易战。其起因、影响和应对措施都可能会成为高考热点问题，因此有必要对此进行分析概括和总结。

2. 教学环节与教学过程

	教学方法和教学活动		可能遇到的问题或特殊学生	解决对策	计划用时
	教师活动	学生活动			
明确本节课的学习目标	展示幻灯片				1分钟
学生自主预习，培养学生的自学能力	分析讨论中美贸易战的起因	自主预习，并完成《导学案》	材料分析题对部分学生可能难度较大	穿插在接下来的教学中，逐一解决	2分钟
让学生了解中美贸易战的影响	分组讨论，辨析研讨中美贸易战带来的影响	学生阅读、思考、讨论，积极发表自己的看法	可能会思路不全，主体不对	影响类主观题应该考虑到不同的对象：对中国，对美国，对世界。对消费者、对企业、对国家等	18分钟

续 表

	教学方法和教学活动		可能遇到的问题或特殊学生	解决对策	计划用时
	教师活动	学生活动			
让学生了解应对措施	通过图片、新闻、视频等形式让学生了解中美贸易战并对此进行思考：反思我国应该怎么做。设置一道模拟高考题	做题	学生做题中出现问题	用"两可图"启发学生辩证地看待	12分钟
小结，让学生对之前的内容有清晰的认识	作本节小结，让学生对之前的内容有清晰的认识	在脑中形成系统的认识			2分钟
课堂训练，检验学习目标	针对选择题，让学生抢答。针对材料题，先让学生自己做，教师再解答，督促学生完成《导学案》	抢答选择题，一起讨论完成材料题	有可能不能立即明白部分习题	课下单独对学生进行讲解	5分钟

教学反思

这次我上的课题是高三时政热点《中美贸易战》。课后进行了反思，认为本节课在如何解决预设的问题方面还是有一定的亮点和创新点的，同时存在一些问题：

1. 这节课教学设计的亮点、创新点在于：

（1）设计了较新颖的形式。在教学设计中，我考虑用一种较为新颖的形式——学生自主讨论与辩论，以激发学生接受新知识的兴趣；并且运用多媒体设备播放录像、视频等资料。

（2）设计了生活化的话题：中美贸易战会对中美两国老百姓产生什么样的影响，这一话题贴近生活。采用最新视频引导学生思考。

（3）设计了交流互动环节。设计了"自主讨论"的学生活动来检验学生对中美贸易战的了解情况：在课前布置学生搜集中美贸易战相关实例，并将材料带进课堂与师生进行互动、展示和分析。

2. 通过本节课教学，我较成功地解决了一些问题、较成功地实现了预设的一些亮点及创新点：

在形式实施方面，学生较为接受这种喜闻乐见的形式。在话题讨论方面，学生对"中美贸易战"这一贴近生活的、刚刚发生的事情比较感兴趣。许多学生都比较兴奋，该情景创设取得了良好的效果。随着话题的深入，学生基本能推出将要学习的结论，较好地实现了理论联系实际。

在交流互动方面，学生的自主性和积极性得到了充分展示。学生展示了最近资讯，用语言描述了最新报道，以此来说明中美贸易战。这加深了学生对新学知识的理解，避免了教师"一言堂"现象，真正实现了把课堂还给学生，形成了师生交往、生生互动、共同发展的教学过程。

3. 由于经验不足和准备不够充分，本节课教学还存在一些不足之处：

（1）对时间的把握不够充分。导入和教师讲解中美贸易战起因用时较多，原来预设为8分钟的环节结果用了12分钟，导致在所有原定环节进行完之后没有空余时间，这显得教师的讲解不够充分，没有给学生充分的留白和等待的时间。

（2）在这节课中，我由于太急于进行自己预设的环节，所以对学生的反应关注不够，灵活性不够。

（3）板书问题。因为此次授课是采取学生自主讨论的形式，所以我没有设计板书。但是教学毕竟是教学，教师在课改阶段的尝试中也要注意结合传统的教学方法。

综上所述，我从这次公开课中得到了很多启发和有益的经验，对以后常态课的教学和公开课的设计都有很大的帮助。

"三实"教育在历史学科中的课堂实践

◆《历史"联联看"——全国卷历史论述题方法突破》 "三实"课堂实践 ◆

黎嘉裕

黎嘉裕

黎嘉裕，毕业于华南师范大学历史系，连续4年获得校各项奖学金，4年的专业总成绩位居第五；曾获深圳市中小学教师技能大赛二等奖，校优秀共产党员，有多篇论文公开发表并获奖。

【教学设计】

（一）感受高考

（2017年全国 I 卷）42.阅读材料，完成下列要求。（12分）

表1

时间	中国	外国
14~15世纪	朱元璋在位期间，与占城、爪哇、暹罗等30余国进行官方贸易。 废除丞相制度。 郑和七下西洋，是世界航海史和中国古代对外交往史上的壮举	德国人古登堡发明了最早的印刷机。 哥伦布到达美洲大陆。 佛罗伦萨200余家纺织工厂雇佣3万余名工人

续 表

时间	中国	外国
16世纪	张居正进行赋役合一、统一征银的"一条鞭法"改革。 李时珍《本草纲目》刊刻。 玉米、番薯、马铃薯等高产作物传入中国。 汤显祖出生，代表作《牡丹亭》表现男女主人公冲破礼教束缚，追求爱情自由	哥白尼提出"太阳中心说"。 意大利传教士利玛窦到中国，传播了西方自然科学知识。 莎士比亚出生，代表作《哈姆雷特》
17世纪	朱子学在日本为官方推崇，成为显学。 茶叶大量输往欧洲。 宋应星《天工开物》刊刻。 美洲白银大量流入中国。 郑成功收复台湾	英国入侵印度，英属东印度公司在印度开展殖民活动。 英国早期移民乘"五月花号"到达北美

——据李亚凡编《世界历史年表》等

表1为14～17世纪中外历史事件简表。从表中提取相互关联的中外历史信息，自拟论题，并结合所学知识予以阐述。（要求：写明论题，中外关联，史论结合）

_____

_____

_____

（二）方法指引

1. 找出下列相互关联的历史事物，并说明依据

太平天国　光荣革命　分封制　　五四运动　刀耕火种　十月革命
经世致用　格物致知　工业革命　铁犁牛耕　宗法制　　鸦片战争

_____

_____

2. 请尝试归纳历史事物共同点一般会出现在哪些方面

_____

_____

3. 请运用刚刚学过的归纳的方法在表1中找出相互关联的历史事物

_____

_____

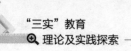

（三）小组探究

1. 找出下列相互关联的历史事物，并说明其具体联系

小农经济　海禁　商品经济　资本主义萌芽　行省制度　井田制

铁犁牛耕　中央集权制度　刺史　商帮　分封制　封建土地私有制

---

2. 根据以上探究并结合所学，尝试归纳历史事物的具体联系规律

重要概念：历史学科核心素养。

（1）唯物史观是揭示人类社会历史客观基础及发展规律的科学历史观和方法论。

（2）时空观念是在特定的时间联系和空间联系中对事物进行观察、分析的意识和思维方式。

（3）史料实证是指对获取的史料进行辨析，并运用可信的史料努力重现历史真实的态度与方法。

（4）历史解释是指以史料为依据，对历史事物进行理性分析和客观评判的态度、能力与方法。

（5）家国情怀是学习和探究历史应有的价值取向和人文追求，体现了对国家富强、人民幸福的情感。

（四）牛刀小试

请按一定的逻辑关系将以下几个词语重新排序，并说明前后之间的联系。

天朝田亩制度、重农抑商、自然经济、曾国藩、土地兼并

（五）思维碰撞

通过今天这节活动探究课，你有什么收获和启发？

（六）小组竞赛

（1）按一定逻辑关系，连续接上5个准确有序的历史知识点，并将其联系完整清晰地表述出来。

商鞅→_____→_____→_____→_____→_____→列宁

（2）先按照线索填空，然后按一定逻辑关系，连续接上3个准确有序的历史知识点，并将其联系完整清晰地表述出来。

_____→_____→_____→_____→_____

（唐朝相关史实）　　　　　　　　　　　　　　　（20世纪美国相关史实）

教学反思

2018年5月17日11时5分，在我将本节课的课堂练习布置完后，下课铃声恰好响起。这时有几个学生和我讨论课堂上的内容，他们的想法都很精彩，这一切都让我松了一口气，至少我知道，这节课对于他们是有价值的。

整节课的课题是《历史"联联看"——全国卷论述题方法突破》，这节课设计的源头来自深圳市历史正高级教师吴磊老师的一次讲座。两个小时的讲座内容非常精彩，吴老师的情境式教育方法给我良多启发，吴老师对历史教学发自内心的爱让我感悟颇多。

情境式教学强调设置合理情境，引导学生充分进入其中，调动其知识充分学习，通过一系列活动让学生得出自身对历史的感悟。这提醒了当时已经进入一轮复习的我，在此阶段，学生已经学习完了三本必修的知识点了，是知识回炉阶段。怎么让学生充分活动起来主动复习？为了达到这个目的，我以学生比较头疼的全国卷文综历史论述题为切入点，通过不同活动的层层递进，设计了这节课。

我觉得这节课的亮点有如下三点：

（1）我把解答高考论述题设置为一个活动情境，打破了以往复习课的沉闷，使学生在进入情境中很快便能变被动为主动。这样就能更高效地把课堂的内容内化为学生自身的经验理念。

（2）将历史学科核心素养渗透在整节课内容里。历史核心素养是近年来高考重点考查的内容，也是学生难以理解的拓展点，本课将其内化为突破情境的思路，让学生主动利用核心素养去解决情境中的问题。

（3）虽然本课涉及的知识量较大，但学生在课堂上仍然能紧跟节奏。因为涉及的知识点其实都是一年多来深入学习过的三本必修的内容，学生生疏的并非内容，而是它们之间的关联。本节课最大的创新点在于鼓励学生根据不同依据，将历史事件重新分类，并将其联结起来。这个过程能让学生自主探究每个历史事件的内核，并将其扩展到其他的事件。通过培养学生关联历史事件的思维习惯，学生能自主对不同事件进行个性化归类，最终以自己的方式构建出整个中外历史的大脉络。

本节课主要以情境教学活动为主，学生充分参与，在所学的基础上提出自己独到的观点，教师在旁点评导入，真正做到真实、朴实、扎实。然而，由于经验与能力的不足，本节课还有一些不足之处：

（1）板书设计尚待完善。虽然本课属于探究性课题，但完善的板书能让学生更加明确教师的思路和教学的重难点，这是日后教学需要提升的重点。

（2）学生展示的时间不足。学生对本节课内容均有浓厚的兴趣，他们都能对情境的问题提出自己的观点，但为了课堂的完整性，学生发言的环节只有6分钟。其实孩子们还有很多值得捕捉的闪光点。

总的来说，这次公开课较好地实现了我的理念和预设目标，在日后的历史教学中，我会根据学生的动态发展，打造出更多适合新课标高考的"三实"课堂！

"三实"教育在地理学科中的课堂实践

◆◆《思维导图在高考综合题中的应用》"三实"课堂实践 ◆◆

贾 倩

贾 倩

　　贾倩，毕业于华中师范大学城环学院，人文地理专业，硕士研究生。在二高任教8年，有多年班主任工作经验，多次带领学生参加国内外科技创新比赛，曾获得美国INTEL国际工程学大奖赛勘探地球物理学家奖，多次获得省市国家一、二等奖，被评为国家优秀科技辅导员。两次获得学校通令嘉奖，2015年获教书育人银奖。

【教学设计】

（一）教学目标

　　（1）知识目标：了解思维导图。

　　（2）能力目标：①从具体材料入手，提高学生的归纳与分析能力；②提高学生自主学习、合作学习和初步探究学习的能力；③加强学生动手绘制思维导图的能力。

　　（3）情感、态度、价值观目标：激发学生对高中地理的热爱，建立人地协调及可持续发展的价值观和唯物主义价值观。

（二）选题分析

　　所选题型为近两年的典型高考综合题，涵盖了自然地理的基本分析方法和

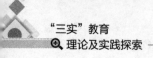
理论。十分典型。

（三）学情分析

学生已经在平时的教学中对知识网和知识体系有了一定的认识，在日常教学中，我们也经常帮助学生以点成网地构建知识脉络，特别是强调对关键词的梳理，以及对设问的解读。学生已经初步地建立起了一定的解题能力。

（四）教学重点

找出关键词，并找到关键词与设问之间的逻辑关系。

（五）教学方法

小组合作探究、多媒体教学、图形绘制。

（六）教学过程

	教学方法和教学活动		可能遇到的问题或特殊学生	解决对策	计划用时
	教师活动	学生活动			
1.明确本节课的学习目标	展示幻灯片				3分钟
2.学生自主预习，培养学生的自学能力	综合题一，分组讨论，绘制思维导图	自主预习，并完成思维导图	材料分析题对部分学生来说可能难度较大		10分钟
3.上台展示	预计展示三组，每组5分钟	派代表上台发言	会出现知识性错误或者逻辑问题	由学生自己发现错误，指正错误，并给出正确的分析方法	18分钟
4.小结	通过展示，得出结论。学生的分析能力，尤其是绘图能力有待提高				2分钟
5.强化训练	如有时间，进入下一题，进行强化训练				5~10分钟

教学反思

思维导图作为一个时下非常流行的工具，在各个领域有着广泛的应用。这节课我从一个小切入口来引入思维导图。利用几个典型的高考综合题，来帮助学生分析材料，提取信息，构建思维导图，最终达到快速、准确、简练地解答高考题的目的。

这节课教学设计的亮点、创新点在于：

（1）把平时的提取信息从隐性变为显性。

（2）通过思维导图，让学生的解题思路更加清晰。

（3）分小组讨论、展示和绘图。孩子提取信息的能力、小组合作探究的能力和动手绘图的能力都有一定的提高。

（4）学生自己上台展示作品并讲解，一定会出现很多的破绽。台下的小老师可以进行点评指正，这能使同学们对知识考点的印象更深刻，理解也更全面到位。

（5）举一练三，使技巧更熟练。让学生真正地体会到思维导图的好处，使其更愿意在平时的学习当中去应用。

由于经验不足和准备不够充分，本节课教学还存在一些不足之处：

（1）对时间的把握上。虽然已经预计到学生讨论会占用大量的时间，还是感觉时间有些仓促，学生的讨论还是不够。下次可以考虑把部分内容迁移至预习环节，让同学们先在课下充分讨论，来完成自己的作品。

（2）在课堂的设计上有些浅薄，问题和设计感不强，问题的引导还是做得不足。要加强对每个环节设问的深度与难度的设计，要恰到好处，一针见血。

（3）板书问题。因为此次授课是采取学生自主讨论的形式，所以没有设计板书。但是教学毕竟是教学，在课改阶段的尝试中也要注意结合传统的教学方法。

（4）对学情的认识有欠缺，以为是高三的学生，做个思维导图应该是没有什么问题的，事实却不尽然。要从高一就开始有意识地贯彻思维导图的应用，让画图成为一种习惯。

综上所述，本人从这次的公开课中得到了很多启发和有益的经验，对以后常态课的教学和公开课的设计都有很大的帮助。

"三实"教育在创客学科中的课堂实践

◆◆《创客项目式学习》"三实"课堂实践 ◆◆

周茂华

周茂华

周茂华，高级技师，深圳二高创客教育研究中心负责人，全国教师创客联盟创客导师，2015年首届深圳学生创客节活动中，表现突出，荣获深圳市教育研究中心颁发"优秀个人"称号，2016年首届全国优秀创客教师评选中，荣获全国教师创客联盟颁发"全国优秀创客教师"荣誉称号。

早在2012年，创客之风刚刚在全球兴起之时，深圳市第二高级中学（以下简称二高）便将其引进校园，我们提出用研究性的学习方式来开展创客教育，随着创客教育在全国的不断深入，二高率先开展了创客教育普及化的课程探索。二高经历了三个阶段的课堂改革：第一阶段，有效向高效转变；第二阶段，二分天下；第三阶段，"三实"课堂，四个转变。二高的创客教育是在学校课堂改革中的第二个阶段中诞生的，在第三个阶段得到升华与发展。在二高创客教育的实践之路上充分体现了"三实"课堂的理念：真实、朴实、扎实。其主要体现在教授的内容真实有效，项目源于生活；在教学的形式上朴实而不流于形式，重实践，探索从项目中学习；扎实的教学目标，让每一个参与的学生都能完成一个创客项目。正如《晶报》记者采访二高优秀创客学生林文韬所言："我们二高是踏踏实实在做创客教育，二高是创客的天堂，是创客的扬名场。"

以下主要以项目式学习的方式来阐述二高创客在"真实、朴实、扎实"的课堂理念中的实践之路。

一、创客教育与项目式学习

"创客教育是创客文化与教育的结合，基于学生兴趣，以项目学习的方式，使用数字化工具，倡导造物，鼓励分享，培养跨学科解决问题能力、团队协作能力和创新能力的一种素质教育。"这是《中国创客教育蓝皮书》封面上的一段话，也是创客教育的定义，由中国电子学会现代化教育技术专业委员会创客教育专家委员会在2016年元宵节共同商讨的创客教育定义，也戏称为"元宵定义"。定义中提到的学习方式是以项目学习的方式，而项目式学习也是创客学习方式的发动机，一切原动力都来自一个个的项目驱动。

项目式学习是一种动态的学习方法，它以问题为导向，以学生为中心。1969年由美国的神经病学教授Barrows在加拿大的麦克马斯特大学首创，目前已成为国际上较流行的一种教学方法。最初项目式学习是在医学教学领域发展，从那以后才被广为传播，继而在其他各个学科的教学中都有涉及。以此类教学法出名的院校包括荷兰顶级大学马斯特里赫特大学等世界著名院校，美国哈佛教授Tony Wagner也采用了这种方法。

项目式学习（PBL）有五大特征：

（1）以问题为学习的起点，学生的一切学习内容是以问题为主轴所驱动的。

（2）问题没有固定的解决方法和过程，需要去研究与探索。

（3）以学生为中心，兴趣驱动，自主学习，带着问题学知识。

（4）教师的角色变为导师，引导学生完成项目。

（5）评价方式采用小组评价，分享为主。

项目式的学习（PBL）是跨学科的学习方式，它可以促进学生不断地思考，学生为完成项目需要查阅大量资料，查找资料时鼓励他们利用互联网资源，培养学生的自主学习精神；改变了传统的授受式的方式，变被动接受知识为主动获得知识，PBL教学过程中教师在关键时刻起到点拨、支架与教练的作用，教师不再是唯一的知识库，而是知识建构的促进者、学科专家、信息的咨询者，传统的教师应成为导师。项目式学习是以学生为中心，学生组建团队分工合作去解决问题的过程，项目式学习过程可以按团队设计的路线来实施，可以走不寻常的路，在解决问题的过程中得到知识与能力。在学习的过程中，学生是被允许试错的，学生变成了主动的学习者。要实现项目式学习，宽松的环境很重要，相信学生，在任务驱动下学习，实现在项目中学习，在项目中合作，在项目中分享。

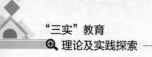
二、项目式学习流程

项目式学习并没有一个普遍认可的固定模式，它是一个多途径的方法，那么该如何开展项目式学习呢？项目式学习中老师在做什么？学生在做什么？流程如下所示：

第一步：驱动问题

兴趣导向，学习的发动机。（问题的设定技巧：源于生活的问题，没有标准答案的问题，激发学生想象力的问题，探究性的问题。可以根据身边的事，根据不同年龄、对象、背景来设定）

第二步：解决方案

头脑风暴，集体思考，创新方法。

（解决方案的引导：讨论问题要有的放矢，先发散再集中，确定方案寻求解决方案，充分利用思维工具）

第三步：原型制作

绘制草图，解决问题，自主学习。（原型制作需要充分准备，不打没准备的仗，工具、材料、技术等资源一样都不能少，项目制作是最好的学习机会，一系列的问题都会出现，这是一个最好的学习机会，在项目驱动中学习，在项目中完成学业，积累经验）

第四步：项目完成

问题解决，分享成果，总结评价。（项目完成后的分享是为了再次学习、再次提高，方式可以采用过程性评价与结果性评价。可以采用自我评价、同学互相评价、老师评价、公众评价、线上评价等模式。老师的评价反馈要具体，能为项目提供帮助与改进的建议）

三、项目式学习中老师的角色

在项目式学习中老师的角色在项目开始准备前要精心设计，可以采用游戏进行热身，根据学生的认知与发展，项目引导完成后，以学生为中心，老师协助完成项目。

（1）综合考虑学生的知识技能背景，设定项目目标并给出适合的驱动问题。

（2）就学生的调研方法、采访技巧、数据分析、知识解惑、专题指导等给予恰当的指导。

（3）方案制作过程中给予团队管理、时间管理、专家引进、修正建议等协助。

（4）给学生提供展示创造机会并给予反馈、提供评估。

四、项目式学习中学生的角色

在项目式学习中学生的角色是对问题进行调研、采访、整理数据资源、记录进度，并做出阶段报告：

（1）团队成员自主判断、问题思考、头脑风暴、持续探究讨论可行方案。

（2）和团队成员在自我管理、自主规划、反思讨论中制作实现方案。

（3）学生收集修正建议和反馈评估进行改进，最终向公众或用户展示成品。

五、教学案例：健康坐垫

（1）创意来源：爸爸妈妈工作非常辛苦，他们时常需要长时间地坐在电脑面前处理工作事务。这样长时间的久坐十分不利于身体健康，所以我想为爸爸妈妈设计一款可以定时自动提醒他们起来运动的坐垫。

（2）作品功能：①当人刚一坐下时振动马达震动发出一次提醒；②设置定时功能，当达到设定时间时，振动马达连续震动，提醒使用者要起来运动，否则振动马达将会不停地震动。

（3）头脑风暴。外形结构：利用不织布和棉花制作一个 30 厘米×30 厘米的坐垫的造型。功能结构：利用触摸传感器探测使用者是否处于一种坐着的状态；利用labplus软件对编程模块进行编程，使其能够实现作品预设功能。

（4）作品制作。制作中遇到的问题：①将电子套件全部隐藏在坐垫内部，触摸传感器一直处于被触发的状态，达到设定时间后，即使坐垫上没有人，振动马达仍会一直震动；②无法更换电池。解决办法：首先，在坐垫的正上方开一个和触摸传感器大小一致的口，将触摸传感器的正面露于外部，并用针线将触摸传感器固定。其次，将电池从坐垫的侧面引出，并用不织布制作一个装电池的口袋，这样既方便更换电池，又提高了坐垫的舒适度。

左图：装好电子套件的坐垫　　右图：隐藏在坐垫中的电子套件

（5）老师的角色。在整个制作过程中，老师起到了引导和鼓励的作用。首先，老师引导学生从"问题"出发——联系身边的人、事、物，思考他们会有哪些问题，为解决这一问题我们可以设计出一个什么样的作品。其次，在制作过程中，老师不断地鼓励学生去克服困难，积极地解决制作中遇到的各种问题，不断改进方案，完善小组的作品。除此之外，老师还要协调好小组成员的角色担当，根据学生的兴趣特长，给他分配适合的任务，调动起每一名学生的积极性。

（6）学生反思。在这次作品制作活动中，我学到了很多，让我感触最深的就是团队的力量不容小觑。我们团队从最开始的头脑风暴搜集创意，到作品制作，再到最后的作品分享，每一个环节都遇到了一些或大或小的问题，而我们每一次都没有轻言放弃。我们充分发挥小组中每一位成员的聪明才智，或是寻求老师的帮助，经过不懈的努力，最终完成了我们的团队作品。此次的制作体验使我还明白了一个道理：没有实践，就没有发言权。看上去非常简单的一件事，在真正动手制作时总会出现一些出乎意料的问题。例如，我们在组合电子套件和基础结构时，本以为很简单地把电子套件直接放入坐垫中即可，然而在实际操作时就出现了触摸传感器失去设定效果的问题。只有经过一次次的试验测试才能达到我们想要的效果。

六、总 结

当今中国"大众创业，万众创新"的呼声越来越高，创新逐渐成为时代的主旋律，学习方式的创新应当摆在第一位，摆脱被动式的学习方法，将被动学习变为主动学习。基于学生兴趣，主动提出问题，不脱离实践的学习，以项目式的学习方式解决实际问题，培养学生跨学科解决问题的能力、团队协作能力和创新能力，鼓励分享，将竞争变成合作。

创客时代已经迅速来临，顺应时代发展的要求，学习方式将会迎来彻底的改变。项目式学习对教育改革有极大的启示意义，中国教育部发布的《基础教育课程改革纲要（试行）》提出了转变学生学习方式的任务，要求学生在教师指导下主动地、个性化地学习，让学生学习产生实质性的变化，提倡自主、探索与合作的学习方式，逐步改变以教师为中心、以课堂为中心和以书本为中心的局面，促进学生创新意识与实践能力的发展。在创客活动中，学生会自觉地全身心投入，专心致志于自己的创意和创造。这要求教师真正做到以学生为本，引导学生独立思考，善于发现和提出问题，学会分析和解决问题，学会合作、学会表达。